戴震道德情理倫理新詮

羅 雅 純 著

文 史 哲 學 集 成
文史哲出版社印行

國家圖書館出版品預行編目資料

戴震道德情理倫理新詮 / 羅雅純著. -- 初版. --
臺北市：文史哲, 民 107.09
　　頁；　公分（文史哲學集成；711）
ISBN 978-986-314-434-2（平裝）

1.(清)戴震　2.學術思想　3.倫理學

127.43　　　　　　　　　　　107014552

文 史 哲 學 集 成　　711

戴震道德情理倫理新詮

著　　者：羅　　　雅　　　純
出 版 者：文 史 哲 出 版 社
　　　　　http://www.lapen.com.tw
　　　　　e-mail：lapen@ms74.hinet.net
登記證字號：行政院新聞局版臺業字五三三七號
發 行 人：彭　　　正　　　雄
發 行 所：文 史 哲 出 版 社
印 刷 者：文 史 哲 出 版 社
　　　　　臺北市羅斯福路一段七十二巷四號
　　　　　郵政劃撥帳號：一六一八〇一七五
　　　　　電話886-2-23511028 · 傳真886-2-23965656

定價新臺幣四八〇元

二〇一八年（民一〇七）九月初版

ISBN 978-986-314-434-2　　01711

戴震道德情理倫理新詮

目　　次

自　序 ·· 5
第一章　緒　論 ·· 17
　一、研究動機與目的 ···································· 17
　二、前人研究與成果 ···································· 31
　　（一）「當代戴震學」研究概況 ······················ 31
　　（二）「當代倫理學」研究概況 ······················ 39
　　（三）歌絲嘉「道德規範根源論」、邁克爾・斯
　　　　　洛特「情感主義德性倫理學」研究概況 ········ 53
　三、研究方法與步驟 ···································· 57
第二章　戴震學研究型態及「情理論」探析 ·············· 67
　一、傳統戴震學評價理解 ································ 67
　二、當代戴震學分化型態 ································ 75
　三、戴震「情理論」源流 ································ 99
第三章　從歌絲嘉「道德規範根源論」探析戴震哲學型態 · 125
　一、問題之緣起 ·· 125
　二、從西方克莉絲汀・歌絲嘉「道德規範根源論」

展開戴震道德哲學規範根源······················128

（一）必須是「第一人身的」（first-personal）···135

（二）道德規範理由是「自我透明的」

（transparency）················136

（三）證成理由必須是「關乎我對自己的

認同的（identity）的解釋」·········137

三、戴震哲學「理存乎欲」道德動力實踐根源····145

四、戴震哲學「以情絜情」道德判斷與道德行動者

之結構···························154

五、「內在論」？「外在論」？戴震道德哲學規範根源

之倫理型態························162

六、結　語·····························168

第四章　從當代西方倫理學之復興到戴震「情欲主體」

道德哲學的新試探····················171

一、戴學當代新釋之可能···················171

二、西方「規則倫理學」與「德性倫理學」·········178

三、在「規則倫理學」與「德性倫理學」之間

── 論戴震道德哲學「行動者」與「德性」

的內在義理結構······················191

（一）「理存乎欲」：以「情」之不爽失為

「理」的道德標準···············197

（二）「德資於學」：以「人」做為道德行動

者去蔽顯「德」···············204

四、結　語·····························210

第五章　德性倫理學觀點下論戴震「情欲主體」道德哲學··215

一、當代中西哲學「情感轉向」新趨向 …………215

二、戴震「情欲主體」的道德哲學 …………………218

三、邁克爾・斯洛特「情感論德性倫理學」 ………228

（一）批判功利主義、康德主義，走向亞里

斯多德「德性倫理學」 …………230

（二）深受休謨「同情」情感主義倫理學的啓發 .235

四、從邁克爾・斯洛特「移情」關懷論戴震

「以情絜情」 …………………………242

五、結　語 …………………………251

第六章　論戴震「絜情」──從儒簡「貴情」談起兼以

對比西方情感論德性倫理學之「同情」、「移情」 ..253

一、中西方「情感」議題復興之勢 …………………253

二、從儒簡「貴情」思想論孔孟之際「情本體」

以迄戴震「性情論」 …………………255

三、戴震「情欲釋性」一本自然「性情論」 ………269

四、「同情」?「移情」? 從西方情感論德性倫理學

新釋戴震「絜情」 …………………284

五、結　語 …………………………301

第七章　結　論 …………………………303

一、從「道德天理」至「道德情理」義理轉型之完臻 ·303

二、戴震「情理論」道德哲學之倫理定位 …………311

參考書目 …………………………319

一、古籍文獻資料 …………………………320

二、近世研究論著 …………………………322

（一）現代論著 …………………………322

（二）博碩士學位論文 ·· 334
（三）期刊及研討會會議論文 ································· 335
　1.期刊論文 ··· 335
　2.會議論文 ··· 342
　3.報紙論文 ··· 342

自　序

路曼曼其脩遠兮，吾將上下而求索

　　從事戴震學研究已十餘年，從 2001 年以《戴東原孟子學之研究——項從詮釋學的觀點所展開的批判與重建》取得碩士學位、2007 年以《朱熹與戴震孟子學之比較研究 —— 以西方詮釋學所展開的反思》榮膺博士學位，嘗試以不同角度探析戴震學的博大精深。每個階段的研究探索，無論橫向剖析、縱向論述，皆在回應研究動機所引發的問題與質疑，除了立基在戴震身處的歷史脈絡，忠於經典文獻解讀，尋求合理性詮解戴震思想蘊涵，同時寄望援引西方理論參照對比，以「西」釋「中」做為研究方法的創思突破。

　　本書構思醞釀已久，承蒙科技部專題研究計畫：「從邁克爾・斯洛特『情感論德性倫理學』論戴震情欲的道德哲學」（MOST 105-2410-H-032-077-）、「論戴震『情欲主體』道德哲學規範根源的義理型態」（MOST 106-2410-H-032-061-）獎勵補助俟以完成，特此謹致謝忱。全書共七章，皆由刊登 THCI CORE 核心期刊及已發表論文而成，各篇圍繞主題，環環相扣，匯聚成書。發表情形臚列如下：

　　〈戴震學研究型態及「情理論」探析〉，本文係科技部專題研究計畫（MOST 106-2410-H-032-061-）部份研究成果，於 2018 年 10 月 26 日發表於國立中央大學中文系、儒學研究中心及中

央研究院中國哲學研究所「明清思想與東亞」工作坊合辦「2018年宋明清儒學的類型與發展 V」學術研討會，會後針對專家惠賜寶貴意見，業經修改完成。

　　〈從歌絲嘉「道德規範根源論」探析戴震哲學型態〉，本文係科技部專題研究計畫（MOST 105-2410-H-032-077 -）部份研究成果，於 2017 年 1 月 12 日發表於淡江大學中文系第十五屆「文學與美學國際學術研會」，會後業經修改。又幸蒙《淡江中文學報》匿名審查專家審核通過，刊登於《淡江中文學報》（THCI CORE）第三十七期（2017 年 12 月），頁 141-177。

　　〈從當代西方倫理學之復興到戴震「情欲主體」道德哲學的新試探〉，本文係科技部專題研究計畫（MOST 106-2410-H-032-061-）部份研究成果，於 2017 年 10 月 26 日發表於國立中央大學中文系、文學院儒學研究中心，中央研究院明清研究推動委員會合辦「宋明清儒學的類型與發展 IV」學術研討會，會後針對專家惠賜寶貴意見，業經修改完成。

　　〈德性倫理學觀點下論戴震「情欲主體」道德哲學〉，本文係科技部專題研究計畫（MOST 106-2410-H-032-061-）部份研究成果，於 2018 年 1 月 4 日發表於淡江大學「漢字文化圈文化世界化的國際學術研討會」，會後針對專家惠賜寶貴意見，業經修改完成。

　　〈論戴震「絜情」─從儒簡「貴情」談起兼以對比西方情感論德性倫理學之「同情」、「移情」〉，本文係科技部專題研究計畫（MOST 105-2410-H-032-077 -）之部份研究成果，於 2016 年 10 月 28 日發表於臺北市立大學儒學中心「儒學與語文學術研討會」，會後業經修改。幸蒙《東吳中文學報》匿名審查專家

審核通過，刊登《東吳中文學報》第三十四期（THCI CORE）（2017 年 11 月），頁 153-188。

　　本書研究論題外部「系統性」旨探討戴震「道德情理」倫理意涵及當代西方倫理學型態的歸判；而內部各章研究論題「關聯性」則是貫穿傳統戴震學、當代戴震學及中西「情感」視域下戴震哲學與「道德規範根源論」、「德性倫理學」的比較研究。因此，各章結構皆是圍繞「戴震情欲倫理」主軸，形成「系統性」及「關聯性」結合的論述。各章議題摘要重點分述如下：

　　第一章〈緒論〉：戴震「情欲主體」道德哲學扭轉了宋明理學「存理滅欲」舊道德規範，開創「理存乎欲」新道德價值，從形上「道德天理」至「道德情理」義理的完臻轉型。戴震由對程朱官學的批判，披露了統治者假道德之理行宰制「以理殺人」之實，主張「理存乎欲」、「以情絜情」重建人倫世界「達情遂欲」的「道德情理」。本章首先溯源戴震何以控訴「以理殺人」，返歸聖人之道建構道德哲學的問題源起、歷史背景，提出研究動機及目的。其次，掌握當今學界研究概況，分以「當代戴震學」、「當代倫理學」、「克莉絲汀‧歌絲嘉『道德規範根源論』」、「邁克爾‧斯洛特『情感主義德性倫理學』」獲得理解。再者，從戴震經典文獻為依據，以西方倫理學方法展開別異會通，選取中西倫理學做為參照對比，由對研究動機提出諸多問題做一理論進路的釐定。本書研究範疇及研究方法的選取、研究文獻之參酌等皆一致置於本章說明。

　　第二章〈戴震學研究型態及「情理論」探析〉：首先，就傳統戴震學評價進行分析。戴震為清代考據學皖派大師，為時人稱道在於考證之精博，然而後人對其義理評價則毀譽參半。批

戴者多立足在程朱理學立場批評戴震，有彭紹升、姚鼐、毛大可、翁方綱。擁戴者多肯定戴震訓詁考證通貫群經，無稽者不信實事求是，有洪榜、段玉裁、余廷燦、程瑤田、凌廷堪、焦循、章學誠、章太炎、劉師培。特別是章太炎及劉師培，前者肯定戴震取證經典的考證，在反程朱基礎上重建對義理的認知，後者則推崇戴震「理義於事」，表彰《原善》、《孟子字義疏證》是推翻宋儒回歸孔孟性理之作。劉師培特別突出戴震義理成就，其評價超越了前人從考據領域對戴震的理解，這在傳統戴震學歷史評價上具有重大意義。

其次，論述當代戴震學分化型態。回溯戴震學思歷程，早年服膺程朱，中年卻反程朱，導致為學態度轉變，歷來學者各持不同論點。有梁啟超「丁丑年遊揚州，受顏習齋、李恕谷」影響之說；有胡適「受程廷祚、程晉芳等反程朱」影響之說；有錢穆「中年南遊揚州會晤惠棟」影響之說；余英時「中年南遊揚州會晤惠棟」、「受紀昀影響」之說，足以見當代詮釋多元分化型態，特別是梁啟超、胡適、錢穆、余英時及勞思光論戴震的觀點。梁啟超稱許戴震「去蔽」、「求是」精神與近世科學精神一致；胡適稱譽戴震治經「科學方法」是「清學真精神」不愧為「清學宗師」；余英時則著眼「義理」和「考據」關係，推崇戴震是儒家智識高峰第一人；錢穆站在宋學立場批評戴震「還孔孟於孔孟，老釋於老釋」淪為是一種「意見」，治經如顧炎武「博學於文，行己有恥」因此博學、心性為兩橛。勞思光則以「事實／價值」、「實然／應然」二分框架批判戴震將「善」視為存有義，又做經驗事實描述，此中以存有說明價值，以實然說明應然，「普遍」與「特殊」、「規範」與「事實」等衝突無

法消融，以致「意義的混亂」造成義理系統中的衝突。這些學者對戴震學立論點不同，所顯示關懷點亦不同，惟有梁啟超讚譽戴震「情感哲學」取代「理性哲學」，以「情感」涵攝「情欲」為中國文化翻轉新方向，獨重「情感主義」為二千年一大翻案。

再者，探求戴震學「情理論」源流。對戴震道德哲學「情理論」淵源的繼承與轉化予以歷史脈絡的追溯。「情理論」自先秦以降，歷經朝代更迭產生不同延續與轉折，孔孟荀、《禮記》、《中庸》、《樂記》的「情抒而性顯」、「即情見性」到漢代「性善情惡」至「尊性賤情」，乃至魏晉「聖人有情」、「聖人無情」辯論下之「貴性絀情」迨至唐代「滅情復性」。至宋明，轉向形上超越實體「理氣二分」，主張「存理滅欲」革盡人欲復盡天理。明末清初邁向理氣命題的轉折，「氣本論」思想抬頭，不再追求形上超越義，轉向形下「即性言情」、「即情即性」，「踐形復性」、「天理皆從人欲中見」、「天理與人欲不相對壘」之「理氣合一」成為義理核心。因此，戴震疾呼「發狂打破宋儒家中太極圖」，以「理欲合一」、「理存乎欲」矯正漢至宋明「貴性賤情」、「存理滅欲」、「揚理抑欲」的空疏之偏，以情旁通，建立「以情絜情」、「達情遂欲」的新倫理價值。

第三章〈從歌絲嘉「道德規範根源論」探析戴震哲學型態〉：戴震以「理存乎欲」啓蒙清代倫理新貌，導向「情欲」道德實踐內在理路，建構一套以「情欲」主體核心的道德哲學。本章以西方當代倫理學「道德規範根源論」探析戴震哲學型態。試問，戴震將道德架構在「人欲」與「天理」之間，如何證成道德實踐自我的同一性？「理存乎欲」道德動力與「以情絜情」道德判斷是否符合美國倫理學家「克莉絲汀·歌絲嘉」（Christine

Korsgaard）道德規範論「第一人身」、道德規範理由「自我透明」、行動者「自我認同」三條件？道德規範型態是「內在論」？或「外在論」？道德動力根源是「情感」或「理性」？對戴震哲學道德判斷及道德行動之間關聯性進行廓清，予以衡定戴震哲學規範之型態。

　　首先，從歌絲嘉「道德規範根源論」進行理解。其次，掌握「道德規範根源論」從而延伸戴震「情欲主體」哲學，分析以「情欲」做為道德主體，「理存乎欲」道德動力、「以情絜情」道德判斷、「達情遂欲」道德目的，對比歌絲嘉以「人」做為道德行動者的三大條件。戴震哲學「道德行動者」由「第一人身」建立道德自主，以「情欲」做為道德實踐動力根源，「以情絜情」道德判斷與「理存乎欲」道德動力皆源自行動者「人」自身，在道德動力驅使下獲至反思「自我認同」與「道德認同」同一性的「行動理由」，因此「道德動力」與「行動當事者」身心連結實踐道德行動。再者，透過「道德規範理論」證成戴震「情欲主體」哲學規範根源，「理存乎欲」道德動力與「以情絜情」道德判斷是出自「第一人身」行動者「自律自發」，行動理由是「自我透明」，因能獲得「自我認同」，因此戴震「情欲主體」道德哲學是合理有效道德理論。最後，證得「理存乎欲」與「以情絜情」道德動力和道德判斷與行動者之關聯性，是出自內在「情欲」道德動力實踐「仁」的自我認同，是「仁心」自覺道德，並非恪守外在規範律則而成，因此判定戴震哲學規範根源是「道德內在論」型態。

　　第四章〈從當代西方倫理學之復興到戴震「情欲主體」道德哲學的新試探〉：戴震以「理存乎欲」、「以情絜情」、「達情遂

欲」啓蒙清代情性新貌，其哲學融匯德性與知性，「德資於學」、「以學養智」、「去蔽顯德」，由「道問學」貫通「尊德性」導向成德之路，道德哲學講求倫理實踐，關注人的德行善性，便是一套探討道德實踐的倫理學。倫理學在中西方皆有悠遠傳統，在西方以古希臘亞里斯多德（Aristotle）為代表，而近代伊莉莎白・安斯康（G.E.M.Anscombe）以復興倫理學的呼籲也是訴求回歸亞里斯多德的德性主張。相對地，歷史悠久的儒家重視道德實踐，強調道德義務與培育德性人格是成德成聖的實踐智慧，豐富寶貴倫理意涵自能給予不同西方德性的探討。

　　首先，就當代西方倫理學之復興進而探索戴震「情欲主體」道德哲學，研究進路從反省西方倫理學蔚為主導的「規則倫理學」，而後轉向與後現代精神貼近的「德性倫理學」進行分析。其次，探問戴震道德哲學「行動者－人」主體者的「行為動機」和內在「德性」關係為何？在「規則倫理學」與「德性倫理學」之間論戴震哲學「行動者」與「德性」的內在義理結構，道德理論是以「義務」、「規則」、「最大多數人的最大幸福」來詮釋？還是從「德性」、「善」、「幸福」評價道德行為？倫理型態是「規則倫理學」？或「德性倫理學」？最後，證成戴震肯定「理存乎欲」、「以情絜情」道德動力，行動者「行為動機」與「德性」是合一，是強調人倫世界「道德情理」的仁心關懷，是「行動者－人」的「德性」展現。戴震哲學義理核心同於「德性倫理學」關注「行動者－人」，「德性」是行為者品格展現，也是行為指導原則，「德性」實踐便是道德美善完成，故君子得其仁，遂己之欲亦思遂人之欲，是源自「仁」促成「行動者－人」行為動機。戴震哲學同「德性倫理學」肯定道德主體就是「行動

者一人」，行為動機是源自「德性」，教人存養擴充去蔽顯德，視「德性」優於「義務」、「規則」與「規則倫理學」大相逕庭，其建構「達情遂欲」如同「德性倫理學」追求幸福人生，從行動動機、道德概念、道德情境皆以「德性」為規範優位，因此歸判是「德性倫理學」型態。

　　第五章〈德性倫理學觀點下論戴震「情欲主體」道德哲學〉：戴震主張「理存乎欲」，開創「情欲」主體即是「道德」主體，從人性經驗實然走向道德應然，啟蒙清代情欲倫理義理新貌。而在西方過去哲學發展中，傳統倫理學往往視「情感」為「理性」對立概念，擔任道德論證中次要的附屬。但隨著德性倫理學在近代復興，尤其邁克爾・斯洛特開始質疑傳統對「情感」的理解過於貶抑，形成「情感主義」熱烈討論。中西對照，西方情感主義正與戴震情欲道德哲學有異曲同工之妙。本章以當代德性倫理學對「情感」地位重估的觀點，以邁克爾・斯洛特「情感論德性倫理學」之「移情」理論探析戴震「以情絜情」，試問「絜情」是「同情」？亦是「移情」？透過中西參照對比視域抉發戴震道德哲學之新意。

　　首先，掌握當代中西哲學「情感轉向」現象，從「德性倫理學」復興觀點下運用「對比研究法」分析戴震「情欲主體」道德哲學義理結構。其次，回顧西方「德性倫理學」歷史進程，從而掌握邁克爾・斯洛特「情感論德性倫理學」理論的源起，從批判功利主義、康德主義，走向亞里斯多德「德性倫理學」及休謨的「同情」觀點，在德性倫理、情感主義基礎上主張「移情」是做為自我與利他的道德情感，依據人的「情感能力」分析道德理論，以「德性」替代「道德」，建構以「行為者」為基

礎的當代「情感論德性倫理學」。最後，以「移情」關懷論戴震「絜情」，證得戴震「情欲主體」道德哲學「情欲動機」、「絜情關懷」、「達情遂欲」對比邁克爾・斯洛特「情感主義德性倫理學」的「情感動機」、「移情關懷」、「同然共通」，二家在情感論觀點及倫理目標上是相同的。

　　第六章〈論戴震「絜情」—從儒簡「貴情」談起兼以對比西方情感論德性倫理學之「同情」、「移情」〉：戴震以返歸孔孟傳承道統為宗旨，反對宋明理學數百年「存理滅欲」，揭示始終被忽略的「情本體」意涵，以「情」、「欲」做為道德關懷向度，樹立「理存乎欲」、「以情絜情」、「達情遂欲」新倫理價值。事實上，「情本體」發軔始於先秦儒家，然過去孔孟之際性情脈絡的轉承歷來模糊，亦未見有力文獻辯清。所幸上世紀 90 年代至本世紀初，郭店楚簡〈性自命出〉、上博楚簡〈性情論〉相繼出土，可為儒家「貴情」思想援以印證。此外，相較西方「情感」議題興起，尤以邁克爾・斯洛特從休謨的情感主義「同情」，尋找「德性倫理學」復興淵源，以「移情」建立「情感論德性倫理學」最備受關注。

　　首先，從儒簡「道始於情，情生於性」溯源孔孟之際「情本體」，得以釐清孔孟之際「貴情」豐富意涵。以〈性自命出〉和〈性情論〉論及心／性／情竟有大量相似之處，「情」字出現 20 處，其他〈緇衣〉、〈唐虞之道〉、〈語叢〉篇也出現 7 處，這劃時代嶄新線索可為「貴情」思想提供重要佐證。其次，以戴震「性情論」為中心，向上追溯儒簡「貴情」根源，向下推衍「情欲釋性」脈絡。戴震「情欲釋性」不同宋儒「以理釋性」，以氣化言性解構宋明理學道／性／命／理二分結構，「情欲釋

性」的「絜情」關懷即是對先秦「貴情」思想的繼承，也是對儒簡年代「情本體」的回歸。

最後，從儒簡「貴情」談起兼以對比西方情感論德性倫理學之「同情」、「移情」新釋戴震「絜情」。休謨的道德情感「同情」，是設身處地感知覺察處於痛苦中的人，憐憫希望他人走出痛苦的情感；而邁克爾・斯洛特「移情」是指當感覺到別人痛苦，轉移至自身產生的感同身受，二者涇渭分明。戴震哲學以「情欲釋性」將道德動機建置在「絜情」道德判斷上，肯認人皆具道德自主，由「理存乎欲」、「以情絜情」獲至「道德情理」群體共享，相較邁克爾・斯洛特「移情」關懷「情感論德性倫理學」，同樣皆以「人」做為道德行為者，以「情感」做為道德情感動力，成功扭轉「情感」、「情欲」擔任道德論證的地位，二者有不謀而合之處。戴震「絜情」關懷體現感同身受「道德情理」，「反躬靜思」就同邁克爾・斯洛特「移情」的交互同理，透過「絜情」共感「反躬靜思」人以此施於我，能受之乎？人以此責於我，能盡之乎？達至「以情絜情」道德共識。因此，戴震「絜情」是知覺轉移交互作用，是「移情」道德情感，推己及人中獲至情理共感，因此「絜情」是「移情」非「同情」。

第七章〈結論〉：首先，統攝全文研究重要成果：第一，在「情理論」繼承轉化歷史脈絡上，提出戴震「道德情理」哲學形成之因，從經典文獻中探求倫理意涵，導引「情欲主體」做為道德主體的哲學詮釋，得證戴震哲學符合歌絲嘉「道德規範理論」三大條件，是出自「第一人身」行動者「自律自發」，行動理由是「自我透明」，因能獲得「自我認同」，戴震「情欲主體」道德哲學是合理有效的道德理論。「理存乎欲」與「以情絜

體」道德哲學是合理有效的道德理論。「理存乎欲」與「以情絜情」道德動力和道德判斷與行動者是出自「情欲」道德動力實踐「仁」的自我認同，因此判定是「道德內在論」型態。第二，戴震哲學視「德性」優於「義務」、「規則」，同「德性倫理學」皆肯定道德主體就是「行動者－人」，行為動機是源自生命「德性」，「達情遂欲」道德理想如同「德性倫理學」幸福目標，無論從行動動機、道德概念、道德情境皆以「德性」做為規範優位，因此是「德性倫理學」型態。第三，從「德性倫理學」觀點下論戴震哲學，證得戴震哲學「情欲動機」、「絜情關懷」、「達情遂欲」對比斯洛特「情感動機」、「移情關懷」、「同然共通」，在情感觀點及倫理目標上皆是相同。第四，從儒簡「貴情」論戴震「絜情」，對比西方情感論德性倫理學之「同情」、「移情」，得證戴震「情欲釋性」的「絜情」關懷是對先秦「貴情」思想繼承，也是對儒簡年代「情本體」的回歸。「絜情」是「反躬靜思」移情共感，正是儒家體現人我感同身受的「道德情理」，因此「絜情」同邁克爾・斯洛特「移情」而非休謨的「同情」。第五，從中國哲學「情理論」系譜肯定戴震哲學突破，「情欲」主體即是「道德」主體，扭轉宋明形上超越「性」、「理」轉向形下經驗世界「氣」、「欲」，從「道德天理」轉型至人倫世界「道德情理」。第六，評騭戴震「情理論」道德哲學倫理地位，一則揭示「情欲主體」倫理價值，二則透過中西倫理學對比視角，重新衡定戴震「情本體」視域下所開顯「道德情理」意涵。

　　誠然，不同議題設定，對於戴震研究皆有各自階段性意義，然研究目的不僅在論證議題價值，更期盼以多元觀點探索各種可能，對於饒富深意戴震學提供更寬廣詮釋視域。因此，本書

選取研究視角非以西律中或以今律古，而是冀望拓展「道德情理」倫理意涵，融合中國經典與西方思潮撐開文本脈絡，為傳統戴震學在當代論述中尋求新釋，豐富中西視域下的各自理解為本書終極目的。

　　本書端俟付梓，追憶逝水年華的人事景物，對生命因緣有言說不盡的謝意，感謝恩師袁保新教授勉勵提攜，暨淡江師友關懷鼓勵，銘感於心，無任感荷。《楚辭·離騷》：「路曼曼其脩遠兮，吾將上下而求索。」前路方遙，綆短汲深，涉獵見易而精研見難，黽勉砥礪而勤學拏索，學術路邁前一小步，盼能成為千里之途的鞭策動力。本書醞釀、耕耘、完書期間，同時也懷胎、孕育、迎接新生，領受生命造化相續美好又珍貴，讓我體驗為人母的幸福恩典，感謝一路相伴支持的外子、寶貝，始終做為我心靈精神的最大後盾。

　　最後，謹將拙作獻予生命點燈的至親父母、家人，敬呈萬縷深切之謝忱。

羅雅純　書於滬尾觀心齋
二〇一八年八月盛夏

第一章　緒　論

一、研究動機與目的

　　宋明理學主導義理發展六百多年，致力爲儒家道德哲學尋覓形上根基，開啟心性理性思維的探索，建構一套形上抽象思辨的道德理論，理學家以「道德」為價值取向重視道德心性探討，以「存理滅欲」[1]做為道德規範，以證成形上「道德天理」。如是「理」、「性」成為理學家論道德的思辨型態，「氣」、「欲」則被視為是駁雜不純的形下，清初官學以「存理滅欲」奉為圭臬，更確立了程朱理學[2]高踞廟堂至尊的局面。直到乾嘉時期思

---

[1]　「存理滅欲」命題始自宋代，程頤言：「人心私欲，故危殆；道心天理，故精微。滅私欲，則天理明矣。」又朱熹亦言：「聖賢千言萬語，只是教人明天理，滅人欲。天理明，自不消講學。」、「人之一心，天理存，則人欲亡；人欲勝，則天理滅，未有天理人欲夾雜者。學者須要於此體認省察之。」、「學者須是革盡人欲，復盡天理，方始是學。」程朱理學「存理滅欲」主張歷經宋明理學數百年標榜，一直是清代官學所提倡的道德規範。參見宋・程顥、程頤：《二程集》（一），《河南程氏遺書》卷二十四（台北：漢京文化事業有限公司，1983年9月），頁312。宋・朱熹：〈持守〉，《朱子語類》（一）卷第十二收入《朱子全書》十四冊（上海：古籍出版社，2002年），頁367。〈力行〉，《朱子語類》（一）卷第十三，收入《朱子全書》十四冊，頁388-389及頁390。

[2]　清以夷狄建立政權為凝聚士人認同，取得滿漢文化衝突的統一，以「程朱理學」做為官方統治思想。康熙以儒學道統繼承者自任，藉理學提倡以維護功令，以程朱學說做治統說，以儒家四書、五經做為倫理綱常，試圖藉此將道統與治統合一，統馭萬民教化民心。康熙年間尊崇朱子，曾言：「宋儒朱子，注釋群經，闡發道理，凡所著作及編纂之書，皆明白精確，歸於大中至正，經今五百餘年，學者無敢疵議。朕以為孔孟之後，有裨斯文者，朱子之功，

潮演變，清儒反對空談心性，以「經學之實，濟理學之虛」開創崇實黜虛實學思潮[3]。清儒關注不再是形上「道德天理」，而是順乎人心應乎人情「道德情理」，尤其最具代表性莫過於「漢學」[4]皖派大師——戴震。戴震[5]是思想家更是反理學思想大成[6]，

最為弘鉅。」見於清・清聖祖：《清聖祖實錄選輯》卷二四九（台北：台灣銀行經濟研究室，1963 年），頁 158-159。康熙宏獎理學提高朱子地位，重刊表彰《性理大全》，為《性理精義》又重刊《朱子全書》，在五十一年二月丁巳諭令詔示朱子配祀，尊朱子為第十一哲，士人紛紛迎合上意，朱學蔚為權威。清・趙爾巽等撰：〈本記・聖祖三〉，《清史稿》卷八（台北：洪氏出版社，1981 年），頁 281。

3　葛榮晉解釋「實學」的概念，其認為：「宋明理學家也講實學，但明清實學不同於宋明理學家所為實學，有其獨特的社會內容和時代特徵，他的基本特徵『崇實黜虛』就是鄙棄空談心性，而在一切社會領域和文化領域，提倡崇實，即實體、實踐、實行、實習、實功、實心、實念、實言、實才、實政、實事實風等等。」詳參葛榮晉（主編）：〈中國實學導論〉，《中日實學史研究》（北京：中國社會科學出版社，1992 年），頁 3-24。

4　雍正、乾隆之後學風由「宋學」移轉到「漢學」，漢學實證治學斥宋儒冥想空談，於是宗宋「理學」與宗漢「考據學」並峙，兩派相互攻訐。「漢宋之爭」視為儒學中不同價值的義理類型之爭，「漢學」代稱音韻訓詁的考據學；而「宋學」代稱講論性道的義理學。從宋學到漢學詮釋學風更迭嬗變，詳參羅雅純：《朱熹與戴震孟子學之比較研究－以西方詮釋學所展開的反思》（台北：秀威資訊出版，2012 年），頁 147-156。另外，關於「漢宋之爭」評價，美國學者艾爾曼（Benjamin A. Elman）的說法也值得正視，他認為：「漢學因與以宋學為基礎的正統儒學對立，至多處於科舉考試的邊緣位置，其支持者往往被排斥於朝廷之外，考據學發展的結果是儒學的專業化和職業化。漢學憑藉士紳階層提供的廣泛贊助，贏得並維持他們在江南學術共同體的位置，捍衛小學考證的特殊意義。」詳參（美）艾爾曼（Benjamin A. Elman）（著）、趙剛（譯）：《經學、政治和宗族——中華帝國晚期常州今文學派研究》（南京：江蘇人民出版社，1998 年），頁 67。

5　清・戴震（1724-1774）字東原，安徽休寧人，生於雍正元年十二月，卒於乾隆四十二年五月，為清代樸學大師。乾隆三十八年（1773）任《四庫全書》館纂修官，四十年（1775）成進士，改翰林院庶吉士。戴震於訓詁考據及義理思想皆有所擅長，為著名考據家及思想家。生卒年據段玉裁〈東原年譜訂補〉載：「世宗憲皇帝雍正元年癸卯，先生生。先生諱震，字東原。曾祖景良。祖寧仁，贈文林郎。父弁，封文林郎。世居休寧隆阜。妣朱氏，贈孺人。先生以十二月己巳生邑裏之居第。」　清・段玉裁：〈東原年譜訂補〉，《戴震

使儒學從長期偏重形上價值轉向形下經驗價值的思想變革者，對道德理論的關心轉向對道德踐履的關懷，建構一套「通情達理」的新道德觀。戴震在道德立說上揚棄「存理滅欲」舊成規，肯定生命「情欲」的合理性，以「情欲」做為道德主體核心，主張「理存乎欲」、「以情絜情」，將道德實踐導向「我—你」[7]關係中體證以「情」言「理」，從玄奧深遠「道德天理」走向人倫世界「道德情理」，開啟了不同宋明理學的實踐理路。

　　中國哲學關懷安身立命的道德價值，始終重視生命「性」、「情」、「理」、「欲」等命題，這些命題皆圍繞著「情理論」的論述發展，然「性」、「情」、「理」、「欲」真實意涵究竟為何？歷代儒者在各自時代的關懷下提出紛紜的詮釋，亦沒有一致定論。「情理論」探討至清代，清儒在通經致用學風所趨，紛紛返回經典探求孔孟聖賢原意，以考據訓詁證其義理，如戴震治經就是循藉此徑：

全書》（六）（安徽：黃山書社，1995年），頁649。茲下引述戴震文獻皆引於《戴震全書》，僅標註引文篇名出處及頁數，不再贅述出版社及出版時間。

6　戴震反對當時執義理學牛耳的程朱官學，大膽喊出「打破宋儒家中《太極圖》」，其為匡正時弊，返歸儒家經典上尋求解決，疏證孟學捍衛正統，在《緒言》、《孟子私淑錄》、《孟子字義疏證》中釐正異說。戴震反理學之歷史背景論述，詳參羅雅純：《朱熹與戴震孟子學之比較研究－以西方詮釋學所展開的反思》，頁188-235。

7　（奧）馬丁‧布伯（Martin Buber，1878-1965）當代猶太宗教哲學家，以著作《我與你》解釋存在哲學，提出「我—你」以及「我—它」的二重性的概念。本文借此顯示戴震道德哲學強調在人倫世界中，道德踐履是在「我與你」和「我與它」關係中而展開。馬丁‧布伯（Martin Buber）（著）、陳維剛（譯）：《我與你》（台北：桂冠圖書公司，2002年）。

僕自少時家貧，不獲親師，聞聖人之中有孔子者，定六
經示後之人，求其一經，啟而讀之，茫茫然無覺。尋思
之久，計於心曰：「經之至者道也，所以明道者其詞也，
所以成詞者字也。由字以通其詞，由詞以通其道，必有
漸。」求所謂字，考諸篆書，得許氏《說文解字》，三年
知其節目，漸睹古聖人制作本始。又疑許氏於故訓未能
盡，從友人假十三經注疏讀之，則知一字之義，當貫群
經、本六書，然後為定。[8]

經之至者，道也；所以明道者，其詞也；所以成詞者，
未有能外小學文字者也。由文字以通乎語言，由語言以
通乎古聖賢之心志，譬之適堂壇之必循其階，而不可以
躐等。[9]

是以凡學始乎離詞，中乎辨言，終乎聞道。離詞，則舍小學
故訓無所藉；辨言，則舍其立言之體無從而相接以心。[10]

　　戴震強調治經研史，循序漸進不可以躐等，必先考證字義，
知字義後通貫群經、六書，方可掌握聖賢義理之道。因此「經
之至者，道也；所以明道者，其詞也」、「由字以通其詞，由詞
以通其道。」前者側重「字」的個別釐清，進而「詞」的理解；
後者著重「群經」通貫，「道」的整體掌握。這由字義以明經義

8　〈與是仲明論學書〉，《東原文集》卷九，《戴震全書》（六），頁 370-371。
9　〈古經解鉤沉序〉，《東原文集》卷十，《戴震全書》（六），頁 378。
10　〈沈學子文集序〉，《戴東原先生之文》卷十一，《戴震全書》（六），頁 393。

的方法論，「聞道」務求「通經」，「通經」首在「小學」，由文字通乎語言「聞道」聖賢心志才是治經的終極目標。然戴震殫心竭慮務求「聞道」目的為何？其云：

> 言者輒曰：「有漢儒經學，有宋儒經學，一主于訓故，一主于理義。」此誠震之大解也者。夫所謂理義，苟可以舍經而空憑胸臆，將人人鑿空得之，奚有于經學之云乎哉？惟空憑臆之卒無當于賢人聖人之理義，然後求之古經。求之古經而遺文垂絕，今古縣隔也，然後求之訓故。訓故明則古經明，古經明則賢人聖人之理義明，而我心之所同然者乃因之而明。[11]

> 僕自十七歲時，有志聞道，謂非求之《六經》孔孟不得，非從事於字義、制度、名物無由以通其語言。宋儒譏訓詁之學，輕語言文字，是欲渡江河而棄舟楫，欲登高而無階梯也。為之三十餘年，灼然知古今治亂之源在是。[12]

戴震認為如今聖賢理義不明，遺文垂絕，以致今人舍經「空憑臆之卒無當于賢人聖人之理義」，亂源乃肇因宋儒譏斥訓詁空談心性。因此，探求「聞道」聖賢之途必先從「正名」經典工作開始，所以自十七歲即效法漢儒治經，志在考訂字義、制度、名物以通經，由故訓明理義，由理義以見典章制度。戴震認為「聞道」聖賢的方法切不可空憑臆測，宜平心體會細究經文，

---

11 〈題惠定宇先生授經圖〉，《戴氏雜錄》，《戴震全書》（六），頁505。
12 〈與段茂堂等十一札〉第九札，《戴震全書》（六），頁541。

先考字義，次通文理，通經明道，古經明則聖賢理義曉明。然
感嘆當今聖賢之道早已為異說淆惑：

> 孟子辯楊、墨；後人習聞楊、墨、老、莊、佛之言，且
> 以其言汨亂孟子之言，是又後乎孟子者之不可已也。苟
> 吾不能知之亦已矣，吾知之而不言，是不忠也，是對古
> 聖人賢人而自負其學，對天下後世之仁人而自遠於仁
> 也。吾用是懼，述《孟子字義疏證》三卷。韓退之氏曰：
> 『道於楊、墨、老、莊、佛之學而欲之聖人之道，猶航
> 斷港絕潢以望至於海也。故求觀聖人之道，必自孟子始。』
> 嗚呼，不可易矣！[13]

　　戴震認為孟子早已辯明楊、墨之學貽害世人甚鉅，而宋儒
程頤、朱熹等又以楊、墨、老、莊及佛家之說汨亂聖人之道，
故求觀聖人之道即必先「破後人混漫」。因此「吾用是懼」著述
《孟子字義疏證》力闢異說以端正人心，其云：「僕生平論述，
最大者為《孟子字義疏證》一書。此正人心之要。今人無論正
邪，盡以意見誤名之曰『理』而禍斯民，故《疏證》不得不作。」
[14]然戴震控訴「意見誤名之曰『理』而禍斯民」，所指為何？

> 六經、孔孟之言以及傳記群籍，理字不多見。今雖至愚
> 之人，悖戾恣睢，其處斷一事，責詰一人，莫不曰理者，
> 自宋以來始相習成俗，則以理為「如有物焉，得於天而

13　《孟子字義疏證・序》，《戴震全書》（六），頁147-148。
14　〈段茂堂等十一札〉第十札，《戴震全書》（六），頁543。

具於心」，因以心之意見當之也。於是負其氣，挾其勢位，加以口給者，理伸；力弱氣慴，口不能道辭者，理屈。嗚呼，其孰謂以此制事，以此制人之非理哉！[15]

理欲之分，人人能言之，故今之治人者，視古賢聖體民之情，遂民之欲，多出於鄙細隱曲，不措諸意，不足為怪；而及其賢以理也，不難舉曠世之高節，著於義而罪之。尊者以理責卑，長者以理責幼，貴者以理責賤，雖失謂之順；卑者賤者以理爭之，雖得謂之逆，於是下之人不能以天下之同情、天下之所同欲，達之於上。上以理責其下，而在下之罪人不勝指數，人死於法，猶有憐之者，死於理，其誰憐之？[16]

烏呼，今之人其思亦弗思矣。聖人之道，使天下無不達之情，求遂其欲而天下治。後儒不知情之至於纖微無憾是謂理；而其所謂理者，同於酷吏之所謂法。酷吏以法殺人；後儒以理殺人：浸浸乎捨法而論理。人各巧言理，視民如異類焉，聞其呼號之慘而情不相通。死矣更無可救矣！[17]

　　戴震認為六經、孔孟聖賢群籍「理」字不多見，然自宋以來相習成俗，「理欲之分」駁雜老、釋，冥心求理責詰他人，負

15　《孟子字義疏證》卷上〈理〉，《戴震全書》（六），頁154。
16　《孟子字義疏證》卷上〈理〉，《戴震全書》（六），頁161。
17　〈與某書〉，《戴震全書》（六），頁496。

氣挾勢者，理伸；力弱氣懾者，理屈，聖人之道盡失其解，這
任憑「心之意見為理」正是遺禍世民最大禍因。鑑於此，戴震
對宋明理學「理本體」提出強烈抨擊，指出這恆久不變凌駕至
上的「理」，導致「五百多年的談玄說理，不能挽救政治的腐敗，
盜賊的橫行，外族的侵略」[18]，所以「後儒不知情之至於纖微
無憾是謂理」，不知體民「情」遂民「欲」！「情」、「理」不相
通，卑幼賤者呼號之慘，尊以「理」責卑，長以「理」責幼，
貴以「理」責賤，違「情」悖「理」，挾勢欺侮力弱氣懾者豈不
是「以理殺人」？人之常「情」實「欲」如何通「情」達「理」
應乎「情理融合」？緣「情」至「性」在人倫世界中踐履道德？
戴震認為真正的道德之理，應體民「情」遂民「欲」，使天下無
不達「情」，天下人皆遂其「欲」，因為聖賢之道「未有情不得
而理得者也」：

> 理也者，情之不爽失也；未有情不得而理得者也。凡有
> 所施於人，反躬而靜思之：「人以此施於我，能受之乎？」
> 凡有所責於人，反躬而靜思之：「人以此責於我，能盡之
> 乎？」以我絜之人，則理明。天理云者，言乎自然之分
> 理也；自然之分理，以我之情絜人之情，而無不得其平
> 是也。[19]

> 惟有欲有情而又有知，然後欲得遂也，情得達也。天下

---

18 胡適：〈幾個反理學的思想家〉，《胡適文存》（四）（台北：遠東圖書出版，
　　1979 年），頁 56。
19 《孟子字義疏證》卷上〈理〉，《戴震全書》（六），頁 152。

之事，使欲之得遂，情之得達，斯已矣。[20]

　　誠如是，戴震認為「情之不爽失」才是「理」，「理本於情」觀點建立在生命之聲色臭味「欲」、喜怒哀樂「情」的實存基礎上，由人性實然走向道德應然，「以我之情絜人之情」獲得公平共識，架構起「人—我」共通的情理關懷。因此，《孟子字義疏證》做為戴震返歸聖人之道的扛鼎之作，勢必重新廓清聖賢本義，以訓詁理義「聞道」方法回歸儒家經典，重探〈理〉、〈天道〉、〈性〉、〈才〉、〈道〉、〈仁義禮智〉、〈誠〉、〈權〉[21]的義理範疇，建構一個達「情」遂「欲」合乎人倫「道德情理」哲學。

　　足以見，戴震企求在「以理殺人」道德窘困的時代下重建道德標準，「理存乎欲」扭轉「存理滅欲」開啟「情欲道德」的原始召喚，這般伸張正義之經世關懷即是對「達情遂欲」大同世界的道德嚮往。從戴震《孟子字義疏證》一書範疇可知，重構義理工作乃指向理學重要概念逐一辯清，直搗「理學」黃龍的目的一目瞭然，以此震撼程朱官學獨尊的經學大樑，由「理存乎欲」新釋「道德情理」轉換「存理滅欲」的「道德天理」，為捍衛儒學正統做出明志表述。所以，戴震重塑情性新論，彰顯儒家經典的「情理」，以「情欲」做為主體所開展的道德哲學，視「情欲」做為天下同然的道德連繫，從「情欲」與「道德」

---

20 《孟子字義疏證》卷下〈才〉，《戴震全書》（六），頁197。
21 《孟子字義疏證》共分為三卷、八目、四十四條。卷上：「理」十五條，卷中：「天道」四條、「性」九條，卷下：「才」三條、「道」四條、「仁義禮智」二條、「誠」二條、「權」五條。

的對立到融合，彌補了長久以來「理本體」舊道德標準的偏頗，道德價值從形上至形下的轉型，在「情」、「理」、「欲」和諧共融關係中樹立一套安頓身心，通「情」達「理」的新道德，從個體道德走向群體公德，不但奠定了情性倫理的新趨向，也啓蒙接軌了十九世紀倫理思想的現代化。

回顧當今學界戴震學研究，無論在「哲學／觀念史研究進路」或「歷史／思想史研究進路」已累積豐碩成果，戴震「情欲主體」道德哲學是否合理詮釋道德理論，至今未見任何專論研究。時至今日，講求人性自由、情欲解放的廿一世紀，重「情」揚「欲」闡揚「道德情理」的戴震學值得有更多元視野的探討。令人雀躍的是，當今中西哲學不約而同皆有「情感轉向」現象，尤其是一向注重「德性」、「情感」的「德性倫理學」[22]逐漸興起，重新喚起對「情感」議題的重視。眾所皆知，中西方皆有悠遠的倫理歷史，在西方以「亞里斯多德」（Aristotle）為代表，從古希臘到中世紀的倫理傳統，一向是以「德性倫理學」（Virtue Ethics）為主流。但進入近代，為（英）「邊沁」（Bentham）和「彌爾「（Mill）「功利論」（Utilitarianism）和（德）「康德」（Kant）「義務論」（Deontology）代表的「規則倫理學」（the Ethics of

---

22 根據學界學者的中譯使用，「德性」（virtue）一詞的譯法有三種：第一種是將 virtue 譯為「德性」，如大陸學者及海外學者：石元康、余紀元、苗力田、章海山、龔群、何懷宏等。第二種是將 virtue 譯為「德行」，大多是港台學者如沈清松、潘小慧、林火旺、黃藿、王臣瑞、曾仰如等。第三種將 virtue 譯為「美德」，如港台學者林逢祺、大陸學者葉秀山、萬俊人、王海明等。本書採以「德性」中譯，認為此譯語與戴震「德性資乎學問」重視人格「德性」，透過「重問學」、「貴擴充」師法古賢聖之智「以學養智」，綰合「德」、「智」關係的詮釋較適切。

Rules）所取代。[23]然而，自從 1958 年「伊莉莎白‧安斯康」（G.E.M.Anscombe）發表《現代道德哲學》（Modern Moral Philosophy）指出「功利論」和「義務論」無法提供正確的道德理論基礎，呼籲返回古希臘亞里斯多德「德性」幸福的主張建構當代「德性倫理學」。伊莉莎白‧安斯康的號召成為西方學界一場聲勢浩大的復興運動[24]，特別值得關注，在西方哲學長久強調主體性的發展下，「情感」一向被定位與「理性」對立，擔任道德論證中次要附屬概念。但隨著當今「德性倫理學」復興，西方倫理界開始質疑過去對「情感」議題的理解是否過於貶抑，「情感」是否仍居於道德主體中次要地位？形成了「情感主義」（emotionalism）討論的熱烈焦點。[25]

　　相對近年西方倫理學「情感」議題的抬頭，中國儒家思想始終重視「情理」融合，強調性情之教，關懷生命道德，當然

23　「規則倫理學」可分為兩大派：「功利論」（Utilitarianism 也譯為效益論、目的論）及「義務論」（Deontology 也譯為道義論），統稱為「規則倫理學」（the Ethics of Rules），在回答規範倫理學的中心問題時，前者「功利論」論及價值上的考慮，而「義務論」則強調人履行道德義務的至上性。

24　（美）伊莉莎白‧安斯康（G.E.M.Anscombe）呼籲回歸亞里斯多德傳統「德性」意義建構當代「德性倫理學」，獲得許多熱烈討論，認同者如麥金泰爾（MacIntyre）、菲利帕‧福特（Philippa Foot）、羅薩琳德‧赫斯特豪斯（Rosalind Hutshouse）等。詳見（英）麥金泰爾（MacIntyre）、龔群（譯）：《倫理學簡史》（北京：商務印書館，2004 年）及米建國、朱建民：〈導言：「德性的轉向：德性理論與中國哲學」〉，《哲學與文化》第三十九卷，第 2 期（2012 年 2 月）。

25　西方學界「情感主義」的熱烈討論，乃是指當今「德性倫理學」的復興現象，在亞里斯多德「德性倫理學」理論上再汲取斯多葛學派（The Stoics）和休謨（Hume）的情感論，發展如當今情感主義的「德性倫理學」、「關懷（Care）倫理學」、「特殊主義（Particularism）倫理學」等等，重新對「情感」提出不同的闡述。

視「情感」、「情欲」為道德價值之一環，正如同十八世紀戴震
將義理核心架構在「情」、「理」、「欲」基礎上，早已揭示人性
「理存乎欲」、「達情遂欲」的道德哲學，關注的是人倫世界庶
民百姓「道德情理」的實踐，此即是「情感主義」倫理意涵的
呈顯。然這以「情欲」做為主體的道德哲學，在「人欲」與「天
理」之間，如何從「理存乎欲」道德動力、「以情絜情」道德判
斷達至「達情遂欲」道德理想？做為道德動力與道德判斷的「情
欲」與行動者「人」的內在結構關係為何？道德哲學是否符合
「克莉絲汀・歌絲嘉」（Christine Korsgaard）的「道德規範根
源論」（sources of normativity）？[26]道德規範根源義理型態是「內
在論」（internalism）？還是「外在論」（externalism）？[27]道德

---

26 「道德規範根源論」（*sources of normativity*）為美國「克莉絲汀・歌絲嘉」《規
　範性的來源》提出的重要主張，另一譯名為「克莉絲蒂娜・科爾斯戈德」又
　譯為「柯思嘉」，1952 年生於芝加哥，哈佛大學哲學教授，是美國當代重要
　女性倫理學家，主要著作：（美）克里斯蒂娜・M・科爾斯戈德（Korsgaard,
　C.M.）:《能動性的構成》（*The Constitution of Agency,* Oxford: Oxford University
　Press,2008）、《自我構成：行動者、身份與誠實》（*Self-Constitution: Agency,
　Identity, and Integrity,* Oxford: Oxford University Press,2009）。（美）克里斯蒂
　娜・M・科爾斯戈德（Korsgaard, C.M.）、楊順利（譯）:《規範性的來源》（上
　海：上海譯文出版社，2010 年）、《創造目的王國》（北京：中國人民大學出
　版社，2013 年）等。

27 西方倫理界對於道德根源與道德判斷和道德動力的關聯有「內在論」
　（internalism）、「外在論」（externalism）的劃分。大抵而言，以康德和休謨
　兩個理論為古典倫理學的典型理論。休謨從「情感」立場，康德以「理性」
　立法，因而西方當代倫理學又有從情感與理性分判，把動力作為情感動力代
　名詞，區分有「動力內在論」（motivationinternalism）與「動力外在論」
　（motivationexternalism）和「理性內在論」（rationalinternalism）與「理性外
　在論」（rational externalism）。「動力內在論」主要是指「休謨」道德情操論，
　「理性內在論」則指「康德」實踐理性自立法則的義務論。而對於內在論，
　戴和爾又進一步由理論重視道德判斷或道德事實的存在區分：「判斷內在論
　（judgmentinternalism）與「存在內在論（existence internalism），後者又區
　分為兩型，即「知覺內在論（perceptualinternalism）與「形而上內在論」

論證是以「義務」、「規則」、「最大多數人最大幸福」評價道德
行為？還是從「德性」、「善」、「幸福」評價道德行為？所展開
的倫理型態是注重道德理性、道德法則的「規則倫理學」？還
是重視道德情境、道德情感的「德性倫理學」？以「情欲」主
體開展的道德哲學，「情理論」是如何繼承與轉化？源自「情欲」
的德性動機做為道德判斷與道德基礎是否可能？「以情絜情」
道德判斷同然情感，「絜情」究竟是「休謨」（Hume）的「同情」
意涵？[28]還是邁克爾・斯洛特（Michael Slote）的「移情」意涵？
[29]諸此問題層層提出，形成本書「研究動機」之緣起。

（metaphysical internalism）。此間複雜的流變發展，詳參李瑞全：《儒家道德
　規範根源論》（台北：鵝湖出版社，2013 年），頁 11-16。

28　（英）休謨（Hume）主張「道德源於情感」，其認為人之所以表現得美德，
　　不是源自這看不見、摸不著卻被喻為味覺、觸覺的感官官能，而是源於人類
　　「心靈」的共通感，那具備一種受他人苦樂影響的普遍心理，即是「同情」。
　　休謨解釋由「同情」產生「道德」的過程，正是「同情」使我們能感覺到他
　　人快樂痛苦，通過心理影響，因此激發相應的情感體驗，並導致道德判斷和
　　道德感的產生，根據「情感」的「感官」感覺做出道德行為的選擇。所以『同
　　情』是人性中一個很強有力的原則，……它產生了我們對一切人為的德的道
　　德感。」詳參（英）休謨（Hume）、關文運（譯）：《人性論》（下冊）（北京：
　　商務印書館，1983 年），頁 620。

29　（美）邁克爾・斯洛特是邁阿密大學著名倫理學教授，愛爾蘭皇家科學
　　院院士，當代西方活躍的倫理學家，他曾任美國馬里蘭大學哲學系主任、
　　執教於邁阿密大學，研究主要集中在道德政治哲學、理性選擇理論、道
　　德心理學、教育哲學等領域，並試著建構一種不同於亞里斯多德主義的
　　倫理學。他呼應（英）伊莉莎白・安斯康（G.E.M.Anscombe）發起返回
　　亞里斯多德的德性運動，又從「休謨」（Hume）情感主義「同情」觀點
　　尋找德性倫理學復興淵源，以「移情」建立「情感論德性倫理學」
　　（Sentiments Virtue Ethics）最備受學界關注。主要著作有：（美）羅傑・
　　克里斯普（Roger Crips）和（美）邁克爾・斯洛特（Michael Slote）編：
　　《美德倫理學》（英國：牛津大學出版社，1997 年）、（美）邁克爾・斯
　　洛特（Michael Slote）：《源自動機的道德》（英國：牛津大學出版社，2007
　　年）、（美）邁克爾・斯洛特（Michael Slote）：《道德情感主義》（英國：
　　牛津大學出版社，2013 年）、（美）邁克爾・斯洛特（Michael Slote）、周

　　當今西方倫理學界走向道德規範根源和道德判斷議題，重新檢視道德價值與道德實踐的問題。但眾所皆知，對中國哲學而言倫理目的本不在知識論思辯探討，而在躬行實踐道德。「道德」向來是二千五百年儒家的首要關懷，強調「道德」義務與陶成「德性」人格是成德成聖的實踐智慧，豐富的倫理意涵自能給予不同西方學界的探討。今日不論中西方哲學將道德核心置在「德性」，皆有著同樣重視「人」做為道德主體的倫理討論，面對西方德性復興的趨勢，中國哲學該如何參與對話？這不僅是做為當代研究一項無以迴避的挑戰，同時也代表著面對過去理解中國傳統文獻將擁有新穎的詮釋觀點。因此，本書援引「西方倫理學」做參照系統展開中西對比脈絡下的研究，以「道德規範根源論」及「倫理學型態」分析戴震哲學，企求證成根源人性「情」、「理」、「欲」的「道德動力」、「道德判斷」與「道德行動者」內在結構關係是合理有效道德論證。鑑於此，本書目的非以西律中或以今律古，而是嘗試拓展戴震「道德情理」意涵，為傳統戴震學在當代論述中尋求新釋，裨益中西視域下的各自理解乃為本書「研究目的」。

亮（譯）：《從道德到美德》（江蘇：譯林出版社，2017 年）。「情感主義德性倫理學」詳見邁克爾・斯洛特（Michael Slote）、王楷（譯）：〈情感主義德性倫理學：一種當代的進路〉，《道德與文明》第 2 期（2011 年），頁 28-35。邁克爾・斯洛特（Michael Slote）、李家蓮（譯）：〈從德性倫理學到德性認識論〉，載在江暢、戴茂堂《價值論與倫理學研究》2014 年卷（北京：社會科學文獻出版社，2014 年），頁 152-168。

二、前人研究與成果

　　回顧近年學界攸關「戴震思想」及「西方倫理學」分別領域或單獨研究成果豐沛。然相關本書的前行研究至今國內外並無其他「直接」研究，由此更肯定本書所欲提出的學術新意，自非對前行研究成果的「順承」，而是新研究議題的「轉向」。然而，學術進路即使「轉向」也並非與前行成果不相關，「轉向」正是奠定在前人成果基礎上導引成形，這也是學術脈絡支援的「順承」工作，自然無法與前人研究切割。因此，論述前人研究分以「當代戴震學」、「當代倫理學」及「歌絲嘉『道德規範根源論』、邁克爾·斯洛特『情感主義德性倫理學』」予以說明：

（一）「當代戴震學」研究概況

　　回顧戴震學前人研究成果，八十年代以前特別要正視梁啟超的研究觀點。梁啟超著述清代學術史最負盛名兩部力作《清代學術概論》及《中國近三百年學術史》皆認為明末至清三百年學術是「厭倦主觀的冥想而傾向於客觀的考察」[30]，將宋明理學的反動視為是清代「漢學」本質，以「漢學」為「宋學」

---

30 梁啟超認為「厭倦主觀的冥想而傾向於客觀的考察」所以造成「古典考證學獨盛」，其云：「明季道學反動，學風自然要由蹈空而變為覈實—由主觀的推想而變為客觀的考察，客觀的考察有兩條路。一自然界現象方面，二社會文獻方面，以康熙間學術界形勢論本來有趨重自然科學的可能性且當時實在也有點這種機兆，然而到底不成功者，其一，如前文所講，因為種種事故把科學媒介失掉了。其二，則因中國學者根本習氣，看輕了『藝成而下』的學問，所以結果逼著專走文獻這條路」。詳參梁啟超：《中國近三百年學術史》（台北：華正書局，1994 年），頁 21。

的全面反動爲基調來疏理清代學術史。[31]這條不同宋明理學的另闢蹊徑，一方面表現對理學家空談心性束書不觀「反理學」思潮上，另一方面則發展爲實證致用「考據學」。整體而言，梁啓超從清儒反宋學的角度闡述清代學術價值，旨在強調清代學術在中國思想史上的創新，視「漢學」、「宋學」爲兩橛的「反動說」無疑有其論點的合理性，因爲清代學術以考據爲主流，通經致用實證求是爲宗，確實與晚明空疏學風不同。清初學風崇實黜虛，由虛轉實，由主觀推想變爲客觀的考察，這的確是對宋明之學的一種反動思潮。[32]因此，梁啟超相當肯定在漢學如日中天的乾嘉時代，戴震既反理學又考據實證，不僅是「理智主義」哲學家，更是提倡「情欲」的倫理家，其謂：「東原之提出自己獨重情感主義，卓然成一家言。[33]」稱讚：「《疏證》一書，字字精粹，右所錄者未盡其什一也。綜其內容，不外欲以『情感哲學』代『理性哲學』」[34]以「情感」涵攝「情欲」，翻轉了中國文化倫理的新方向。梁啟超讚揚戴震開創人性平等倫理的貢獻，如同「『歐洲文藝復興時代之思潮之本質絕相類』、『戴震蓋確有見於此，其志願確欲為中國文化轉一新方向；其哲學之立腳點，真可稱二千年一大翻案；其論尊卑順逆一段，

---

31 梁啓超從五個方面列舉明末清初以來反理學思潮，最後認為「清朝各方面的學術，都從此中（即對宋明理學的反動—引者）孕育而來。」參見梁啟超（著）、朱維錚（校注）：《梁啓超論清學史二種》（上海：復旦大學出版，1985 年），頁 97-102。

32 梁啓超對清學所提出「反動說」。參見周國棟：〈兩種不同的學術史範式—梁啓超、錢穆《中國近三百年學術史》之比較〉，《史學月刊》第 4 期（2000年），頁 100-114。

33 梁啟超：〈戴東原生日二百年紀念會緣起〉，《飲冰室文集》之四十，收入《飲冰室合集》（五）（北京：中華書局，1989 年），頁 40。

34 梁啟超：《清代學術概論》（台北：臺灣商務印書館，1994 年），頁 68。

實以平等精神，作倫理學上一大革命。其斥宋儒之糅合儒佛，雖辭帶含蓄，而意極嚴正，隨處發揮科學家求真求是之精神；實三百年間最有價值之奇書也。』」[35]除此，與梁啓超同聲相應的還有胡適，主張科學佐證實用主義的他相當服膺戴震，其在《戴東原的哲學》〈引論〉中言：「中國近世哲學的遺風，起於北宋，盛于南宋，中興于明朝的中葉，到了清朝，忽然消歇了。清朝初年，雖然緊接晚明，已截然成了一個新的時代了。自顧炎武以下，凡是第一流的人才，都趨向到做學問的一條路上去了，哲學的門庭，大有冷落的景況。」[36]然在此思潮下，戴震與其他清儒不同，由考據訓詁求其義理，其謂：「戴氏論性，論道，論情，論欲，也都是用格物窮理的方法，根據古訓作護符，根據經驗作底子，所以能摧破五六百年推崇的舊說，而建立他的新理學。」[37]

繼梁啟超、胡適之後對清代學術研究最有貢獻的學者是錢穆。錢穆認為清學淵源於「宋學」，「不識宋學，則亦不能知漢學，更無以評漢宋之是非」[38]，從宋明理學角度提出清儒「繼承說」，有別於梁啟超「反動說」。錢穆在《中國近三百年學術史》中強調「宋學」對清代學術發展的延續性，其言：

---

35 梁啟超：《清代學術概論》，頁 68-69。
36 歐陽哲生（編）：《胡適文集》（第七冊）（北京：北京大學出版社，1998 年），頁 239。
37 胡適：《戴東原的哲學》（台北：臺灣商務印書館，1996 年），頁 82-83。
38 錢穆：《中國近三百年學術史》（上冊）（台北：臺灣商務印書館，1996 年），頁 1。

> 治近代學術者當何自始？曰：必始於宋。何以當始於宋？
> 曰：近世揭櫫漢學之名以與宋學敵，不知宋學，則無以
> 評漢宋之是非。且言漢學淵源者，必溯諸晚明諸遺老。
> 然其時如夏峰、梨洲、二曲、船山、桴亭、亭林、蒿庵、
> 習齋，一世魁儒者碩，靡不寢饋於宋學。繼此而降，如
> 恕谷、望溪、穆堂、謝山乃至慎修諸人，皆於宋學有甚
> 深契詣。而於時已及乾嘉。漢學之名，始稍稍起。而漢
> 學諸家之高下淺深，亦往往視其所得於宋學之高下淺深
> 以爲判。道咸以下，則漢宋兼采之說漸盛，抑且多尊
> 宋貶漢，對乾嘉爲平反者。故不識宋學，即無以識近
> 代也。[39]

　　即如是，錢穆溯源清代學術源起的內在理路，從明末清初
到清末民初三百年，可謂是繼承宋明理學而延續，思潮變遷從
「抑宋揚漢」至乾嘉考據「尊漢排宋」，道咸之後「漢宋調和」、
「尊宋抑漢」，宋學得以復興。錢穆對戴震的研究論述皆集中在
《中國近三百年學術史》、《國學概論》中[40]，其言：「治漢學者
必以詆宋學爲門面，而戴東原氏其魁傑。」[41]錢穆認爲戴震「詆
宋學」從過去尊宋述朱轉而排宋詆朱，「乾嘉以往詆宋之風，自
東原起而愈甚，而東原論學之尊漢抑宋，則實有聞於蘇州惠氏

---

39 錢穆：《中國近三百年學術史》（上冊），頁1。
40 朱維錚認爲錢穆主要從「宋學」角度談清代學術史，故《中國近三百年學術史》實際上可謂是清代「宋學」史。朱維錚：《求索真文明—晚清學術史論》（上海：古籍出版社，1996年），頁6。
41 錢穆：《中國近三百年學術史》（上冊），頁2。

之風而起也」。[42]錢穆認爲轉變之因，正是乾隆二十二年，戴震
南遊揚州會晤惠棟之後，二人論學交相推重，以後又客居揚州
四年，論學宗旨自此遂變。而戴震後學排詆宋儒，蔚爲風尚，
乾嘉漢學由是大盛。錢穆歸納戴震爲學態度改變的重要關鍵：
首先，在戴震緬懷惠棟所著《題惠定宇先生授經圖》，窺見議論
與昔日大異，此爲「東原論學一轉而近於吳學惠棟之證也。」[43]
其次，乾隆三十四年，戴震爲惠棟弟子余蕭客序《古經解鈎沉》，
從序中內容可觀「東原此數年論學，其深契乎惠氏故訓之說無
疑矣」。[44]再者，《原善》三篇，時間約在戴震遊揚州識惠棟之
後，「舍故訓無以明理義」受惠氏《易微言》影響，至此始變也。
[45]基於此理解，因此認爲戴震排詆宋儒，即是受到惠棟的影響，
所以「東原極推惠，而惠學者亦尊戴，吳、皖非分幟也」。[46]

　　錢穆強調清學導源於宋學的「繼承說」，特別重視宋明理學
對清代學術影響，即便論述「漢學」全盛的乾嘉時代，《中國近
三百年學術史》一書中的編纂安排亦是如此，以「第八章戴東
原」爲題，而以「江永、惠棟、程易疇」附之而論。顯見從地
源關係來論及「江永、戴震、程易疇」皆歙人，目的在於釐清
戴震的學術淵源[47]，徽、歙之間是朱子故里，學者講學固多守

42 錢穆：《中國近三百年學術史》（上冊），頁 355。
43 錢穆：《中國近三百年學術史》（上冊），頁 356。
44 錢穆：《中國近三百年學術史》（上冊），頁 356-357。
45 錢穆：《中國近三百年學術史》（上冊），頁 358-361。
46 錢穆：《中國近三百年學術史》（上冊），頁 357。
47 錢穆：《中國近三百年學術史》（上冊），頁 337-418。

朱子圭臬，故尚朱述朱之風，數世不輟。[48]錢穆進一步考證：
「徽、歙間講學淵源，遠自無錫之東林。有汪知默、陳二典、
胡淵、汪佑、吳慎、朱璜講朱子之學於紫陽書院，又因汪學聖
以問學於東林之高世泰，實爲徽州朱學正流，江永、汪紱皆汲
其餘波。故江、浙之間學者多從姚江出，而皖南則一遵舊統，
以述朱爲正。惟汪尚義解，其後少傳人，江尚考覈，而其學遂
大。」[49]遂至，江氏之學傳至戴震，致使成為考據皖派大師。
然而事實上錢穆廓清「皖派」學派脈絡的用意，重點不在呈顯
「皖派」系譜，而在突顯「宋學」對戴震的影響，因此溯源戴
震學思淵源於徽歙朱子。鑑於此理解，錢穆便據此追溯戴震與
顏習齋、李剛主的思想關係，其謂：「今考東原思想最要者，一
曰自然與必然之辨，一曰理欲之辨，此二者，雖足與顏、李之
說相通，而未必為承襲。至從古訓中明義理，明與習齋精神大
背。若徒以兩家均斥程朱、謂其淵源所自，則誣也。」[50]足以
見，錢穆論戴震從「宗宋學」到「排宋學」，從「宋學」立場評
議戴震思想，始終貫徹在他清學「繼承說」的論述觀點。

　　綜前所述，梁啟超、胡適及錢穆前輩學者觀點，皆是值得
正視的重要成果。此外，戴震學研究亦隨著八十年代大陸戴震
學興起而煥發生機，在 1986 年 4 月在安徽省成立第一個研究學
術團體「戴震研究會」，召開戴震學術討論會。大陸許多學者紛
紛投入系統性研究，如王茂、李錦全、趙士孝、童寶剛、蒙培

---

48 錢穆：《中國近三百年學術史》（上冊），頁 340。
49 錢穆：《中國近三百年學術史》（上冊），頁 341。
50 錢穆：《中國近三百年學術史》（上冊），頁 392。

元、張茂新、張岱年、王德中、許紹雄等人以數學、自然科學、教育學、心理學、文學、美學等進行廣泛性探討。[51]在戴震家鄉徽州師專，方前、葉光立、方利山、王昭義、胡槐植等倡議下，召開了紀念戴震誕辰 260 周年學術座談會，編輯紀念專刊，也在師專學報上開闢戴震研究專欄。縱然，台灣學界對於戴學研究熱度不比大陸，但戴震學研究陸續有成果提出，如：黃懿梅將戴震與王船山進行互通比較[52]；鮑國順對戴震治學著作考述[53]；周昌龍探討胡適智識主義與戴震哲學的關係[54]；林安梧由戴震批評哲學的理路對道德教化展開檢討[55]；岑溢成將戴震思想以孟學理路還原檢視[56]；黃俊傑闡釋戴震孟學在孟學思想史的新涵義[57]，更延伸進行中日韓近世的儒學史比較[58]；楊海文則將孟學與戴震性善論做對比[59]，林文華綜論戴震思想評析[60]等。

51 方利山、杜英賢：《戴學縱橫》（北京：中國文聯出版社，1999 年），頁 292。

52 黃懿梅：〈王船山與戴東原哲學之異同〉，《國際中國哲學研討會論文集》（台北：國立台灣大學哲學系，1985 年 11 月 3-7 日），頁 537-555。

53 鮑國順：〈戴東原著作考述〉上，《孔孟學報》第 59 期（1990 年 3 月），頁 241-276。鮑國順〈戴東原著作考述〉下，《孔孟學報》第 60 期（1990 年 9 月），頁 161-202。

54 周昌龍：〈戴東原哲學與胡適的智識主義〉，《漢學研究》第 12 卷第 1 期（1994 年 6 月），頁 27-60。

55 林安梧：〈「以理殺人」與道德教化—環繞戴東原對於朱子哲學的批評而展開對於道德教化的一些理解與檢討〉《中國近現代思想觀念史論》（台北：台灣學生書局，1995 年），頁 95-121。

56 岑溢成：〈戴震孟子學的基礎〉，收入黃俊傑（編）：《孟子思想的歷史發展》（台北：中央研究院中國文哲研究所籌備處，1995 年），頁 191-215。

57 黃俊傑：〈戴震的孟子學解釋及其涵義〉，《孟學思想史論》卷二（台北：中央研究院中國文哲研究所籌備處，1997 年），頁 332-371。

58 黃俊傑：〈戴東原、伊藤仁齋、丁茶山的孟學解釋—中日韓近世儒學史比較研究〉，《韓國學報》第 1 期（1981 年 4 月），頁 1-24。

59 楊海文：〈戴東原重構孟子的性善論〉，《漢學研究》第 74 期（1997 年 9 月），頁 125-137。

而近年研究提出創新洞見的有：丘為君從中國文化現代轉型與清代考證學間的關係中探討戴震學，特別以近代中國的思想家章太炎、梁啟超、胡適、錢穆、余英時的詮釋建立戴震學論述[61]；楊儒賓以「氣學論」立場劃分超越義和自然義，從王廷相、吳廷翰、高拱、陳確、顏元到戴震的氣學論述，以先天型與後天型探究「戴震是後天型氣論」之集大成者[62]；劉又銘則認為「氣本論」分為「神聖氣本論」與「自然氣本論」，從「自然氣本論」立場重探戴震哲學意涵[63]；鄭吉雄特別從「經典詮釋」和「思想史」兩個進路探討戴震思想社群意識與文化意識[64]；張麗珠致力在疏理清代義理學新貌，對戴震「由詞通道」思想體系特別重視[65]，從「氣本論」觀點論戴震建構現實經驗的理論[66]；鄭

60 林文華：〈戴東原哲學析論〉，《中國文化月刊》第 220 期（1998 年 7 月），頁 90-115。

61 丘為君：《戴震學的形成—知識論述在近代中國的誕生》（台北：聯經出版，2004 年）。

62 楊儒賓：《異議的意義：近世東亞的反理學思潮》（台北：國立臺灣大學出版中心，2013 年），頁 126。楊儒賓、祝平次（合編）：《儒學的氣論與工夫論》（台北：國立臺灣大學出版中心，2005 年）。

63 劉又銘：〈宋明清氣本論研究的若干問題〉《儒學的氣論與工夫論》（台北：國立臺灣大學出版中心，2005 年），頁 208。劉又銘：〈明清自然氣本論者的論語詮釋〉，《臺灣東亞文明研究學刊》第 4 卷第 2 期（2007 年 12 月），頁 110-111。劉又銘：《理在氣中：羅欽順、王廷相、顧炎武、戴震氣本論研究》（台北：五南圖書出版，2000 年）。

64 鄭吉雄：《戴東原經典詮釋的思想史探索》（台北：國立臺灣大學出版中心，2008 年）。鄭吉雄：〈戴東原「群」「欲」觀念的思想史的淵源〉，《中國哲學》第 37 期（日本札幌：中國哲學會，2009 年 11 月），頁 35-81。鄭吉雄：〈戴東原氣論與漢儒元氣論的歧異〉，《台大中文學報》第 21 期（2004 年 12 月），頁 215-254。

65 張麗珠：《清代義理學新貌》（台北：里仁書局，1999 年）、《清代的義理學轉型》（台北：里仁書局，2006 年）。〈戴震「由詞通道」的學術思想體系—以經驗取向的新義理學為論述主軸〉，《東海中文學報》第 22 期（2010 年 7 月），頁 157-192。〈戴震人性論與孟、荀之異同〉，《台灣師大國文學報》，第 47 期

宗義則從氣質之性的立場追溯戴震「氣性」一路，展開戴震思想氣論與工夫論的探討[67]；蔡家和依思想史脈絡為戴震展開孟荀、程朱、漢宋之爭的對比論述，以「魂魄」論探討戴震「氣稟之性」對應天道關係成就人倫氣化的實踐[68]；劉滄龍特別通過「語文學方法」比較「荻生徂徠與戴震」，特別是以「文化批判」視域比較「戴震與尼采」，也以「氣學」論述重構氣化主體即是道德主體，由中西跨文化視角闡述戴震學諸多議題十分具有開創性[69]。

（二）「當代倫理學」研究概況

本書期能透過中西參照對比脈絡，掌握當代「規則倫理學」

（2010 年 7 月），頁 31-70。〈清儒結合經典與經世的禮學發揚—以戴震、淩廷堪為線索〉，《齊魯文化研究》第 8 期（2009 年 12 月），頁 33-55。〈戴震與荀子之思想歧異〉，《儒林》第 4 期（2008 年 7 月），頁 315-329。

66 張麗珠：〈戴震「由詞通道」的學術思想體系－以經驗取向的新義理學為論述主軸〉，《東海中文學報》第 22 期（2010 年 7 月），頁 172-173。

67 鄭宗義：《明清儒學轉型探析：從劉蕺山到戴東原》（香港：中文大學出版社，2009 年），頁 239-240。鄭宗義：〈論儒學中「氣性」一路之建立〉，收入在楊儒賓、祝平次（合編）：《儒學的氣論與工夫論》（台北：國立臺灣大學出版中心，2005 年），頁 250。

68 蔡家和：〈戴震哲學的倫理義涵－從自然到必然如何可能〉，《鵝湖學誌》第 41 期（2008 年 12 月），頁 109-131。蔡家和：〈戴震對於程朱論性的質疑與批評〉，《華梵人文學報》第 13 期（2010 年 1 月），頁 187-207。蔡家和：〈漢宋之爭－方東樹批評戴震之省察〉，《東海哲學研究集刊》第 16 期（2011 年 7 月），頁 55-78。蔡家和：〈戴震以血氣心知詮釋《孟子》的生命哲學〉，《當代儒學研究》第 16 期（2014 年 6 月），頁 135。

69 劉滄龍：〈荻生徂徠與戴震的語文學方法〉，《師大學報》第 59 卷第 1 期（2014 年 3 月），頁 25-42。劉滄龍：〈血氣心知與身體理性—論戴震與尼采的修身哲學與文化批判〉，《漢學研究》26 卷 4 期（2008 年 12 月），頁 197-218。劉滄龍：〈戴震氣學論述的儒學重構〉，《國文學報》第 44 卷 2 期（2008 年 12 月），頁 293-124。劉滄龍：〈文化的自我轉型－戴震與尼采〉，《清華學報》第 38 卷 2 期（2008 年 6 月），頁 209-230。

及「德性倫理學」道德理論，分析戴震哲學倫理型態是注重道德理性、道德法則的「規則倫理學」？還是重視道德情境、道德情感的「德性倫理學」？「行動者－人」主體者「行為動機」和內在「德性」關係為何？道德論證又是如何去架接「道問學」與「尊德性」綰合在道德哲學系統中？此問題緣起，乃鑑於中西學術頻繁交流，當代中國哲學研究工作已難返回過去純考據、注疏為主的經學傳統，尤其是不可避免遭受西方思潮衝擊，這是當今學界所無可逃避的命運。在「當代倫理學」研究方面，首當不能忽略當代新儒家牟宗三以「道德形上學」詮釋系統所展開的架構論述。牟宗三以「道德形上學」和康德（Kant）自由意志「義務論倫理學」會通儒家心性論，以康德哲學「主體性」為儒學架構核心觀念，樹立了中西哲學比較研究的新模式，明確地在《中國哲學十九講》中定位儒家為「開闢價值之源，挺立道德主體」[70]、「儒家主要的就是主體，客體是通過主體而收攝進來的，主體透射到客體而且攝客歸主。所以儒家即使是講形而上學，它也是基於道德。[71]」有鑑於此，牟宗三在建構儒家「道德形上學」提出「良知坎陷說」以收攝外王的民主和科學，貞定人文價值即在心性主體上，主張「真善美合一」，可蔚為學界一大貢獻，然而這「道德形上學」詮釋系統亦也引起學界不少批評討論。[72]

---

70 牟宗三：《中國哲學十九講》（台北：台灣學生書局，1989年），頁69-85。
71 牟宗三：《中國哲學十九講》，頁79。
72 牟宗三「良知自我坎陷說」道德主體說在學界引起熱烈響應，余英時在1982年夏威夷「朱子哲學國際會議」與傅偉勳教授交談時，即評論「良知自我坎陷說」有「泛道德主義偏向之嫌，其後以「良知的傲慢」一詞對「良知自我坎陷說」進行批評。詳見余英時：《猶記風吹水上鱗》（台北：三民書局，1995

牟宗三論述儒家將「仁」視為人之自覺心的「道德主體」，

民書局，1995年），頁82。成中英認為牟宗三「道德的形上學」不能把握知識與價值及本體意義，使得儒學在當代社會實踐難以著力，一方面從本體詮釋學的高度對「道德的形上學」提出批判，另一方面則論述知識與價值並不能化約成當代新儒家思想體系。（美）成中英：〈當代新儒學與新儒家的自我超越：一個致廣大與盡精微的追求〉1994年在香港第三屆當代新儒學國際學術會議中發表，後來收入在王邦雄等（著）、陳德和（主編）：《當代新儒學的關懷與超越》（台北：文津出版社，1997年），頁365-382。此外，沈清松也提出論儒學與現代民主就德性論倫理學與批判理論哲學立場，對牟宗三儒家政治學提出反省。詳見沈清松：〈儒學與現代民主之前景〉，收於杜維明（編）：《儒學發展的宏觀透視：新加坡1988年儒學群英會紀實》（台北：正中書局，1997年），頁421-424。面對「良知坎陷說」備受批評，如何從儒學「內聖」開出「外王」科學民主，辯護回應紛紛挺身而出，有李明輝、羅義俊、林安梧、顏炳罡等學者。李明輝〈論所謂「儒家的泛道德主義」〉對批評者進行專文回應，認為牟先生是指道德理性通過「坎陷」、「曲通」達到理論理性，轉出知性主體，雖然「認知主體並非與道德主體並列的主體，而是道德主體在其自求實現的過程中辯證地展現者」，但是「當認知主體在進行認知活動時，道德主體乃暫時退隱，而不直接干預之；認知主體由此確立其獨立性。」見於李明輝：〈論所謂「儒家的泛道德主義」〉，收入在牟宗三等（著）：《當代新儒學論文集・總論篇》（台北：文津出版社，1991年），頁179-245。其它回護者如顏炳罡、羅義俊也指出，牟先生做為純哲學研究意義在指明中國人精神發展方向；不能把哲學立場與歷史學、政治學乃至社會學立場相混淆，以致從「生成論」角度向牟先生提出質疑。林安梧則認為「民主科學開出論」的「開出」是超越的統攝，即其本義並不是指良知是「科學之實踐的、現實的發生學上的動力，它只是一個理論上的超越基礎。」上述辯護皆表示牟先生「辯證的歷程」是指明中國文化生命發展方向。而後，顏炳罡發表〈牟宗三先生的自我坎陷說與當代文化症結〉做了折中觀點，認為「對當代中國文化乃至世界文化而言，牟先生自我坎陷說無疑是富有開創性、建構性文化探索」、認為「在中國文化中坎陷出接受、適應西方民主與科學的心態與胸懷，遠比從自身中開出民主與科學更為切實」。以上文章詳參羅義俊：〈在批評與內省中拓展新天地—第三屆當代新儒學國際學術會議評介〉，原載《學術月刊》1995年第9期，轉自北京大學圖書館人大光碟網：http://162.105.138.2187/cgi-bin/。林安梧：〈後新儒學的思考：「存有三態論」與廿一世紀的中國哲學之可能發展—環繞當代新儒學所做的一個思考〉，第12屆國際中國哲學大會論文（北京：2001年7月22-24日）。顏炳罡：《當代新儒學引論》（北京：北京圖書館出版社，1998年），頁95及顏炳罡：《牟宗三學術思想評傳》（北京：北京圖書館出版社，1998年），頁440-441。

以主攝客，主體自覺成為既普遍又超越涵蓋一切實然存在界，進而展開一套邏輯清晰嚴謹的「道德形上學」。從此，牟宗三開啓以「義務論倫理學」詮釋儒家倫理學，特別是孔孟、陸王心學的倫理學，儼然成為二十世紀後期中國哲學與比較哲學研究的典範。其後，弟子蔡仁厚、楊祖漢、李瑞全、李明輝等學者也以此架構通過「康德義務倫理學」展開「道德形上學」比較研究，詮釋論述方式有兩種：第一種論述以李明輝[73]、楊祖漢[74]所代表，以牟宗三「二層存有論」與康德詮釋為基礎，探索當代儒學的自我轉化之道。第二種論述，則是走出形式主義倫理學的康德詮釋，將康德哲學置於德意志觀念論脈絡中與儒家做進一步對話，以唐君毅與方東美為代表，這也是「當代新儒家」哲學脈動的重要面向之一[75]。而學界討論大多集中在以牟宗三「主體性」為主的儒家「道德形上學」與康德體系，特別在比較倫理學研究方面，李明輝、楊祖漢與李瑞全等以一系列儒家與康德倫理學討論，持續性深化反省由牟宗三開啟儒家心性論與「義務論倫理學」的義理融合工作。

其中特別值得深論，李明輝在《四端與七情：關於道德情感的比較哲學探討》一書中，延續席勒（Friedrich von Schiller）

---

73 李明輝：《儒家與康德》（台北：聯經出版社，1990 年）、《康德倫理學與孟子道德思考之重建》（台北：中央研究院中國文哲研究所，1994 年）與《當代儒學之自我轉化》（台北：中央研究院中國文哲研究所，1994 年）。

74 楊祖漢：《儒家與康德的道德哲學》（台北：文津出版社，1987 年）。

75 賴賢宗：〈當代新儒家的道德的形上學之重檢：以牟宗三哲學與德意志觀念論為研究中心〉、〈唐君毅早期哲學與德意志觀念論〉、〈牟宗三論體用縱橫〉，以上皆收在賴賢宗：《體用與心性：當代新儒家哲學新論》（台北：台灣學生書局，2001 年）。

和謝勒（Max Scheler）的價值倫理學對於康德形式主義有所反省，並提出康德倫理學如何引發道德動機的課題。[76]這條反省路徑漸漸發展，銜接上兩個比較哲學研究路徑的新嘗試：首先，第一條研究路徑是針對西方「德性轉向」而興起的討論，此路徑是由「德性倫理學」復興所提出對「義務論倫理學」的批評，因而展開「道德理性／道德情感」及「道德法則／道德情境」的爭辯。尤其，以（美）余紀元（Jiyuan Yu）《德性之鏡－孔子與亞里斯多德的倫理學》（*The Ethics of Confucius and Aristotle：Mirrors of Virtue*）比較亞里斯多德與孔子倫理學，指出東西方皆在 1958 年同時宣告「德性倫理學」與「當代新儒家」的復興，這不約而同的復興現象值得令人關注。[77]除此，此路徑也有輔仁大學哲學系潘小慧《四德行論－以多瑪斯哲學與儒家哲學為對比的研究》與「德行倫理學專題」的探討，嘗試會通中國哲學與士林哲學，建立起「亞里斯多德－多瑪斯－麥金泰爾」的思想傳承對比儒家倫理學。[78]還有，東吳大學哲學系黃藿引介麥金泰爾（MacIntyre）《德性之後》（*After Virtue*）

---

76 李明輝：《四端與七情：關於道德情感的比較哲學探討》（台北：國立臺灣大學出版中心，2005 年）。

77 值得注意，1958 年西方「德性倫理學」宣告復興的同年，「當代新儒家」不約而同也宣告復興。根據美國布法羅州立大學余紀元教授在《德性之鏡：孔子與亞里斯多德的倫理學》導論中指出：1958 年世界上同時出現兩篇重要文獻。一為（英）伊莉莎白・安斯康《現代道德哲學》，一為港臺新儒家張君勱、牟宗三、唐君毅、徐復觀聯合署名，分別以中、英文發表的《為中國文化敬告世界人士宣言》。詳參（美）余紀元（著）、林航（譯）：《德性之鏡：孔子與亞里斯多德的倫理學》（北京：中國人民大學出版社，2009 年），頁 1-2。及（美）余紀元：〈新儒學的《宣言》與德性倫理學的復興〉，《山東大學學報》第 1 期（2007 年），頁 1-9。

78 潘小慧：《四德行論：以多瑪斯哲學與儒家哲學為對比的研究》（台北：哲學與文化月刊雜誌社，2007 年）。

一系列國際化課程與科技部研究計劃中成立以「德性知識論與中國哲學」為焦點主題的研究群，這個團隊執行由蔣經國國際學術交流基金會所補助的國際合作研究案，由米建國擔任國內總主持人，研究群包括王志鄉、沈享民、蔡政宏與陳瑞麟，共同與美國 Rutge rs University 哲學系互相合作，並由該系著名的講座教授 Ernest Sosa 擔任此項國際合作計畫圈外合作研究的主持人，還包括莊錦章、馮耀明、黃勇。這個研究群除了定期閱讀研究 Ernest Sosa 所提出德性知識論主張之外，亦十分關注「德性理論」（virtue theory）在倫理學的最新發展。[79]這研究引進討論安靖如（Stephen Angle）[80]、邁克爾・斯洛德（Michael Slote）、艾瑞斯・梅朵（Iris Murdoch）的倫理新思維，讓中國哲學的研究觀點開闢新土。其次，第二條研究路徑是以對康德「義務論倫理學」深化與規範性理由的轉向，特別是引進羅爾斯（John Rawls）與哈伯馬斯（J. Habermas）倫理學觀點，深化「義務論倫理學」的道德思考。目前前行研究主要是以中正大學哲學系謝世民率領研究團隊主編《理由轉向：規範性之哲學研究》一書[81]，提出規範性的多元議題探討，其中多篇論文都集中在新康德學者「克莉絲汀・歌絲嘉」（Christine Korsgaard）的「道德規範根源論」及理由轉向的課題上。此外，李瑞全《儒家道德規範根源論》更是援引由歌絲嘉《規範性的根源》（*The*

79 米建國、馬愷之：〈專題報導〉，《哲學與文化》第 39 卷第 2 期（2012 年 2 月），頁 177。

80 （美）安靖如（Stephen C. Angle）（著）、吳萬偉（譯）：《聖境：宋明理學的現代意義》（北京：中國社會科學院出版社，2017 年）。

81 謝世民（主編）：《理由轉向：規範性之哲學研究》（台北：國立臺灣大學出版中心，2015 年）。

Sources of Normativity）探究道德規範性理由，依此闡發儒家孔孟荀道德規範型態及對新儒家理論的反思。[82]

　　基於以上觀察，本書以「西方倫理學」探究「戴震情欲倫理」意涵，研究進路乃是循藉第一條研究路徑，將戴震「情欲主體」論述的道德哲學置於「德性倫理學」與「規則倫理學」之間，從而在與「道德規範」比較中探究「道德行動者 —— 人」及「德性」的內在結構關係，藉此抉發戴震哲學隱而未揭的倫理新意。雖然，當代新儒家牟宗三所架構康德式的儒家詮釋無疑是一個富有開創性的模式，貢獻深遠甚至形成學派重要論述，其重要性絕對不可小覷，然此理論框架仍有些不易消解之處，「道德形上學」、「良知自我坎陷」道德主體說在學術界引起熱烈討論，此架構在面對後現代思潮異議主體忽視客體的質疑下，難以回避可能造成封閉系統詮釋，甚至排除多元對話的質疑。然而，牟宗三以道德自律主體視為儒學主要特色，以主體收攝客體，不免在此論述下將西方哲學「應然／實然」、「理性／感性」、「形上／形下」、「價值／事實」、「主體／客體」二分架構帶入儒學解釋中，恐將陷入了無法溝通的二層存有論難題。此中解消之道，近年學者紛紛在此架構中發現新出路，如袁保新《從海德格、老子、孟子到當代新儒家》[83]則反省「主體性」對儒學詮釋可能遭致的困境，改以海德格存在進路解構主體哲學對傳統經典解釋的框架。這股欲跳脫牟宗三論述架構

---

82 李瑞全：《儒家道德規範根源論》（台北：鵝湖出版社，2013 年）。

83 袁保新：《從海德格、老子、孟子到當代新儒學》（台北：台灣學生書局，2008 年）。

的還有楊儒賓《儒家身體觀》、《從五經到新五經》、《異議的意義：近世東亞的反理學思潮》、《儒學的氣論與工夫論》、《天體、身體與國體：迴向世界的漢學》[84]、陳榮華《海德格哲學：思考與存有》、《葛達瑪詮釋學與中國哲學的詮釋》、《海德格〈存有與時間〉闡釋》[85]、林啟屏《從古典到正典：中國古代儒學意識之形成》[86]、《儒家思想中的具體性思維》[87]、張祥龍《海德格爾思想與中國天道》、《從現象學到孔夫子》[88]、王慶節《解釋學、海德格與儒道今釋》[89]等，這些前輩藉由詮釋學、身體哲學對主體性哲學提出不同的反省，可謂是在牟宗三之後有別於「康德義務論」架構所展開的另一種儒學詮釋路向。最值得注意，楊儒賓從「身體觀」、「氣論」探討身心關係，不僅彌補過去過於強調心靈與精神面的心性之學，同時也逐漸發展形成學界新潮流。另外，陳榮華也提出以「意識」說明「道德」帶

---

84 楊儒賓：《儒家的身體觀》（台北：中央研究院中國文哲研究所，1996 年）。楊儒賓：《從〈五經〉到〈新五經〉》（台北：國立臺灣大學出版中心，2013 年）。楊儒賓：《異議的意義：近世東亞的反理學思潮》（台北：國立臺灣大學出版中心，2012 年）。楊儒賓與祝平次（合編）：《儒學的氣論與工夫論》（台北：國立臺灣大學出版中心，2005 年）。楊儒賓與祝平次（合編）：《天體、身體與國體：迴向世界的漢學》（台北：國立臺灣大學出版中心，2005 年）。

85 陳榮華：《海德格哲學：思考與存有》（台北：輔仁大學出版社，1992 年）。陳榮華：《葛達瑪詮釋學與中國哲學的詮釋》（台北：明文書局，1998 年）。陳榮華：《海德格〈存有與時間〉闡釋》（台北：國立臺灣大學出版中心，2003 年）。

86 林啟屏：《從古典到正典：中國古代儒學意識之形成》（台北：國立臺灣大學出版中心，2007 年）。

87 林啟屏：《儒家思想中的具體性思維》（台北：台灣學生書局，2004 年）。

88 張祥龍：《海德格爾思想與中國天道》（北京：三聯書店，2007 年）。及張祥龍：《從現象學到孔夫子》（北京：商務印書館，2011 年）。

89 王慶節：《解釋學、海德格與儒道今釋》（北京：中國人民大學出版社，2004 年）。

有太強「主體性」意味，轉從亞里斯多德實踐智慧與高達美（Gadamer）應用詮釋學，企求解消柏拉圖以來的二元對立。還有，王慶節運用海德格哲學與詮釋學闡發儒道義理，提出「示範倫理學」做為倫理解釋模式，特別提出系譜學自我觀念深具創造性。以上這些學者皆對牟宗三以康德「義務論倫理學」道德主體性論述提出正面回應的成果。此外，在中西文化的比較視域上，劉笑敢《詮釋與定向》[90]、（美）芬格萊特《孔子：即凡而聖》[91]、（英）葛瑞漢《論道者 —— 中國古代哲學論辯》[92]、（美）安樂哲《自我的圓成：中西互鏡下的古典儒家與道家》[93]、（美）郝大維和安樂哲合著《孔子哲學思微》[94]、李晨陽《道與西方的相遇》[95]、（美）哈佛燕京學社主編《波士頓的儒家》[96]等當代中西比較重要論著亦不能忽視。綜上「當代倫理學研

90　劉笑敢：《詮釋與定向》（北京：商務印書館，2009 年）。

91　（美）赫伯特・芬格萊特（Herbert Fingarette）（著）、彭國翔、張華（譯）：《孔子：即凡而聖》（江蘇：人民出版社出版，2006 年）。

92　（英）葛瑞漢（Angus C. Graham）（著）、張海晏（譯）：《論道者－中國古代哲學論辯》（北京：中國社會科學出版社，2013 年）。

93　（美）安樂哲（Roger T. Ames）（著）、彭國翔（譯）：《自我的圓成：中西互鏡下的古典儒家與道家》（石家莊：河北人民出版社，2006 年）。

94　（美）郝大維（David L. Hall）、（美）安樂哲（Roger T. Ames）（著），蔣弋為、李志林（譯）：《孔子哲學思微》（南京：江蘇人民出版社，2012 年）。

95　李晨陽：《道與西方的相遇》（北京：中國人民大學出版社，2005 年）。

96　（美）哈佛燕京學社（主編）：《波士頓的儒家》（南京：江蘇教育出版社，2009 年）。《波士頓的儒家》是指在美國的儒家思想學者，在查爾斯河的北面是哈佛大學和麻省理工學院，在查爾斯河的南面是波士頓大學，往西是波士頓學院、衛斯理學院和布蘭代斯大學，在查爾斯河兩岸聚集一批情繫中國哲學研究的西方學者，這群體叫做「波士頓的儒家」。曾是波士頓大學神學院院長的南樂山教授更命名查爾斯河南是「荀子的儒家」；查爾斯河北是「孟子的儒家」。根據張穎〈儒教的「救世神學」：論波儒對「禮」符號的「理」性解讀〉言：「波士頓儒學／儒教（Boston Confucianism）是當代第三次全球儒學新浪潮中北美新儒學（New Confucianism）的一分支。其「南派」代表

究概況」，這些前輩的睿識皆試圖從後現代語境展開新論述，其中所涉及研究議題、理論主張與本書研究範疇息息相關，皆一併置入前行研究背景予以掌握。

　　關乎「西方倫理學」重要前行理解，當今不同倫理型態的分類也是本書探究重要一環，因此釐清倫理學歷史是必要基礎。而倫理學發展趨勢也必然要掌握，根據英冠球[97]〈《孟子》反映的倫理學型態－從德性倫理學的觀點看〉提供對西方「古代倫理學」和「現代倫理學」、「律則倫理學」及「德性倫理學」的理論區分，值得參見。此外，在陳真〈美德倫理學的現狀與趨勢〉[98]文中也歸納目前研究的三種趨勢：第一，建構美德倫

人物為波士頓大學神學院的南樂山（Robert C‧Neville）和白詩朗（John H‧Berthrong）。毋庸置疑，近十幾年波儒的出現受益於自 20 世紀以來北美文化多元論主義的盛行、現代／後現代神學的發展以及跨宗教對話的興起。波儒是一個典型的「跨文化的混成學派」（a cross-cul-tural hybrid of Confucianism），其形成過程反映了一種基於基督教文化背景的西方思想對傳統儒家富有創造性的轉化。值得注意是，波儒首次提出『雙重公民』（dual citizenship）的概念，宣稱自己是儒教—基督徒（a Confucian-Christian）或基督—儒教徒（a Christian-Confucian），這裡一方面帶有對中國儒教有選擇性的肯定，另一方面也帶有對西方傳統神學排他性的挑戰。『儒教徒』一詞聽起來頗為奇怪，但波儒正是以此方式表達儒學既是哲學也是宗教、既是義理也是生活體驗的宗旨。南樂山和白詩朗二人多次指出，儒學不是博物館裡被觀賞的古玩，而是活生生的現實存在。波儒按照他們的立場、觀點和方法把儒家傳統和西方宗教哲學的各種思想熔為一爐，體現出他們對當代宗教獨特的見解，形成了自己不同於其他儒學的思想體系，在發展新世紀儒學的同時也為耶—儒對話的模式提供了新的構思。」詳見張穎：〈儒教的「救世神學」：論波儒對「禮」符號的「理」性解讀〉，收於盧國龍（編）：《儒教研究》總卷第一輯（北京：社會科學文獻出版社，2009 年），頁 156-175。

97 英冠球：〈《孟子》反映的倫理學型態－從德性倫理學的觀點看〉，《哲學與文化》第 5 期（2010 年 5 月），頁 22-23。

98 陳真：〈美德倫理學的現狀與趨勢〉，《光明日報》學術版（2011 年 1 月 25 日）。

理學體系外，還開始涉及應用倫理學、環境美德倫理學研究。
第二，將心理學實然性問題和美德倫理學應然性問題結合，將
「是」與「應當」的研究結合，尤其是（美）邁克爾・斯洛特
（Michael Slote）近期研究值得關注。第三，美德倫理學開始
滲透到元倫理學和政治學領域，特別是邁克爾・斯洛特的道德
情感主義對於道德判斷給予新的解釋。此外，西方漢學家借鑒
倫理學展開中西比較研究的有（美）李亦理（Lee H・Yearley）
《孟子和阿奎那：美德理論和勇敢觀念》[99]、（美）倪德衛（Nivison,
David S.）《儒家之道：中國哲學之探討》[100]、（美）萬百安（Bryan
Van Norden）《早期中國哲學中的德性倫理與後果論》[101]、（美）
艾文賀（P・J・Ivanhoe）《儒家傳統中的倫理學：孟子和王陽
明的思想》[102]皆藉由倫理學探索中西倫理智慧。[103]特別值得注
意在倫理學比較領域，（美）安樂哲（Roger T. Ames）與羅思
文（Henry Rosemont, Jr.）提出「角色倫理學」[104]（role ethics）

99　（美）李亦理（Lee H・Yearley）（著）、施忠連（譯）：《孟子與阿奎那美德
　　理論與勇敢概念》（北京：中國社會科學出版社，2011 年）。

100　（美）倪德衛（Nivison, David S.）、萬白安（Bryan W. Van Norden）（編）、
　　周熾成（譯）：《儒家之道：中國哲學之探討》，（南京：江蘇人民出版社，
　　2006 年）。

101　（美）邁克爾・斯洛特（Michael Slote）：〈評萬百安《中國早期哲學的德
　　行倫理學與結果論》〉，汪文聖（主編）：《漢語哲學新視域》（台北：台灣學
　　生書局，2011 年），頁 533-543。

102　（美）艾文賀（P. J. Ivanhoe）：《儒家傳統中的倫理學：孟子和王陽明的思
　　想》（*Ethics in the Confucian Tradition：The Thought of Mencius and Wang
　　Yang-ming*. Atlanta：Scholars Press，1990 年），頁 73-90。

103　韓振華：〈早期儒家與德性倫理學：儒學研究中的相對主義話題—兼與安樂
　　哲、羅思文商榷〉，《倫理學研究》第 5 期（2012 年 5 月），頁 134。

104　（美）安樂哲（Roger T. Ames）、羅思文（Henry Rosemont, Jr.）（合著）、
　　謝陽舉（譯）：〈早期儒家是德性論的嗎？〉，《國學學刊》總第 1 期（2010
　　年），頁 94-104。

觀點，以「德性倫理學」與「角色倫理學」來爭論早期儒學之歸屬型態[105]，從不同的問題彰顯儒學尊重差異和諧共存的開放性。安樂哲認為「德性倫理學」強調「亞里斯多德」的「德性」概念；「角色倫理學」則重視「角色」，這些「角色」構成了我們是什麼樣的人，而家庭情感正是發展道德能力的入手處。

　　事實上，安樂哲、郝大維[106]、羅思文等反對從柏拉圖以來的基礎主義，將中國傳統經典文獻削足適履地套用在西方哲學架構中，並指出此基礎主義所衍伸的「規則倫理學」解釋儒家《論語》等文獻有失允當。安樂哲所提出「角色倫理學」觀點，已引起現今海外與大陸學界熱烈討論，唯台灣學界對此問題大多仍圍繞在以「規則倫理學」架構論述，未能超出主體哲學的討論範圍。另外，前人研究還有余紀元《德性之鏡：孔子與亞里士多德的倫理學》[107]也需正視。他認為現代道德哲學過於注重「規範」，主張倫理學應立基在「德性」概念上，支持當代「德性倫理學」復甦，並且強調中國儒家思想是「德性倫理學」其內涵足以與亞里斯多德倫理學媲美，孔子視「德性」為生活修養，而亞里斯多德關注「幸福」，強調「德性」的修養可達

---

105 （美）安樂哲（Roger T. Ames）、羅思文（Henry Rosemont, Jr.）（合著）、余瑾（譯）:《《論語》的哲學詮釋：比較哲學的視域》（北京：中國社會科學出版社，2003年）。

106 （美）郝大維（David L.Hall）、安樂哲（Roger T. Ames）（合著）、何金俐（譯）:《透過孔子而思》（北京：北京大學出版社，2005年）；此書另有一舊譯本，蔣弋為、李志林（譯）:《孔子哲學思維》（南京：江蘇人民出版社，1996年）。

107 （美）余紀元（著）、林航（譯）:《德性之鏡：孔子與亞里斯多德的倫理學》（北京：中國人民大學出版社，2009年）。

成「幸福」倫理，甚至宣稱「儒學」與「德性倫理學」之間的
交流是必然趨勢，而當代新儒家以康德而不是亞里斯多德為對
話是錯誤的，此說法在學界也曾引起爭議[108]，正也說明此觀點
值得被重視探討。

除此之外，近期還有（美）安靖如（Stephen Angle）[109]《聖
境：宋明理學的現代意義》，此書以「德性倫理學」視野重建宋
明理學哲學論述與概念，試圖結合周敦頤、二程、朱熹、王陽
明、戴震詮釋宋明理學聖人理想的當代性。值得注意的是，他
「肯求」（urge）從一種較為廣闊的角度理解儒學的理論義涵（此
角度也包含戴震等批判思想家在內）。他的論述不僅是對朱熹、
王陽明等儒者思想史理解，而更是一種「延伸的闡釋」（a further
articulation）。於是，他奇妙地在文本詮釋與理論建構之間徘
徊，並且對「德行」（virtue）、「和諧」（harmony）、「道德想像」
（moral imagination）、「兩難」（dilemma）、「自我改善」
（self-improvement）、「政治完善論」（political perfectionism）
等議題進行深入探討，此研究進路十分活潑，也足以顯示儒學
在全球倫理學以及在德行倫理學討論脈絡中的理論意義。[110]

事實上，這種研究進路在美國學界已經相當流行，不少學

---

108 李明輝強烈質疑安靖如與斯洛特的研究進路。詳參馬愷之、何乏筆：〈導論：
在義務與德行之間反省宋明理學研究〉，《中國文哲研究通訊》第 23 卷第 3
期（2013 年 9 月），頁 7。

109 （美）安靖如（Stephen Angle）（著）、吳萬偉（譯）：《聖境：宋明理學的
現代意義》（北京：中國社會科學院出版社，2017 年）。

110 馬愷之、何乏筆：〈導論：在義務與德行之間反省宋明理學研究〉，頁 7。

者皆試圖從「德性倫理學」的視角與儒學進行對話。如 Philip J. Ivanhoe、Bryan van Norden、Edward Slingerland、余紀元（Yu Jiyuan）、黃勇（HuangYong）、Justin Tiwald 等。在漢語學界，許多學者也試圖以「德性倫理學」概念解讀儒學，如萬俊人、沈清松、英冠球等[111]尋求道德理論的發展。其中，黃慧英[112]、英冠球[113]他們反對以義務論「規則倫理學」解釋儒學，主張回溯到亞里斯多德「品德」、「德性」為關注的「德性倫理學」，不再強調道德主體自由意志，而是著重於德性行為，展開關於人性及實現自我修養、人際關愛、家庭價值、道德情感等倫理問題。這進路試圖與牟宗三康德「義務論倫理學」詮釋進路抗衡，如沈清松、黃藿、潘小慧等人更將儒家倫理學詮釋為「德性倫理學」。沈清松在〈德行倫理學與儒家倫理思想的現代意義〉[114]認為學界視儒家思想是強調意志自律的倫理學，而西方基督宗教則是他律倫理思想，無論是自律或他律都只見規範與義務，都是從「義務論」倫理學觀點出發的見解。他主張無論是儒家或基督宗教的倫理學都是「德行論」的倫理學，以「義務論」來詮釋中國傳統儒家思想，倒不如以「德行論」來詮釋更為貼切。黃藿在〈德行倫理學的復興與當代道德教育〉[115]文中闡明

---

111 馬愷之、何乏筆：〈導論：在義務與德行之間反省宋明理學研究〉，頁7。
112 黃慧英：《儒家倫理：體與用》（上海：三聯書局，2005年）。及黃慧英：《從人道到天道：儒家倫理與當代新儒家》（台北：鵝湖出版社，2013年）。
113 英冠球：〈《孟子》反映的倫理學型態－從德性倫理學的觀點看〉，《哲學與文化》第5期（2010年5月），頁19-40。英冠球：〈《論語》反映的倫理學型態─從德性倫理學的觀點看〉，《國立政治大學哲學學報》第24期（2010年），頁107-136。
114 沈清松：〈德行倫理學與儒家倫理思想的現代意義〉，《哲學與文化》第11期（1995年11月），頁975-992。
115 黃藿：〈德行倫理學的復興與當代道德教育〉，《哲學與文化》第6期（2000

倫理學興起及它對當代道德教育的影響，論證以義務論與效益
論為代表的「規則倫理學」所面臨困難，並說明倫理學與當代
儒家道德教育之間關聯，又在〈從德行倫理學看道德動機〉[116]釐
清德行倫理學與友愛之德的關係，梳理道德動機在德行倫理學
中的地位。而潘小慧在〈德行與原則－孔、孟、荀儒家道德哲
學基型之研究〉[117]、〈中西「智德」思想比較研究：以先秦孔、
孟、荀儒家與多瑪斯哲學為據〉[118]文中針對「智德之意與性質」
分別探討多瑪斯與先秦儒家，提出孔孟荀儒家倫理學是屬於「義
務論型態」而「非目的論型態」，主張孔孟荀儒家道德哲學是
以「德行」為主兼采「義務論倫理」的綜合型態。綜上所述，
「當代倫理學」重要前行成果皆與本書研究領域密切相關。

（三）歌絲嘉「道德規範根源論」、邁克爾·斯洛特「情感主義德性倫理學」研究概況

「歌絲嘉『道德規範根源論』」前行研究概況，總體而言
國內學界成果不多，關於規範性問題探討也少見，從發表時間
觀察大多在近年間，足以見研究尚處起步階段。尤其對「歌絲
嘉『道德規範根源論』」專門研究更薄弱，沒有集中研究規範性
來源的獨立專著，只有李瑞全《儒家道德規範根源論》引用「道

年 6 月），頁 522-531。

116 黃藿：〈從德行倫理學看道德動機〉，《哲學與文化》第 8 期（2003 年 8 月），
頁 5-19。

117 潘小慧：〈德行與原則－孔、孟、荀儒家道德哲學基型之研究〉，《哲學與文
化》第 12 期（1992 年 12 月），頁 1087-1097。

118 潘小慧：〈中西「智德」思想比較研究：以先秦孔、孟、荀儒家與多瑪斯哲
學為據〉，《哲學與文化》第 8 期（2003 年 8 月），頁 115-137。

德規範根源」進行孔孟荀、朱子、現代新儒家對比研究。[119]溯源國內對於「道德規範根源」研究成果少，緣自歌絲嘉理論仍然停留在「新康德主義」語境中，後續新著不斷修整前期觀點，以致囿於理論建構的前後一致性，學界在短時間內難以全盤掌握理論脈絡，這也是研究遭致的困難所在。但其中，引用「道德規範根源論」最詳盡莫過於李瑞全。李瑞全早期一路從「應用倫理學」到「生命倫理學」發展著《儒家生命倫理學》[120]，近年致力以歌絲嘉「道德規範根源」貫通儒家與康德，展開中西孔孟荀、朱子及當代新儒家的探索，可謂是開創研究之第一人。此外，還有謝世民等國內十位優秀哲學工作者共同編著《理由轉向—規範性之哲學研究》[121]，針對實踐哲學領域核心「規範性」反思討論辯詰，此書以「理由」概念探討規範性哲學命題，提供歌絲嘉「道德規範根源」理論介紹和辯護，其他各篇則分別針對道德、理性、真理、法律之規範性問題，理由結構與行動理論之關係，為規範性研究樹立了新的里程碑。

　　目前台灣學界攸關此論題探討的學位論文只有二篇，分別是2009年東吳大學黃緒中碩士論文《責任如何產生—論 Christine M．Korsgaard 之創造目的王國》[122]、2014年中央大學賴柯助博士論文《朱子道德哲學重定位：如何回答「道德規範

119 李瑞全：《儒家道德規範根源論》（台北：鵝湖出版社，2013年）。
120 李瑞全：《儒家生命倫理學》（台北：鵝湖出版社，1999年）。
121 謝世民（主編）：《理由轉向—規範性之哲學研究》（台北：國立臺灣大學出版中心，2015年）。
122 黃緒中：《責任如何產生—論 Christine M．Korsgaard 之創造目的王國》（台北：東吳大學碩士論文，2009年）。

性」問題？》[123]而相對地，大陸學界因有歌絲嘉《規範性的來源》和《創造目的王國》中譯，較有些階段成果。專著部分有：向玉喬著《後現代西方倫理學研究》[124]和唐凱麟、舒遠招、向玉喬等人合著《西方倫理學流派概論》[125]用一個章節論述歌絲嘉道德規範理論。單篇論文的有：陳德中〈當代英美道德哲學和政治哲學中建構論〉[126]介紹了歌絲嘉對道德實在論與道德建構主義的區分及其遭致的質疑、文賢慶〈三種人稱立場對道德規範性問題的回答〉研究歌絲嘉「行為者」第一人稱立場觀點。[127]相關此的學位論文有三本，山東大學賈琳碩士論文《科爾斯戈德規範性問題研究》[128]、吉林大學管成鷹碩士論文《我們為什麼要尊重他人的人性―論科爾斯戈德早期規範性理論中的公共理由問題》[129]、南京師範大學李麗碩士論文《科斯嘉新康德式建構主義倫理思想研究》[130]都是選取歌絲嘉早期部分理論進行研究，迄今為止仍以譯介為主，足以見此議題尚處於初步探索階段。

---

123 賴柯助：《朱子道德哲學重定位：如何回答「道德規範性」問題？》（桃園：中央大學博士論文，2014 年）。
124 向玉喬：《後現代西方倫理學研究》（北京：中國社會科學出版社，2011 年）。
125 唐凱麟、舒遠招、向玉喬：《西方倫理學流派概論》（湖南：師範大學出版社，2006 年）。
126 陳德中：〈當代英美道德哲學和政治哲學中建構論〉，《哲學研究》第 2 期（2008 年）。
127 文賢慶：〈三種人稱立場對道德規範性問題的回答〉，《道德與文明》第 4 期（2013 年）。
128 賈琳：《科爾斯戈德規範性問題研究》（濟南：山東大學哲學與社會學院碩士論文，2012 年）。
129 管成鷹：《我們為什麼要尊重他人的人性―論科爾斯戈德早期規範性理論中的公共理由問題》（長春：吉林大學哲學與社會學院碩士論文，2013 年）。
130 李麗：《科斯嘉新康得式建構主義倫理思想研究》（南京：南京師範大學公共管理學院碩士論文，2015 年）。

　　在此前行研究的重要文獻，首當閱讀李瑞全《儒家道德規範根源論》及相關研究論文，其中在〈朱子之道德規範根源問題〉[131]文中特別指出朱子倫理學符合歌絲嘉道德規範理論三條件，故具備對行動之規範意義和行動力，從朱子心統性情架構說明與孟子和康德之型態同異，以「氣靈的內在論」表示朱子學特殊性。另外，也在〈儒家之倫理學典型孟子道德意識內在論〉[132]一文中判定孟子「性」的概念代表「不忍人之心」自我要求，代表行動者對道德生命的評價，道德行動乃出於生命內部價值選取，並非由外在律則，因此判定孟子「仁義內在」即心善呈顯性善，實踐上的反省認可證成道德規範根源是具備歌絲嘉道德規範三條件。因此，本書也依此進行「歌絲嘉『道德規範根源論』」重要文獻閱讀，首先即就《規範性的來源》、《創造目的王國》、《能動性的構成：論實踐理性與道德哲學的文章》和《自我構成：能動性，同一性和完整性》進行歌絲嘉理論的掌握。此外，依此追溯「休謨」（Hume）的《人性論》、《道德原理研究》情感理論、「康德」（Kant）《純粹理性批判》、《實踐理性批判》、《判斷力批判》及尼高（Thomas Nagel）、羅爾斯（John Rawls）及李瑞全《儒家道德規範根源論》、《儒家生命倫理學》等重要論著一併納入研讀範圍。此外，「邁克爾・斯洛特（Michael Slote）『情感主義德性倫理學』研究概況」評述罕少，總體而言仍以大陸學界介紹及英譯中專書出版較詳細。斯洛特「情感主義德性倫理學」深受儒家思想影響，

131　李瑞全：〈朱子之道德規範根源問題〉，《當代儒學研究》第 4 期（2009 年 7 月），頁 21-37。
132　李瑞全：《儒家道德規範根源論》，頁 189-246。

「移情」關懷的「德性倫理學」與儒家「仁愛」思想有許多相通之處。近幾年，更是在大陸官方資金的支持下，多次赴大陸宣講「情感主義倫理學」主張，這些演講對話後來陸續中譯發表，也推動了傳統儒家倫理在當代德性語境下的創新。[133]

綜上，以「當代戴震學」、「當代倫理學」及「歌絲嘉『道德規範根源論』、邁克爾‧斯洛特『情感主義德性倫理學』」三側面闡述本書研究範疇的前行研究概況，這些不同領域的成果皆試圖從後現代語境展開新的理解，毋庸置疑，前輩研究成果功不可漠，必然為本書研究視域奠定豐富前理解。然而回首戴震學研究，無論在中西學界或是兩岸三地研究，都缺少以西方「規則倫理學」、「德性倫理學」專論戴震哲學，更遑論以「情理論」探究戴震道德哲學，整體而言戴震學仍有許多待以探索的研究空間，不能不謂為學界遺憾。因此，本書展開中西視域下戴震「情理論」探析，期能為傳統戴震學與西方哲學接軌中尋求更廣潤的新詮。

三、研究方法與步驟

本書奠基在「戴震文獻」與「西方倫理學」的理論上進行比較研究，除了援引「規則倫理學」與「德性倫理學」理論來對比戴震哲學，更以歌絲嘉「道德規範根源論」、邁克爾‧斯洛特「情感論德性倫理學」論證戴震哲學規範根源的義理型態。

133　（美）邁克爾‧斯洛特（Michael Slote）：〈情感主義德性倫理學：一種當代的進路〉，《道德與文明》第 2 期（2011 年），頁 28-35。

然而面對研究工作，任何理論方法的運用，因為研究者主體性的參與必然帶有主客交融的情境，實難跳脫「自我設準」的主觀限制。此意誠如沈清松、勞思光所言：

> 人文科學所面對的不是因果關係，而是意義的理解、創造和傳達的問題。這時，首先我們必須對於人文現象的意義有所理解，並且在理解之後加上個人的參與，進行一種個人的詮釋（inter-pretation）人文科學涉及對意義的把握，並且在把握之後一定得以個人的方式去規定意義。因此意義的傳達與詮釋，必然有主體性之參與。[134]

> 此設準即對自我境界之劃分方法。一設準不表示某種特殊肯定，只表示一種整理問題的方法。此點學者必須明顯了解。凡論述前人思想時，固不可依特殊肯定而立說；但另一方面又必須有某種設準，作為整理陳述之原則。提出設準，並不表示贊成或反對。設準之意義只在於澄清問題，使陳述對象明晰顯出其特性。[135]

誠如是，做為意義的傳達與詮釋的研究者，「自我設準」的意義所在乃是做為研究方法上之必要，因此「自我設準」只是一種暫時設定，它是研究視角的選取，作為澄清問題整理陳述之原則，故在價值上是純然中立的。換言之，研究者主體性的

134　沈清松：〈詮釋學的變遷與發展〉，《現代哲學論衡》（台北：黎明文化出版，1990 年），頁 292。
135　勞思光：《新編中國哲學史》（一）（台北：三民書局，1995 年），頁 148。

參與即是透過研究方法的操作，對研究對象加以認識理解，並進一步對詮釋對象意義加以抉發與建構。因此在這原則上，人文科學詮釋對象「詮釋」（interpretation）與「解釋」（explanation）立場便顯得不同。「解釋」意指自然科學在處理對象時，乃以因果關係說明現象之產生，因此側重因果關係的掌握；而「詮釋」所處理研究的人文現象，乃著重在意義的理解、創造與傳達，故進行詮釋活動之際，無法割離主體性之存在，相對地必須參與意義的傳達與詮釋的過程。然詮釋過程不免涉及詮釋者主觀之見，故由研究者詮釋角度觀察被詮釋者，所展現意義對於被詮釋者的研究價值是持以肯定。鑑此意義，高柏園認為：

> 如果詮釋必然有著主客交融的情境，則吾人即可由此而知，詮釋間亦沒有絕對客觀或絕對主觀的詮釋，而這種詮釋上的絕對主觀或客觀，乃是來自吾人理性之抽象，它並不能符合存在的真實面貌。或者我們可以說如果真有一純客觀或純主觀之詮釋得以成立，則不能構成一真實之詮釋行為。由此看來，我們似乎也很難獲致一絕對的判準來判定詮釋間之優劣，同時，我們也很難將某種詮釋即視為原典之原義的展現，因為我們無法逃離個人主觀之限制。當然！即使對一個原義已然完全確定的文獻，詮釋仍能成立，蓋吾人仍能展示出此文獻在不同時代對不同心靈有著不同的意義。[136]

---

136 高柏園：《中庸形上思想》（台北：東大圖書出版，1988 年），頁 52。

明乎此，研究詮釋活動並無絕對標準，只是抉發意義必定立基在被詮釋研究對象的認識基礎上。那麼面對研究問題的整理，如何在「自我設準」基礎上，明晰掌握研究對象進行客觀分析？袁保新則進一步指出，一項合理的詮釋應該具備：

1、一項合理的詮釋，其詮釋本身必須在邏輯上是一致的。

2、一項合理的詮釋必須能夠還原到經典中，取得文獻的印證與支持，而其詮釋觀點籠罩的文獻愈廣，則詮釋就愈成功。

3、一項合理的詮釋應該儘可能運用經典本身無疑義的文獻來解釋有疑義的章句，用清楚的觀念來解釋不清楚的觀念。

4、一項合理的詮釋應該將經典本身視為在思想上一致和諧的整體，避免將詮釋對象導入自相矛盾的立場。

5、一項合理的詮釋，必須一方面將詮釋主題置於它們隸屬的特定時代與文化背景來了解，但另一方面也要能夠抽繹出它不受時空拘限的思想觀念，而且儘可能用現代語言與哲學經驗傳遞給讀者。

6、一項合理的詮釋，對其詮釋方法與原則應有充分的意識，並願意透過與其他詮釋系統的對比，調整修正其方法與原則。[137]

果如是，一項合理詮釋必須還原於經典，置於被詮釋者所

---

137 袁保新：《老子哲學之詮釋與重建》（台北：文津出版社，1991 年），頁 77。

隸屬特定時代文化背景來取得文獻脈絡印證，詮釋方法原則再透過其他詮釋系統的檢視對比，抽繹出它不受時空拘限思想觀念始能獲致邏輯性的合理詮釋。換言之，一項合理的研究詮釋，本身必須是「邏輯一致」並且可取得客觀「文獻印證」，以「無疑證有疑」展示經典文獻內在「思想和諧」，「穿梭時空歷時性」以對比其他系統並必要性的「適時調整」。因此，在此詮釋準則基礎上，本書研究方法選取以勞思光「基源問題研究法」及沈清松「對比研究法」做為交叉運用：

> 所謂「基源問題研究法」，是以邏輯意義的理論原為始點，而以史學考證工作為助力，以統攝個別哲學活動於一定設準之下為歸宿。[138]

> 第一步，我們著手整理哲學理論的時候，我們首先有一個基本了解，就是一切個人或學派的思想理論，根本上必是對某一問題的答覆或解答。我們如果找到了這個問題，我們即可以掌握這一部分理論的總脈絡。反過來說，這個理論的一切內容實際上皆是以這個問題為根源。理論上一步步的工作，不過是對那個問題提供解答的過程。這樣，我們就稱這個問題為基源問題。[139]

---

138 勞思光：《新編中國哲學史》（一），頁 15。
139 勞思光：《新編中國哲學史》（一），頁 15。針對「基源問題研究法」的進一步討論，詳參高柏園：〈論勞思光先生之基源問題研究法〉，《鵝湖學誌》第 12 期（1994 年），頁 57-78。

> 所謂對比（contrast），是指同與異、配合與分歧、採取
> 距離與共同隸屬之間的交互運作，使得處在這種關係的
> 種種的因素，相互敦促，而共現於同一個現象之場，並
> 隸屬於同一個演進之韻律。簡言之，對比乃決定經驗、
> 歷史與存有的呈現與演進的基本律則。[140]

　　每個詮釋都有其自身的歷史性，因此運用「基源問題研究法」還原到思想史脈絡中徵定戴震哲學義理淵源，再透過「對比研究法」展開中西倫理學比較，從而分析各自義理系統中呈現的統一性與差異性。因此，本書「研究方法」採用「西方倫理學」理論，在「規則倫理學」與「德性倫理學」視域上展開戴震「道德情理」哲學的探析。研究方法運用，一為詮釋方法的哲學方法論；二為詮釋觀點的創造性理解。前者參酌「中國研究方法論」，後者選用「西方倫理學理論」，以「戴震文獻」、西方「規則倫理學與德性倫理學」做主軸，以「基源問題研究法」找出戴震哲學基源問題，再以「對比研究法」做為中西比較進路，最後運用方法實際操作提出結論成果，為本書研究方法的理論依據。

　　本書「研究步驟」的安排：第壹章，從戴震義理文獻進行哲學性言說分析，探討戴震如何「由文字以通乎語言，由語言以通乎古聖賢之心志」返歸聖人之道建構道德哲學，從經驗之實然走向道德之應然，扭轉道德價值不再是形上領域的「道德

---

140 沈清松：〈導論：方法、歷史與存有〉，《現代哲學論衡》，頁3。

天理」而是人倫世界的「道德情理」。從戴震「以理殺人」的控訴溯源身處的歷史背景產生層層疊疊問題意識，提出本書「研究動機及目的」、「前人研究成果概況」、「研究方法與步驟」之說明，為第壹章研究方法運用步驟。

第二章「戴震學研究型態及『情理論』」探析，首先爬梳傳統戴震學的評價，其次，掌握當代戴震學詮釋分化的重要型態，再者對戴震「情欲主體」道德哲學「情理論」淵源的繼承與轉化予以歷史脈絡的追溯，探究戴震「以情絜情」如何以情旁通矯正了漢至宋明「貴性賤情」、「存理滅欲」、「揚理抑欲」的空疏之偏，建立「達情遂欲」道德之盛的新倫理價值，為第貳章研究方法運用步驟。

第三章「從歌絲嘉『道德規範根源論』探析戴震哲學型態」，首先奠基在西方倫理學歷史上，對當前蔚然成風的倫理學型態進行分疏理解。其次，掌握歌絲嘉「道德規範根源論」主張，從而延伸戴震「情欲主體」道德哲學的對比，以「基源問題研究法」廓清歷史背景、義理核心。再者，分析以「情欲」做為道德主體出發的「理存乎欲」道德動力、「以情絜情」道德判斷、「達情遂欲」道德目的，予以對比歌絲嘉以「人」做為道德行動者的三大條件。最後，證得「理存乎欲」與「以情絜情」與行動者之關係是合理有效的道德論證，尋求戴震哲學規範根源是「內在論」義理型態或「外在論」義理型態，為第參章研究方法運用步驟。

　　第四章「從當代西方倫理學之復興到戴震『情欲主體』道德哲學的新試探」，當代中西哲學皆有「情感轉向」趨向，從倫理學復興議題從而探源西方倫理學的派別，進而掌握「功利論」和「義務論」所代表的「規則倫理學」及「德性倫理學」，除了分述論其不同，並以此分析戴震哲學義理體系。從「規則倫理學」、「德性倫理學」證成戴震哲學所論的道德行為不是純粹理性運作或服膺規則後的結果，而是「行動者－人」做出應然的「德性」行為，故行為動機和「行動者－人」內在的「德性」息息相關。除此，輔以「基源問題研究法」交叉還原戴震「情欲主體」道德哲學，探討以「人」做為道德行動者，「德資於學」以學養智「去蔽顯德」的義理詮釋，道德理論是追求「義務」、「規則」、「最大多數人的最大幸福」？是「德性」、「善」、「幸福」評價道德行為？戴震哲學倫理型態是「規則倫理學」？還是「德性倫理學」？為第肆章研究方法運用步驟。

　　第五章「德性倫理學觀點下論戴震『情欲主體』道德哲學」，「德性倫理學」主張人的道德行為必然涉及「行動者」主體道德性格、道德情感等人性自然情感，此強調「情感」觀點與戴震強調「情欲動力」出發的道德哲學有異曲同工之妙。不約而同中西「情感主義」復興之勢，從當代德性倫理學對「情感」地位重估，特別是邁克爾・斯洛特（Michael Slote）「情感論德性倫理學」，從批判功利主義、康德主義走向亞里斯多德「德性倫理學」又融合休謨「同情」觀點，以「移情」建立「情感論德性倫理學」最備受關注。邁克爾・斯洛特「情感論德性倫理學」與戴震「情欲主體」哲學有許多不謀而合之處。首先從「德

性倫理學」觀點下運用「對比研究法」分析戴震道德哲學，以文獻途徑論證道德動力、道德判斷、行為動機和「德性」關係，探討「理存乎欲」道德動力，「以情絜情」道德判斷達至「達情遂欲」道德理想的義理結構。其次，以邁克爾・斯洛特「移情」關懷論戴震「絜情」，中西對比抉發戴震「情理論」，為第伍章研究方法運用步驟。

第六章「論戴震『絜情』—從儒簡『貴情』談起兼以對比西方情感論德性倫理學之『同情』、『移情』」。中國哲學「情理論」從何而始？隨著西方「情感」議題興起，當代研究不僅要回應西方道德理論，更要正視中國哲學「情理論」歷史脈絡。因此，本章首先從出土文物上海儒簡及郭店儒簡「道始於情，情生於性」溯源孔孟之際「情本體」，以迨戴震「情理論」詮釋。其次，以戴震「性情論」為中心，向上追溯儒簡「貴情」思想根源，向下推衍「情欲釋性」的詮釋脈絡。再者，從西方「德性倫理學」之「同情」、「移情」觀點重探戴震「絜情」主張。從儒簡「貴情」思想淵源談起展開戴震「以情絜情」，予以對比西方「情感論德性倫理學」之「同情」、「移情」，探問「絜情」是「同情」？還是「移情」？藉由比較研究拓展中西「情理論」語境，為第陸章研究方法運用步驟。

第七章「總結」。首先，評騭戴震「情欲主體」道德哲學扭轉了宋明理學「存理滅欲」舊道德規範，開創「理存乎欲」新道德價值，從形上「道德天理」的追求至「道德情理」義理的轉型完臻。其次，收攝研究成果，衡定戴震「情理論」道德哲

學的倫理定位，為第柒章研究方法運用步驟。

　　中國哲學饒富深意的倫理意涵如何參與西方「德性倫理學」復興，又不失傳統經典的解釋權，做為當代研究回應西方思潮討論當是無法逃避的課題。因此，本書援「西」釋「中」抉發倫理新意，期能在「情感主義」重新被正視下新釋戴震「道德情理」倫理意涵。本書選取研究視角乃是原創觀點，企求在學界研究中以收如切如磋，如琢如磨成果之效，故念茲在茲目的絕非抹煞其他詮釋進路，而是拓展戴震學在當代論述中新釋的可能，融合中國傳統經典與西方思潮撐開文本脈絡，抉發源源不竭的義理價值才是本書的終極期待與展望。

第二章　戴震學研究型態及「情理論」探析

一、傳統戴震學評價理解

　　十八世紀清代學術開創以經學濟理學，由理學內聖走向外王，通經考據建立實學。考據學興起之因至今分歧，有文字獄之說[1]；道學反動說[2]；思想理路說[3]；經世思想轉變說[4]；唯氣（器）

1　章太炎認為文字獄深入影響到考據學的興起，在《檢論》卷四，〈清儒〉謂「清世理學之言，竭而無餘華，多忌，故歌詩文史梏。愚民，故經世先王之志衰，家有智慧，大湊於說經，亦以紓死，而其術近工眇踔善矣」。此謂多忌乃指文字獄，見清・章太炎：〈清儒〉，《檢論》卷四，《章太炎全集》（上海：古籍出版社，1984 年），頁 22。
2　梁啟超先生解答「為什麼古典考證學獨盛」之問題：「明季道學反動，學風自然要由蹈空而變為覈實─由主觀的推想而變為客觀的考察，客觀的考察有兩條路。一自然界現象方面，二社會文獻方面，以康熙間學術界形勢論本來有趨重自然科學的可能性且當時實在也有點這種機兆，然而到底不成功者，其一，如前文所講，因為種種事故把科學媒介入失掉了。其二，則因中國學者根本習氣，看輕了「藝成而下」的學問，所以結果逼著專走文獻這條路」。見梁啟超：《中國近三百年學術史》（台北：華正書局，1994 年），頁 21。
3　主張思想內在理路說，有錢穆、余英時二先生。錢穆認為清廷以政治干預學術，造成學術轉向考據一途的意見，與章氏、梁氏相同，但錢氏認為清代經學考據，實是由明清之際學者的史學轉化而來，同時錢氏又認為「清儒學風，其內裡精神，正在只誦先聖遺言，不管時王制度。此一層，實乃清代學術之主要精神所在，所謂淵源於晚明者正在此。」見錢穆：《中國學術思想史論叢》第八冊（台北：東大圖書出版，1980 年），頁 3-10。另外，余英時則根據「內在理路」說主張清代考證學興起之因應遠溯程、朱和陸、王兩派的義理之爭，因此由義理之爭折入文獻考證，逐漸引導出清代全面整理儒家經典的運動，所以認為清代考證學發展乃是由「尊德性」的層次轉入「道問學」

思想興起說[5]等，皆與當下思潮密切相關。考據學發展至乾隆之際達到鼎盛謂為「乾嘉漢學」[6]，以經學為中心，旁及小學、音韻、歷史、校勘、輯佚、辨偽、天文、曆算、金石等，不論研經、治史皆一律考據實證，無徵不信，蔚然成風。[7]

的層次。見余英時：《論戴震與章學誠─清代中期學術思想史研究》（台北：東大圖書出版，1996 年），頁 19-21。余氏認為：「其實若從思想史的綜合觀點看，清學正是在尊德性與道問學兩派爭執不決的情形下，儒學發展的必然歸趨，即義理的是非於經典。」見余英時：《歷史與思想》（台北：聯經出版社，1976 年），頁 106。

4　主張經世思想轉變說有勞思光、陸寶千二先生。勞思光先生則認為「由致用而通經，由通經而考古；再進至建立客觀標準，以訓釋古籍，此即由清初學風至乾嘉學風之演變過程。而當客觀訓詁標準建立時，乾嘉學風即正式形成矣。至此，乃可說乾嘉學風之特色。」見勞思光：《新編中國哲學史》（三下）（台北：三民書局，1995 年），頁 805。另外，陸寶千先生也認為「清初經學之盛，由晚明以來之經世要求所致，蓋明自中葉以後，朝政日非，邊患日亟，有識之士，觸目時艱，乃引古籌今，求治安之策，是時大儒以黃石齋、劉蕺山為最。」見陸寶千：《清代思想史》（台北：廣文書局，1978 年），頁 164。

5　日本學者岡田武彥主張「唯氣論」說法。岡田武彥：〈戴震與日本古學派的思想──唯氣論與理學批判論的展開〉，《中國文哲研究通訊》第 10 卷第 2 期（2000 年），頁 67-90。另外，山井湧亦以「氣的哲學」一名來稱明末清初由宋明儒道德形上學轉至形下的氣、情、才、欲等的思想。參見（日）山井湧：〈戴震思想中的氣〉，載於（日）小野澤精一、福永光司、山井湧等（著），李慶（譯）：《氣的思想》（上海：人民出版社，1980 年），頁 452-466。

6　「乾嘉漢學」是清代學術思想與流派的名稱，它從不同角度與側面出發，有各種名異實同稱謂。由於考經證史樸實無華，因以考據見長，就其治學方法而言又稱為「樸學」或「考據學」；而此學派發展到乾隆、嘉慶時期達到鼎盛階段，曾呈現「家家許鄭，人人賈馬」的盛況，就時代的特徵而言，又可謂為「乾嘉漢學」；因是獨立學派也可謂為「乾嘉學派」，諸多之名又可統稱為「清代漢學」或「清學」。

7　經學史家范文瀾言乾嘉考證便因此由顧炎武啟之，而後戴震承之：「自明清之際起，考據學是一種很發達的學問，自顧炎武啟其先行，戴震為其中堅，王國維集其大成、其間卓然名家者無慮數十人，統稱為乾嘉考據學派。」范文瀾：《中國通史簡編》（上海：上海書店，1989 年），頁 754-766。

　　戴震為清代考據學之翹楚，為時人稱道在於考證之精博，乃尊為皖派大師，惟其對義理成就，評價不一。[8]但事實上回顧戴震一生著作，除了零篇散簡與友論學書函之外，《原善》、《緒言》、《孟子私淑錄》、《孟子字義疏證》皆是義理之作[9]，晚年集大成《孟子字義疏證》更是力闢釋、道，以返歸孔孟為職志。戴震自述「吾用是懼，述《孟子字義疏證》三卷」[10]，「今人無論正邪，盡以意見誤名之曰理，而禍而斯民，故疏證不得不作」[11]尤其以批判程朱理學為烈。[12]所以，無論通過「由字以通其詞，

8　清・戴震為著名考據家及思想家，於訓詁考據及義理思想皆所擅長。根據自述：「僕生平著述最大者，為《孟子字義疏證》一書，此正人心之要。」此文獻見於戴震五十五歲時給弟子段玉裁第十札信中所載。見於清・戴震撰，張岱年主編：〈與段茂堂等十一札〉，《戴震全書》（六），（安徽：黃山書社，1995 年），頁 543。本文引註戴震文獻皆引自《戴震全書》，之後同註書僅註引文出處及頁數，茲不贅述出版社及出版年月。

9　戴震論學最終實以覓求「義理」為要，其著作《原善》、《緒言》、《孟子私淑錄》、《孟子字義疏證》皆是義理之作。《原善》、《緒言》、《孟子私淑錄》、《孟子字義疏證》，雖分為四書，然《緒言》及《孟子私淑錄》，實為《孟子字義疏證》之初稿、二稿。細述如下：《緒言》約計為二百八千字，《孟子私淑錄》約計為一萬九千字，《孟子字義疏證》為約計三萬八千字。《孟子私淑錄》改正了《緒言》部份字句，而後成《孟子字義疏證》之定本，而《孟子字義疏證》皆依《孟子私淑錄》而有所更改。《孟子私淑錄》收入了《緒言》部份內容，尤其卷中各問答皆是《緒言》所沒有的內容。而此四書之先後成書，目前學界持以二說：首先，錢穆論說《孟子字義疏證》內容與《孟子私淑錄》相同，認為《孟子私淑錄》在《緒言》之後。見錢穆：《中國近三百年學術史》（上冊）（台北：商務印書館，1996 年），頁 358-364。其次，陳榮捷認為戴震先著《孟子私淑錄》而後才修訂成《緒言》，最後乃成為《孟子字義疏證》。陳氏之說認為《緒言》內容較《孟子私淑錄》詳盡，因此主張《孟子私淑錄》於《緒言》之前，而《緒言》在《孟子私淑錄》後。見於陳榮捷：〈論戴震諸言與孟子私淑錄之先後〉，《大陸雜誌》第五十七卷第三期（1978 年），頁 6-9。顯然錢穆、陳榮捷二先生之見不同，然皆對《原善》無所爭議，歸結其異，乃對《緒言》、《孟子私淑錄》二書成書先後時間不同所致。

10　〈孟子字義疏證・序〉，《戴震全書》（六），頁 148。

11　清・段玉裁：〈東原年譜訂補〉，《戴震全書》（六），頁 652。

12　《孟子字義疏證》乃戴震晚年之義理定論。其言：「六書九數等事如轎夫然，

由詞以通其道。」[13]、「凡學始乎離詞,中乎辨言,終乎聞道」[14]、「訓故明則古經明,古經明則賢人聖人之理義明」[15]或是喊出「打破宋儒家中《太極圖》」[16]重構清代新義理,迨至開啓近現代啓蒙思潮,皆一一證明戴震學問的淹博,無論從學術史或從思想史的脈絡探究,戴震學研究的重要性都是不容忽視。

從學界研究型態來考察戴震學,自乾隆四十二年(1777 年)

所以异輿中人也。以六書九數等事盡我,是猶誤認輿夫為輿中人也。」此引文足以證,戴震以輿夫喻考據,以輿中人喻義理,視義理思想為本、訓詁考據為用,融冶為一建構思想體系。見於段玉裁 1792 年序經韻樓刊本《戴東原集》,此段文獻未收入在《戴震全書》,於此轉引自余英時:〈戴東原與清代考證學風〉,《論戴東原與章學誠》(台北:東大圖書出版,1996 年),頁 139。

13 戴震言:「經之至者,道也;所以明道者,其詞也;所以成詞者,未有能外小學文字者也。由文字以通乎語言,由語言以通乎古聖賢之心志,譬之適堂壇之必循其階,而不可以躐等。」〈古經解鉤沉序〉,《東原文集》卷十,《戴震全書》(六),頁 378。

14 戴震言:「是以凡學始乎離詞,中乎辨言,終乎聞道。離詞,則舍小學故訓無所藉;辨言,則舍其立言之體無從而相接以心。」〈沈學子文集序〉,《戴東原先生之文》卷十一,《戴震全書》(六),頁 393。戴震「由故訓以明理義」不僅轉變清代由對原典主觀體證轉向實證考據,亦開創了清代漢學治學典範,實證分析的方法也影響到後世的學者,如焦循《論語通釋》、阮元《性命古訓》、陳澧《漢儒通義》、黃以周《經義比訓》、劉師培《理學字義通釋》,以至後來傅斯年《性命古訓辨證》都以訓詁考據為工具建構哲學思想,從這意義來說,戴震《孟子字義疏證》確立了清代漢學哲學研究的典範。

15 戴震言:「夫所謂理義,苟可以舍經而空憑胸臆,將人人鑿空得之,奚有于經學之云乎哉?惟空憑臆之卒無當于賢人聖人之理義,然後求之古經。求之古經而遺文垂絕,今古懸隔也,然後求之訓故。訓故明則古經明,古經明則賢人聖人之理義明,而我心之所同然者乃因之而明。」〈題惠定宇先生授經圖〉,《戴氏雜錄》,《戴震全書》(六),頁 505。

16 戴震「王師館京師朱文正家,自言曩在山西方伯署中,偽病者十數日,起而語方伯:『我非真病,乃發狂打破宋儒家中太極圖耳。』蓋其時者得《孟子字義疏證》,玉裁於此乃覺了然,偽病十餘日,此正是造《緒言》耳。」參見清・段玉裁:〈答程易田丈書〉,《戴震全書》(七),頁 144。

戴震逝世前後，曾經長達一百多年引起時代學人的關注。清代彭紹升認為戴震《原善》、《孟子字義疏證》「不知天，其何以知天？是故外天而言人，不可也。」[17]；姚鼐指斥戴震「意乃欲與程、朱爭名，安得不為天之所惡？故毛大可、李剛主、程錦莊、戴東原，率皆身滅嗣絕，此殆未可以為偶然也。」[18]；翁方綱批評：「近日休寧戴震，一生畢力於名物象數之學，博且勤矣，實亦考訂一端耳。乃其人不甘以考訂為事，而欲談性道以立異於程朱。就其大要，則言理力詆宋儒，以謂理者是密察條析之謂，非性道統挈之謂，反目朱子性即理也之訓，謂入於釋、老真宰真空之說，竟敢刊入文集。……蓋特有意與朱子立異，惟恐人援此二文以詰難之，而必先援二經語以實其密理條析之說，可謂妄矣！」[19]。

縱使有抨擊戴震者，亦有擁戴者，如洪榜在戴震逝世後一個月特意撰著《戴先生行狀》，肯定戴震治學通過字詞訓詁理解經典，其曰：「先生讀書，每一字必求其義，塾師略舉《傳》、《注》解之，先生意每不釋然。師不勝其煩，因取漢許叔重《說文解字》十五卷授之。先生大好其書，學之三年，盡得其節目。又取《爾雅》、《方言》及漢儒《箋》、《注》之存于今者，搜求考究。一字之義，必貫群經、本六書以為定詁。由是盡通前人所

17　清・彭紹升：〈與戴東原書〉，《二林居集》卷三，收入《戴震全書》（七），
　　頁134。

18　清・姚鼐：〈再復簡齋書〉，《惜抱軒全集》卷六，收入《戴震全書》（七），
　　頁157。

19　清・翁方綱：〈理說駁戴震作〉，《復初齋文集》卷七，收入《戴震全書》（七），
　　頁296。

合集《十三經注疏》，舉其辭無遺，時先生年十六七矣。」[20]贊曰：「先生之言，平正通達，近而易知。博極群書，而不少馳騁，有所請，各如其量以答之。凡見先生者，未嘗不有所得也。先生之學，雖未設施於時，既沒，其言之，所謂不朽者與！」[21]戴震實事求是、空所依傍的治學態度，即是高徒段玉裁依奉的治學標竿，其推崇：「東原之學，苞羅旁蒐於漢、魏、唐、宋諸家，靡不統宗會元，而歸于自得。名物象數，靡不窮源知變，而歸于理道，本朝之治經者眾矣，要其先之以古訓，折之以群言，究極乎天地人之故，端以東原為首。」[22]、「蓋先生《原善》三篇、《論性》二篇既成，又以宋儒言性、言理、言道、言才、言誠、言明、言權、言仁義禮智、言智仁勇，皆非六經、孔、孟之言，而以異學之言糅之。故就《孟子》字義開示，使人知「人欲淨盡，天理流行」之語病。[23]

　　戴震治學通訓詁知六書，旁及百家眾流通貫古經，無稽者不信，如此嚴格治學態度，余廷燦也特別推崇戴震，在〈戴東原先生事略〉云：「有一字不準六書，一字解不通貫群經，即無稽者不信，不信者必反復參證而後即安。以故胸中所得，皆破出傳注重圍，不為歧旁駢枝所惑，而壹稟古經，以求歸至是，

20　清‧洪榜：〈戴先生行狀〉，《二洪遺稿初堂遺稿》，收入《戴震全書》（七），頁4。
21　清‧洪榜：〈戴先生行狀〉，《二洪遺稿初堂遺稿》，收入《戴震全書》（七），頁12。
22　清‧王昶：〈戴東原先生墓志銘〉，《春融堂集》卷五十五，收入《戴震全書》（七），頁32-33。
23　清‧段玉裁：〈東原年譜訂補〉，《戴震全書》（六），頁677-678。

符契真源，使見者聞者，洒然回視易聽。」[24]戴震知友程瑤田亦言：「余觀東原之學以治經為先，自諸經而外，又旁及於百家眾流，無所不窺，而獨致意於是三書者，蓋東原之治經也，以能知古人之文章。其知古人之文章也，以能窺六書之微指，而通古人之訓詁。」[25]凌廷堪也贊曰：「先生所著書，文辭淵奧，兼多微見，其端留以俟學者之自悟。今取其發古人所未發者，稍稍表出之，非敢謂能舉其大也，亦非敢有所損益去取也。」[26]、「昔河間獻王實事求是，夫實事在前，吾所謂是者，人不能強辭而非之，吾所謂非者，人不能強辭而是之也，如六書九數及典章制度之學是也。虛理在前，吾所謂是者，人既可別持一說以為非，吾所謂非者，人亦可別持一說以為是也，如義理之學是也。故於先生之實學，詮列如左。」[27]全盤肯定戴震訓詁考證，就如科學之實證，以考據進路重探義理之價值。戴震治學融合考據和理學的治學理念，後人焦循大為推舉，其言：「《孟子字義疏證》性道之譚，如風如影，先生明之，如昏得朗。先生疏之，如示諸掌。」[28]；章學誠更讚許戴震深通訓詁，究於名物制度，學問發前人所未發者：「時人方貴博雅考訂，見其訓詁名物，有合時好，以謂戴之絕詣在此。及戴著《論性》、《原善》諸篇，於天人理氣，實有發前人所未發者；時人謂空說義

24　清・余廷燦：〈戴東原先生事略〉，《戴震全書》（七），頁 23。
25　清・程瑤田：〈通藝錄修辭餘鈔〉，《戴震全書》（七），頁 40。
26　清・凌廷堪：〈戴東原先生事略狀〉，《校禮堂文集》卷三十五，收入《戴震全書》（七），頁 22-23。
27　清・凌廷堪：〈校禮堂文集〉卷三十五，〈戴東原先生事略狀〉，《戴震全書》（七），頁 23。
28　清・焦循：〈讀書三十二贊〉，《雕菰樓集》卷六，收入《戴震全書》（七），頁 295。

理，可以無作，是固不知戴學者矣。」[29]。

整體以觀，傳統戴震學評價大多推崇戴震通貫群經的治學方法，對於戴震批判宋明理學的義理轉型一直到章學誠才被注意。章學誠雖是認同治學理念，但對於戴震晚年抨擊程朱則提出嚴厲批評，其謂：「戴君學術，實自朱子道問學而得之，故戒人以鑿空言理，其說深探本原，不可易矣。顧以訓詁名義，偶有出於朱子所不及者，因而醜貶朱子，至斥以悖謬，詆以妄作，且云：『自戴氏出，而朱子儌倖為世所宗，已五百年，其運亦當漸替。』此則謬妄甚矣！戴君筆於書者，其於朱子有所異同，措辭與顧氏寧人、閻氏百詩相似，未敢有所譏刺，固承朱學之家法也。其異於顧、閻諸君，則於朱子間有微辭，亦未敢公然顯非之也。而口談之謬，乃至此極，害義傷教，豈淺鮮哉！」[30]從此可知，章學誠質疑戴震批判朱子是為了建立自己義理論點。

對此觀點，後人章太炎〈釋戴〉則提出不同見解，大加肯定戴震勇於批判程朱之理：「戴震生雍正末，見其詔令詆人不以法律，顧摭取洛閩儒言以相稽，覘微司隱微，罪及燕語。」[31]、「震自幼為賈販，轉運千里，復具知民生隱曲，而上無一言之惠，故發憤著《原善》、《孟子字義疏證》，專務平恕，為臣民訴上天，明死于法可救，死于理即不可救。…夫言欲不可絕，欲

29 清・章學誠、葉瑛校注：〈書朱陸篇後〉，《文史通義校注》（上）（台北：里仁書局，1984 年），頁 275。
30 清・章學誠，葉瑛校注：《文史通義校注》（上）（台北：里仁書局，1984 年），頁 276。
31 清・章太炎：《太炎文錄初編》，《章太炎全集》第四冊，頁 122。

當為理者，斯固崢政之言，非飭身之典矣。」[32]所以，章太炎肯定戴震考據取證經典的治經方法，在批判程朱理學基礎上重建對義理的認知。而劉師培也注意到這點，並發現戴震貫通學術知識方法與義理建構之路，以訓詁方式解釋「理」，「理」在「欲」中，因此特別推崇戴震釋理「理義於事」，循藉著對事物的微鑑密察條分，證得心知同然之理，其謂：「戴氏詮理，又以理為專屬事物。然物由心知，知物即在心之理。」[33]肯定戴震義理建構，贊曰：「近代以來，鴻儒輩出，鄞縣萬氏、蕭山毛氏，漸知宋學之非，或立說著書以與宋儒相詰難。而集其成者，實惟東原戴先生。東原之書以《原善》、《孟子字義疏證》為最著。」[34]表彰戴震《原善》、《孟子字義疏證》是推翻宋儒窮究性理回歸孔孟之作。相較之下，劉師培特別突出戴震義理成就，其論述超越了前人從考據治經領域對戴震學的評價，這對傳統戴震學的理解是具有相當關鍵的重大意義。

二、當代戴震學分化型態

　　回顧戴震學思歷程，早年師承江永（1681-1762），音韻、名物、考據之學莫不受到江永影響。學者多論「戴氏之學，其先來自江永」[35]，「其平生學術出於江慎修」[36]，「江永盛推宋儒，

32　清・章炳麟：〈釋戴〉，《章氏文錄》卷一，收入《戴震全書》（七），頁337。
33　清・劉師培：《左盦集》亨冊，收錄在《戴震全書》（七），頁349。
34　清・劉師培：〈東原學案序〉，《左盦外集》卷十七，收入《戴震全書》（七），頁246。
35　錢穆：《中國近三百年學術史》（上冊）（台北：臺灣商務印書館，1996年），頁339。

其學遠承朱子」[37]。根據戴震高徒段玉裁《戴東原先生年譜》所記:「婺源江慎修先生永治經數十年,精於三《禮》及步算、鐘律、聲韻、地名沿革,博綜淹貫,歸然大師。先生一見傾心,取平日所學就正焉。」[38]江永曾集注朱熹與呂祖謙合著的《近思錄》,對宋明理學相當了解,故可推測師承關係更為日後反程朱之批判奠定了深厚基礎:

> 戴為婺源江永門人,凡六書、三禮、九數之學,無一不受諸江氏,有同門方晞所作《群經補義傳》稱曰「同門戴震」可證。[39]

> 東原為慎修高弟,慎修精三禮及天文算訓詁音韻之學,東原推闡師說,深造密微。[40]

戴震受江永啟蒙朱學,早年服膺程朱理學,先後撰《屈原賦注》十二卷、《經考》及《經考附錄》十二卷、《詩補傳》、《與

---

36 王國維:〈觀堂集林〉,《王國維遺書》卷十二(上海:商務印書館,1940 年),頁 303 下。

37 清・王昶於〈江慎修先生墓誌銘〉一文中,即載「自朱子起婺源,……越五百年而先生(指江永)復出,雖終躓伏,不見知於世。而其言深廣無涯涘,昭晰群疑,發揮鉅典,探聖賢之秘,以參天地人之奧。厥後戴君諸人繼之,其道益大以光。先生歿,大興朱學士筠督學安徽,以先生從祀朱子於紫陽書院,天下以為公」清・王昶:〈江慎修先生墓誌銘〉,《春融堂集》卷五十五,收入《續修四庫全書》第 1438 冊(上海:上海古籍出版社,2002 年),總頁 216。

38 清・段玉裁 :《東原年譜訂補》,《戴震全書》(六),頁 653。

39 清・魏源:《魏源集》(北京:中華書局,1976 年),頁 226。

40 清・徐世昌:《清儒學案》(北京:中國書店,1990 年),頁 391 下。

是仲明論學書》及《法象論》等，字裡行間皆透露對程朱的崇敬之意。[41]然在中年揚州之行後，為學的態度卻轉向懷疑程朱，指斥程朱雜染老釋，從而顛覆執義理學牛耳的程朱官學：

> 孟子辯楊、墨；後人習聞楊、墨、老、莊、佛之言，且以其言汨亂孟子之言，是又後乎孟子者之不可已也。苟吾不能知之亦已矣，吾知之而不言，是不忠也，是對古聖人賢人而自負其學，對天下後世之仁人而自遠於仁也。吾用是懼，述《孟子字義疏證》三卷。韓退之氏曰：『道於楊、墨、老、莊、佛之學而欲之聖人之道，猶航斷港絕潢以望至於海也。故求觀聖人之道，必自孟子始。』嗚呼，不可易矣！[42]

> 聖人之道，使天下無不達之情，求遂其欲而天下治。後儒不知情之至於纖微無憾是謂理；而其所謂理者，同於酷吏之所謂法。酷吏以法殺人；後儒以理殺人：浸浸乎舍法而論理。人各巧言理，視民如異類焉，聞其呼號之慘而情不相通。死矣更無可救矣！[43]

> 程朱以理為如有物焉，得於天而具於心，啟天下後世人人憑在己之意見而執之曰理，以禍斯民；更淆以無欲之說，於得理益遠，於執其意見益堅，而禍斯民益烈。豈

41　周兆茂：《戴震哲學新探》（安徽：人民出版社，1997年），頁14。

42　《孟子字義疏證・序》，《戴震全書》（六），頁147-148。

43　〈與某書〉，《戴東原先生之文》，《戴震全書》（六），頁496。

理禍斯民哉？不自知為意見也。離人情而求諸心之所
具，安得不以心之意見當之？[44]

僕自十七歲時，有志聞道，謂非求之六經、孔、孟不得，
非從事於字義、制度、名物，無由以通其語言。宋儒譏
訓詁之學，輕語言文字，是猶渡江河而棄舟楫，欲登高
而無階梯也。為之三十餘年，灼然知古今治亂之源在是。
[45]

　　戴震認為宋儒雜老釋之言依附於孔孟，遂使孔孟之道盡失
其解，聖人之道為異說汨亂隱而不彰，因此力求「破後人混漫」
返歸孔孟之道。戴震反省宋儒說理僅恃胸臆識斷，襲取多所荒
謬，義理流於空疏之失，捨法論理以致酷吏峻法「以理殺人」，
憑其意見執之曰理，終究離理益遠。因此，自述「吾用是懼，
述《孟子字義疏證》三卷」或致弟子段玉裁信中皆強調「今人
無論正邪，盡以意見誤名之曰理，而禍而斯民，故疏證不得不
作」[46]，興起撥亂反正的勇氣。[47]

　　然回溯戴震學思歷程，早年服膺程朱，中年卻反程朱，竟
有如此態度的轉變？歷來學者紛紛提出不同觀點。首先，梁啟

44　〈答彭進士允初書〉，《戴震全書》（六），頁353。
45　清‧段玉裁：〈東原年譜訂補〉，《戴震全書》（六），頁652。
46　清‧段玉裁：〈東原年譜訂補〉，《戴震全書》（六），頁652。。
47　根據戴望《顏氏學記》所言：「乾隆中，戴吉士震作《孟子》、《緒言》，始本
　　先生此說言性，而暢發其旨。」見於清‧戴望：〈處士顏先生元〉，《顏氏學
　　記》卷一，收錄於《戴震全書》（七），頁334。

超認為戴震丁丑年遊揚州以後與清初顏習齋、李恕谷思想有接觸，遂而萌生反理學，因此推斷反理學思想必定與顏李學派有關。[48]而胡適指出戴震反程朱，乃是通過程廷祚、程晉芳等人在南方對顏李之學的傳播，因而對程朱理學產生衝擊質疑。[49]針對此說，錢穆在《中國近三百年學術史》則提出反駁，認為戴震《疏證》鍼貶程朱並非源自顏習齋，其言：「戴望為《顏氏學記》，嘗謂『乾隆中戴震作孟子緒言，本習齋說言性而暢發其旨』，近人本此，頗謂東原思想淵源顏、李。東原時，惟徽人程綿莊廷祚治顏、李學，東原與綿莊雖相知，而往來之詳已難考。綿莊寄籍江寧，東原三十五歲頗往來揚州，自是有《原善》之作，然並不譏宋。東原四十四歲自言『近日做得講理學一書』，即《原善》三卷本也。明年綿莊，東原為《緒言》尚在後，謂《疏證》思想自綿莊處得顏、李遺說而來頗難證。」[50]因此言：「殆以東原《疏證》亦斥程朱，故與顏李並提，非必謂東原之說，即自顏李來也。」[51]再者，程綿莊雖為南方顏李學派的傳播者，難以證此與戴震反程朱思想相關，又程晉芳著《正學論》極詆顏李，若戴震反程朱淵源真源自顏、李，又如何獲得啟發？況且從訓詁中明義理，治學方法與顏學精神亦相背，錢氏認為此說不免矛盾，因此提出另一觀點，「今考東原思想最要者，一曰自然與必然之辨，一曰理欲之辨，此二者，雖足與顏、李之說相通，而未必為承襲。至從古訓中明義理，明與習齋精神大

48　梁啟超：《戴東原》（台北：中華書局，1979 年），頁 21。
49　胡適：《戴東原的哲學》（台北：臺灣商務印書館，1996 年），頁 4-10。
50　錢穆：《中國近三百年學術史》（上冊），頁 392。
51　錢穆：《中國近三百年學術史》（上冊），頁 392。

背。若徒以兩家均斥程朱、謂其淵源所自，則誣也。」[52] 根據此觀點，錢氏進一步比較戴震《原善》與惠棟《易微言》，發現二家的義理觀點有諸多相似處，因此認為「蓋乾嘉以往詆宋之風，自東原起而愈甚，而東原論學之尊漢抑宋，則實有聞於蘇州惠氏之風而起也。」[53]所以，錢氏考定「戴震遊揚州識惠定宇為乾隆丁丑二十二年（1757 年），年三十五，南遊揚州，識松崖於鹽運使盧雅雨見曾署，自是客揚州四年，論東原論學宗旨，其時以後蓋始變。」[54]因此，主張戴震中年南遊揚州會晤惠棟後[55]，心契「舍訓詁無以明理義」，正是受到惠棟反程朱思想的影響，論學遂變而撰著《原善》。

戴震思想前後分期概為當代研究者的共識，然導致中年思想轉變的關鍵點，究竟是如梁啟超所言「丁丑年遊揚州，受顏習齋、李恕谷」影響，或胡適「受程廷祚、程晉芳等對顏李之學反程朱」說或錢穆「中年南遊揚州會晤惠棟」說？根據此觀點，錢穆弟子余英時在《論戴東原與章學誠——清代中期學術思想史研究》中表述認同「錢說後出而得其實」[56]，更分三期以述：以乾隆 1757 年會晤惠定宇之年為決定性關鍵，此為第一階段，考證次之，義理為第一義之學，主要扶翼程朱義理。第二階段約以 1766 年為分水嶺，此階段以義理、考據、文章分源，並視《原善》三篇為義理學發軔。第三階段則是戴震生命最後

---

52 錢穆：《中國近三百年學術史》（上冊），頁 392。
53 錢穆：《中國近三百年學術史》（上冊），頁 355。
54 錢穆：《中國近三百年學術史》（上冊），頁 351-355。
55 錢穆：《中國近三百年學術史》（上冊），頁 392。
56 余英時：《論戴東原與章學誠—清代中期學術思想史研究》，頁 197。

十年左右，以《孟子字義疏證》為學問歸宿，認為戴震熟乎義理，而後能考覆、能文章，晚年已斷無「宋儒得其義理」觀點，由考證而得六經、孔孟之義理。[57]余氏認為之影響戴震思想轉變，便是中年南遊揚州會晤惠棟所致，由於惠棟強烈尊漢反宋立場，戴震受其影響轉而批判宋儒，甚至肯定「惠、戴一七五七年揚州之會，彼此曾默默地訂下反宋盟約大概是可以肯定的。」[58]除了惠棟，余氏更提出影響戴震轉變的另一位關鍵人物便是—紀昀。因為，紀昀是乾嘉時期反程朱第一員健將，又為四庫全書館首席總纂官「自名漢學，深惡性理，遂峻詞醜詆，攻擊宋儒，而不肯細讀其書。」[59]必然通過這組識將反宋思潮推向整個學術界。而戴震入都次年（1755 年）即宿館紀昀家，紀昀亦大力推薦戴震入四庫館，足以見二人交誼匪淺，因此戴震反程朱必定深受紀昀影響，當非過甚之詞。[60]

　　在這些戴震尊朱、反朱態度轉變之因的探討，足以見當代詮釋多元分化的型態，特別值得再探的是梁啟超、胡適、錢穆、余英時及勞思光的研究觀點。在這些學者中，可謂梁啟超著力最深，其《飲冰室文集》皆收入《戴東原生日二百年紀念會緣起》、《戴東原先生傳》、《戴東原哲學》、《東原著述纂校書目考》、

57　余英時：《論戴東原與章學誠—清代中期學術思想史研究》，頁 142-143。戴震遊揚州會晤惠定宇之年可查證段玉裁《戴東原先生年譜》所載：「戴震二十二年丁丑，三十五歲，是年識惠先生於揚之都轉運使盧君雅兩署內。文集內題惠定宇先生授經圖所云『自京師南還，始觀先生於揚之都轉運使司署內』者也。」清・段玉裁：《戴東原先生年譜》附錄於《戴震文集原善孟子字義疏證》（台北：河洛圖書出版社，1975 年），頁 223。

58　余英時：《論戴東原與章學誠—清代中期學術思想史研究》，頁 128。

59　清・余嘉錫：〈序錄〉，《四庫提要辨證》（台北：中華書局，1974 年），頁 54。

60　余英時：《論戴震與章學誠—清代中期學術思想史研究》，頁 126-127。

《戴東原圖書館緣起》。[61]此外，梁氏亦大力推舉戴震「皖派」
考據的貢獻，其謂「吳派求其古，皖派求其是」，吳派只為「漢
學」，「皖派」才是真正意義上的「清學」，他認為「惠派之治經
也，如不通歐語之人讀書，視譯人為神聖，漢儒則其譯人也，
故信憑之不敢有所出入。戴派不然，對於譯人不輕信焉，必求
原文之正確然後即安。惠派所得，則斷章零句，援古正後而已。
戴派每發明一義例，則通諸群書而皆得其讀。是故惠派可曰漢
學，戴派則可確為清學而非漢學。」[62]梁氏十分肯定戴震考證
治經的方法，其言：

> 常從眾人所不注意處覓得間隙，既得間，則層層逼推，
> 直到盡頭處；苟終無足以起其信者，雖聖哲師父之言不
> 信也。此種研究精神，實近世科學所賴以成立。[63]

> 識字和聞道真有那麼密切的關係嗎？真是非由字不能通
> 詞，非由詞不能通道麼？一點也不錯。一個字表示一個
> 概念，字的解釋弄不清楚，概念自然是錯誤混雜或囫圇。
> 概念錯誤混雜囫圇，所衍出來的思想當然也同一毛病。
> 所以「辯名當物」是整理思想第一步工夫，有人說：「古
> 今哲學家都是打的名辭上筆墨官司。」這句話從一方面
> 看，像含有嘲諷的意味，從他方面看，卻是絕對的實情

61　梁啟超：《飲冰室文集》收入《飲冰室合集》（五）（北京：中華書局，1989
　　年），頁77。
62　梁啟超：《戴東原》（台北：中華書局，1979年），頁32。
63　梁啟超：《清代學術概論》（台北：臺灣商務印書館，1994年），頁34。

而且絕對的有用，中國思想界不能健實發展，正是很少
人做這步工夫。[64]

東原在學術史上所以能占特別重要位置者，專在研究法
之發明。他所主張「去蔽」、「求是」兩大主義，和近世
科學精神一致。他自己和他的門生各種著述中，處處給
我們這種精神的指導。這種精神，過去的學者雖然僅用
在考證古典方面，依我們看，很可以應用到各種專門科
學的研究，而且現在已經有一部份應用頗著成績。所以
東原可以說是我們「科學界的先驅者」。[65]

　　梁氏推崇戴震「去蔽」、「求是」是清代科學精神的先驅，「由
字通詞，由詞通道」通貫群書治經的理念，字義正確概念清晰
思想就明確，若字義不明概念囫圇，思想錯誤影響社會，此意
正如戴震言：「蓋言之謬，非終於言也，將轉移人心；心受其蔽，
必害於事，害於政。」[66]尤以進者，梁氏更於《戴東原哲學》
自述用心：「接連三十四點鐘不睡覺趕成。」[67]讚揚戴震並非只
是繼承漢學傳統，而是在科學精神堅持下開創新視域，其言：「戴
震祛『以釋混儒』、『捨欲言理』之兩蔽，故既做《原善》三篇，
復為《孟子字義疏證》。」[68]是中國文藝復興的起點，是實證主
義理想的體現，更是賦予新啓蒙精神的思潮，如同歐洲文藝復

64　梁啟超：《戴東原》，頁15。
65　梁啟超：《戴東原》，頁72。
66　《孟子字義疏證・序》，《戴震全書》（六），頁147。
67　梁啟超：《飲冰室文集》收入《飲冰室合集》（五），頁77。
68　梁啟超：《清代學術概論》，頁39。

興的翻版是哲學界的革命家[69]，不僅特設八個課題研究戴震學[70]，更鄭重其事去信邀請好友胡適參加戴震學研究活動。[71]

　　受梁啟超影響，胡適欣然撰寫《戴東原的哲學》共襄盛會，此文「中間屢作屢輟，改削無數次，凡歷二十個月方才脫稿」，於西元 1925 年 8 月完成全書長達七萬言。[72]胡適稱譽戴震別異於清儒在於認清考據訓詁不是學問最終目的，而是明道的方法，不甘僅做為考據家，更要做一位哲學家[73]，感同身受戴震批判官學，意見為理以理殺人，當「理與勢攜手時，勢力借理之名，行私利之實，理就成為勢力的護身符，那些負屈含冤的幼者弱者就無處申訴了。」[74]所以，胡適認為清朝二百七十年中，只有學問，而沒有哲學，只有學者，而沒有哲學家。只有顏元、李塨和戴震，是有建設新哲學。而戴震超越程朱，用窮理致知結果反攻窮理致知的程朱[75]，「抬高欲望的重要性在中國思想史上是很難得的，是反抗這種排斥人欲的禮教的第一人」。[76]戴震可說就是「宋明理學根本革命」，亦是「新理學的建設——

69　梁啟超：《清代學術概論》，頁 38。〈戴東原生日二百年紀念會緣起〉，《飲冰室文集》之四十，收入《飲冰室合集》（五），頁 40。
70　梁啟超劃分八個課題：「戴東原在學術史上的位置」、「戴東原的時代及其小傳」、「音韻訓詁的戴東原」、「算學的戴東原」、「戴東原的治學方法」、「東原哲學及其批評」、「東原著述考」、「東原師友及弟子」。參見《飲冰室合集》（三），《文集之四十》，頁 39。
71　梁啟超邀請好友胡適參加戴震的研究活動，詳參丁文江、趙豐田：《梁啟超先生年譜長編（初稿）》（北京：中華書局，2010 年），頁 533-536。
72　胡適：《戴東原的哲學》，頁 197。
73　胡適：《戴東原的哲學》，頁 26。
74　胡適：《戴東原的哲學》，頁 55。
75　胡適：《戴東原的哲學》，頁 281。
76　胡適：《戴東原的哲學》，頁 69-71。

哲學的中興。」胡適肯定「戴氏論性，論道，論情，論欲，也都是用格物窮理的方法，根據古訓作護符，根據經驗作底子，所以能摧破五六百年推崇的舊說，而建立他的新理學。」[77]其言：「大思想家戴震出來，用當時學者考證的方法，歷史的眼光，重新估定五百年的理學的價值，打倒舊的理學，而建立新的理學，是為近世哲學的中興」又「這個時代是一個考據學昌明的時代，是一個科學的時代。戴氏是一個科學家，他長於算學，精於考據，他的治學方法最精密，故能用這時代的科學精神到哲學上去，教人處處用心知之明去剖析事物尋求事情的分理條則。他的哲學是科學精神的哲學。」[78]：

> 戴震在中國哲學史上雖有革命的大功和建設的成績，不幸他哲學只落得及身而絕，不曾有繼續發達的機會。現在事過境，當日漢宋學爭門戶的意氣早衰歇了，程朱的權威也減削多了，「漢學」的得失也更明顯了，清代思想演變的大勢也漸漸清楚了，我們生在這個時代，對於戴學應取什麼態度呢？戴學在今日能不能引起我們中興哲學的興趣呢？戴震能不能供給我們一個建立中國未來的哲學的基礎呢？[79]

　　由此理解，胡適以科學精神、實事求是的實證態度，為民初規劃理智主義的路向，引領跨入新舊衝擊的交替世代，其建

77　胡適：《戴東原的哲學》，頁82-83。

78　胡適：〈幾個反理學的思想家〉，《胡適文存》第三集卷二，《胡適作品集》11冊（台北：遠流出版社，1986年），頁103及頁114。

79　胡適：《戴東原的哲學》，頁138。

立新哲學所付出的苦心自是不言而喻了。因此，胡適自身學術
之路深受戴震啓蒙，稱謂戴震「科學方法」是「清學真精神」
不愧為「清學的宗師」[80]，既是「科學家求知目的」又具「科
學家態度與精神」，提倡「大膽假設，小心求證」的「演繹」與
「歸納」交互辯證，又力行成為民初抨擊禮教吃人的革命家，
實然是受到戴震科學實證與批判精神的感召。

　　民初戴震學在梁啓超、胡適二先生的推崇下，戴震既是哲
學家又是科學家，成為清代思想史脈絡中提倡人性自由的先驅
者。然而對於戴震考據治學的觀點，戴學研究之一重鎮的錢穆
則不表認同，其謂：「然其（戴震）精神所注，卒均不脫於其所
謂聖人之遺經，而惟日孳孳於故訓與典章制度之間。」[81]、「將
學、行分兩橛說，博學遂與心性不涉。」[82]：

　　　　故彼輩之所謂「實事求是」者，實未能實事以求是，乃
　　　　考古以求是也。推其極，終不出亭林「經學即理學」之
　　　　一語。[83]

　　　　今綜觀有清一代學術，則顧氏「經學即理學」一語，不
　　　　可不謂其主要之標的。彼輩欲於窮經考古之中，發明一

80　胡適：《清代學者的治學方法》，見葛懋春、李興芝（編輯）：《胡適哲學思想
　　資料選》（上）（上海：華東師範大學出版社，1981 年），頁 208-211。
81　錢穆：《國學概論》（北京：商務印書館，1997 年），頁 286。
82　錢穆：《國學概論》，頁 267。
83　錢穆：《國學概論》，頁 293。

切義理，其愚而無成，可弗待言。[84]

　　錢氏評議戴震窮經考古，博學心性為兩橛，恪守故訓不出顧炎武治經觀點，又認為戴震返歸孔孟之道所建構的義理雜有荀子色彩，其言：「東原指為性者，實與荀卿為近，惟東原以孟子性善之意移而為說耳。」[85]、「雖依孟子道性善，而其言時近荀卿」、「東原之有會於荀卿者至深矣」。[86]再者，認為戴震反程朱「緒言則頗排宋。其最重要者則為『理氣之辨。』」[87]，「存理滅欲」不僅針對下層百姓也直指富貴的上位者，所以評議戴震是「近深文」之嫌，[88]其所闡述「全由私人懷生畏死飲食男女之情仔細打算而來，若人類天性，不復有一種通人我泯己物之情。」[89]此外，錢氏又在《中國思想史》中提及戴震對程朱的抨擊，僅是將紙上談兵所框限的儒家哲學重新釋放到現實的人性面：

　　　　然佛教思想，大體來說，實是近於西方性的，非中國性的。說理甚玄，而中間加進了許多不近人情之處。換言之，是哲學宗教味重，人情常識味淺。較之孔孟說理之淺近平庸，遠不相類。然是問涅槃究竟是人生的真理呢？還是戴東原所說的依然是一種意見呢？若還不脫是一種

84　錢穆：《國學概論》，頁 311。
85　錢穆：《中國近三百年學術史》（上冊）（台北：臺灣商務印書館，1996 年），頁 399。
86　錢穆：《中國近三百年學術史》（上冊），頁 394。
87　錢穆：《中國近三百年學術史》（上冊），頁 374。
88　錢穆：《中國近三百年學術史》（上冊），頁 361。
89　錢穆：《中國近三百年學術史》（上冊），頁 362。

> 意見，則何如孔孟般，老老實實以人人的意見作為意見
> 之更近人生真理呢？[90]

　　足以見，錢氏認為戴震「還孔孟於孔孟，老釋於老釋」治
經理念，僅是戴震個人表述的一種「意見」，因此評定戴震思想
未能在當時風起雲湧，因為「東原在當時，是一位受人崇敬的
考據學家，那時考據學風如日方中，而東原沿義理三書，較經
學大傳統所言，究竟是太過偏激了，因此並未為其同時及後學
所看重。東原在思想史上，也是及身而止，並無傳人。」[91]

　　對於戴震治學的評價，錢穆多著眼在戴震的音韻訓詁、六
書九數之學，而弟子余英時則認為戴震治經目的在於證其義
理，其在《論戴震與章學誠——清代中期學術思想史研究》亦有
近半篇幅論及戴震。余氏認為戴震反程朱是時代思潮趨勢：「其
言理氣亦與宋儒二元之論截然相反…下逮清初，陳確、黃宗羲、
王夫之、顏元、李塨持論均極相近，不必多事徵引。戴東原的
思想即是此一歷史背景下的產物。」[92]推之戴震為儒家智識主
義[93]高峰的典型，其言：「戴學在全部儒學系統中佔據的地位如

90　錢穆：《中國思想史》（台北：台灣學生書局，1985 年），頁 274。
91　錢穆：《中國思想史》，頁 275。
92　余英時：《論戴震與章學誠—清代中期學術思想史研究》，頁 223-224。
93　學界學者余英時、張麗珠二位前輩皆有進一步討論清代智識主義的興起。余
　　英時認為清代思想之興起，是儒學智識主義發展的結果，主張清學意義即是
　　「知識佔有中心位置的問題」，標舉清代為智識主義興起的時代。余英時：〈清
　　代思想史的一個新解釋〉，《歷史與思想》（台北：聯經出版社，1977 年），
　　頁 128、頁 154。及余英時：《論戴震與章學誠—清代中期學術思想史研究》，
　　頁 20-35。此外，張麗珠也認為清代自戴震治經方法的重智主義，其後清儒
　　凌廷堪、焦循、阮元等也進而發展清儒重智主義的道德觀。見張麗珠：〈焦

何姑置不論，但從學術思想發展史的觀點來說，它的基本傾向確是要把知識從傳統的道德糾纏中解放出來。這是宋、明以來儒家論知識問題所未達到過的新境界。」[94]余氏認為戴震學術性格呈現二種特質：「一是領導當時學風考證學家戴東原，另一則是與當時學風相背的思想家戴東原。」[95]以「狐狸」與「刺蝟」比喻：「東原一方面以考證為當世所世推，另一方面則以義理獨見賞於章實齋。一身而兼擅考證與義理，在乾、嘉學術史上為僅有之例。考證必尚博雅與分析，這種工作比較合乎『狐狸』的性情，義理則重一貫與綜合，其事為『刺蝟』所深好。」[96]一是掀杆起呼批判程朱之「思想改革家」，另一是訓詁證義理「考據學家」。雖然戴震兼具考據、義理之學，亦不甘將自己認同於「狐狸」[97]，內心始終偏重義理之學，訓詁明而後義理明，志在習聞《六經》、孔孟，研其義理而「樂不可支，喫飯亦別有甘味」[98]戴震終至晚年專研義理，正如余氏所喻「刺蝟」性情重一貫與綜合的工夫，在處於「狐狸」得勢的時代依循考據重構義理，充分展現「訓詁考據」與「經典義理」的交相體證。

循發揚重智主義道德觀的「能知故善」說），《清代義理學新貌》（台北：里仁書局，1999 年），頁 200-234。

94　余英時：《論戴震與章學誠─清代中期學術思想史研究》，頁 34-35。

95　余英時：《論戴震與章學誠─清代中期學術思想史研究》，頁 108。

96　余英時：《論戴震與章學誠─清代中期學術思想史研究》，頁 99。

97　余英時引用英人柏林（Isa-iah Berlin）在思想史上分辨「狐狸」與「刺蝟」二型來說明分析托爾斯頓性格。柏林認為即托爾斯頓在性格上本於「狐狸」一型，但他本人卻認為自己是「刺蝟」型，余英時用此來比喻清代當時考據學者們以及戴震，認為考證必尚博雅與分析，這種工作則比較合乎「狐狸」性情，而義理重一貫與綜合工夫，這種事則為「刺蝟」所適合。詳見余英時：《論戴震與章學誠─清代中期學術思想史研究》，頁 95-108。

98　清・段玉裁：《戴東原先生年譜》，《戴震文集原善孟子字義疏證》，頁 226。

戴震治經實事求是的為學態度，帶動其後智識主義學風的興盛，余氏言：「東原晚年雖同時攻擊程朱和陸王，但攻擊之中大有輕重之分。他既不是籠統地排斥宋儒，也不是因為宋儒講「義理」之學才加以排斥。一言以蔽之，東原的哲學澈頭澈尾是主智的，這是儒家智識主義發展到高峰以後才逼得出來的理論。以往的儒家縱使在個別的論點上偶有和東原近似之處，但是從來沒有人想要建立一套以智為中心的哲學系統。」[99]

　　除了梁啟超、胡適、錢穆及余英時戴學研究觀點之外，勞思光也有不少對戴震學說的重要評論亦不能忽視。勞氏觀點主要都在《新編中國哲學史》中展現，其評議戴震詮釋孟子，雖解孟子，實則立說與孟子文本大相逕庭，「心之所同然」難以實踐的根本問題，即在於對「理」的誤解：

> 戴氏雖云解孟子，實則立說與孟子本文大異。戴氏實以能見事物之理之能力為「心之所同然」，非孟子以「理義」本身為「心之所同然」。此即「心能生理」與「心只能照見外存之理」二說之分歧；是孟荀之別，亦哲學史上對「理」之兩種不同思路也。……蓋智性之力量不足時，人遂受情緒私念之影響而始有「蔽」也。但此與戴氏對「情欲」之態度衝突。…戴氏不知意志能力與認知能力並非自然合一；此是一大誤。…情欲皆經驗事實，人倘求得「情欲之理」，亦應是一無窮過程，與求對自然事物

99　余英時：〈清代思想史的一個新解釋〉，《歷史與思想》，頁 152-153。

之理時情況相類。故如依此而言道德實踐，則實踐無從開始。[100]

　　勞氏批駁戴震哲學對「理」意義之誤解，遂致意志能力與認知能力為二，道德實踐並不能就自然事物知識上求得，所以評議戴震不僅以「事物之理」的「心之所同然」異於孟子「心之所同然」理義，心知智性患「私」、「蔽」危機下，也無法避免與「情欲之理」產生衝突，因此難以證得道德實踐的真實意涵。其次，勞氏又提出戴震對「性」的定義，「私」、「蔽」混淆以致陷入困境：

　　第一：戴氏所謂「性」，指本能之全部，而又以「性至不同，各呈乎才」，故其「性」觀念實偏重於「才性」意義。與孟子不同處在於其所謂「性」非專指人所異於禽獸之能力；與荀子不同處在於其所謂性亦包含理義，非如荀子以「理義」為「偽」而與「性」對。第二：戴氏所言之性，既指本能，故純是自然意義，事實意義。戴氏雖以為人之本能中含有「心知」，因此能「擇善」，或能知「理義」；但依此一語言之性質看，所謂「善」、「理義」等亦皆成為事實意義之描述語；於是「規律性」、「主宰性」等不能在此語言中安立；戴氏之價值論遂失去其最基本之功能，而化為一套描述生理及心理事實之語主旨矣。第三：戴氏如此觀「性」及善二概念，故性既成為

100　勞思光：《新編中國哲學史》（三下）（台北：三民書局，1995 年），頁 875。

本能,「善」亦化歸利害。戴氏明言「懷生畏死」,「趨利避害」等為生物(即所謂「血氣之倫」)之共同目的,則人不過多一種「巧智」,能有較得有利之選擇。於此而言「擇善」,則有關道德意義之普遍性,與此所謂「善」全不相應。此不唯在理論之一般標準下看,成為一與道德問題無關之說,且就戴氏自身理論言,此種意義之善,亦與其所謂「天地之常」等詞語不能通協;蓋一面取形上學觀點,將「善」視為存有義,作超經驗之肯定;另一面又將「善」解為經驗中之利害意義,只作經驗事實之描述。此中「普遍」與「特殊」、「規範」與「事實」等等衝突皆無法消融。其說不唯不能成立,且在嚴格意義上實不可解矣。[101]

在勞氏的理解下,戴震以血氣心知做為「性」之實體,「性」純是自然意義、事實意義是本能全部,已然脫離孟子脈絡偏重在才性意義上,心知「擇善」、知「理義」,所顯現人性淪為一套純粹事實描述生理及心理事實之語言,未能分辨「性」與「善」的區別,將「性」定義本能;「善」為趨利避害的衝動,心知「擇善」變成一種本能的反應。在勞氏的解讀下「血氣」與「心知」視為平行關係,道德價值只是「懷生畏死」、「趨利避害」異於禽獸擇善之工具,「善」的道德價值在此系統中失去功能。如是,「善」與「理義」透過知識的知解,原具「規範性」、「主宰性」價值活動解消,成為事實意義的描述語,變成道德普遍性,與

---

101 勞思光:《新編中國哲學史》(三下),頁 841。

道德之「善」全無相關。所以，就此「善」而言，是超經驗的肯定；另一方面又解為經驗中之利害意義，僅是經驗事實描述，此中「普遍」與「特殊」、「規範」與「事實」等衝突皆無法消融。勞氏認為導致衝突乃因戴震理論「意義的混亂」[102]所致，故不能自圓其說：

> 然若就理論本身看，則戴氏雖謂「理義」屬性，然其釋「理義」則步步化歸於「利害」觀念，而又以為「有血氣夫然後有心知」，則所謂「性」中之「理義」並非道德意志或自覺之謂。「理義」不過是人由「心知」或「智」所認知之事實性質及規律；此種性質或規律本身原無善惡可說；而所謂「善」者，即繫於本能之要求——如懷生畏死飲食男女之類，則在戴氏眼中，人之行為在方向上說，皆只順動物性之本能欲求而動。「智」不過有利於本能欲求之滿足；如此，則戴氏雖反荀子，其眼中之人「性」基本上只動物本能——但多一智而已，此則又與荀子眼中之性相近。[103]

> 戴氏確以為人之意志及行為之方向，均是求本能欲求之滿足；但在戴氏自己之語言中，此種方向不稱為「惡」。戴氏既以「不爽失」、「不踰其限」等語說「善」一面，則其所謂「惡」，自即通過「爽失」、「踰限」等義定其意義；如此，則戴氏之說終非「性惡論」。荀子以種種動物

---

102 勞思光：《新編中國哲學史》（三下），頁842。
103 勞思光：《新編中國哲學史》（三下），頁843。

性本能要求為「惡」，而又以此為「性」之內容，故說「性惡」；戴氏則未嘗以本能之欲為「惡」，故與荀子不同。此細觀戴說所應有之結論也。[104]

若以「欲」為善，則「私」或「不私」當仍以能否合乎「欲」之要求而斷為「善」或「不善」。換言之，「善」之意義既通過「欲」說，則「不私」未必是「善」，因「不私」未必能滿足「欲」，且常與「欲」之要求衝突也。「不私」之意義不能解為形軀血氣之「欲」之一種，因形軀只有特殊感受，其為「私」乃當然如此。今若謂「欲」須加上「不私」條件方為「善」，則「善」之意義轉而在「不私」上成立，因有「私」生出「不善」，戴氏已明言之矣。如此，則善不善當視「不私」或「私」為斷；然此所謂「不私」，根本不能由形軀中尋得根據，於是必須轉向某不屬於「欲」之概念，則此豈非正指向宋儒所謂「理欲之分」？然戴氏固力反「理欲」之說，則其所謂「不私」畢竟由何種能力而可能？戴氏竟不能自圓其說矣。[105]

勞氏認為戴震將「理義」歸趨向「性」，又將「性」趨向「利害」，「有血氣夫然後有心知」，將「性」導向動物性本能，因此與荀子理路相近。但「性」趨向「利害」並不等於性惡，故荀子性惡論本指人的先天本性不受禮教約束導向性惡，屬本質

---

104 勞思光：《新編中國哲學史》（三下），頁843。
105 勞思光：《新編中國哲學史》（三下），頁844-845。

論；但戴震主張「私」、「蔽」行為為惡，則屬效果論，此與荀子不同。勞氏認為戴震以「欲」為善，以「私」及「蔽」為不善，則「私」或「不私」能不能滿足「欲」為判準來斷定「善」或「不善」，則「善」或「不善」重點便移至「私」或「不私」上成立，但此判斷並不能由形軀血氣中尋得根據，而必須立在「私」的道德價值判斷上，此分立豈非同於宋儒「理欲二分」論點？相顯之下，戴震反對「理欲二分」，但「私」或「不私」判準又需另立一不屬於此範疇的標準才能衡斷，故勞氏認為戴震無法自圓其說。縱使勞氏評議戴震理論「意義的混亂」，但仍然肯定政治主張是「尊重人民之需要」，以「欲」論及道德理論開啓政治思想，其言「戴氏之道德理論與其政治思想合觀，則此中有一極可注意之特色。傳統儒學，大抵將「成德之學」之原則擴大應用於政治生活上，故對政治生活之特性不明，而幾於以求人作聖賢為政治理想。此中病痛甚大；其最著者則不重民眾之需要及要求是也。是故依此路向以為政，決不能奠立民主政治之基礎。今戴氏則反其道而行之；其論德性亦以「欲」為主要觀念。此即將政治上「尊重人民之需要」一原則，逆溯而施於道德理論上，其結果是道德理論不能成立，然開啟政治思想上一新趨向。」[106]

　　綜上這些重要學者對戴震學的不同解讀，其立論點不同，所顯示的關懷點亦不同。總括而言，梁啟超稱許戴震「去蔽」、「求是」的精神與近世科學精神一致；胡適稱譽戴震治經「科

---

[106] 勞思光：《新編中國哲學史》（三下），頁848。

學方法」得「清學真精神」不愧為「清學宗師」；余英時著眼「義
理」和「考據」關係的探討，推崇戴震是儒家智識高峰第一人；
錢穆站在宋學立場批評戴震「還孔孟於孔孟，老釋於老釋」淪
為是一種「意見」。勞思光以「事實／價值」、「實然／應然」二
分框架批判戴震將「善」視為存有義，又做經驗事實描述，此
中以存有說明價值，以實然說明應然，「普遍」與「特殊」、「規
範」與「事實」等衝突皆無法消融。果如是，戴震治經如錢氏
評議如顧炎武「博學於文，行己有恥」為教，因此博學、心性
為兩橛？又如勞氏批判戴震「意義的混亂」以存有說明價值以
實然說明應然，造成義理系統中的衝突？

　　事實上，還原戴震所處的乾嘉時期，宋明義理典範轉移至
清代訓詁考據，經世考證群經為治是普遍共識，博學風氣乃是
當世風潮，戴震同乾嘉時代學者一樣運用的是訓詁考證的方
法。正誠如艾爾曼所言：

　　　《孟子字義疏證》的書名及其運用的方法都明顯反映出
　　考證研究對義理思想的衝擊。該書書名使用了專業術語
　　〝疏證〞一詞，這表明，他仍把自己的努力視為考據學
　　運動的一部分。閻若璩在詳細討論《古文尚書》的著作
　　書名中也曾使用過這一術語，戴震的《孟子》研究本質
　　上運用的是語言學方法，也即以訓詁考證學探求經典義
　　理。他從對理、氣、性、情的詳細考釋開始著手，認為
　　運用訓詁考證的方法，可以糾正朱熹及其他新儒家學者
　　對這些概念的錯誤解釋。戴震的《孟子》考證表明，新

的概念化和系統化方法也能夠提出一套系統學說，即
〝氣〞的哲學。[107]

　　如艾爾曼所言戴震透過「疏證」理、氣、性、情，提出「氣」
的哲學，以「訓詁考證學探求經典義理」應用於孟學建構，不
僅轉變清代由對原典主觀體證轉向實證考據，亦開創漢學治學
典範。[108]戴震由對《孟子》新釋，以儒學核心範疇進行疏證，
考覆字義證其本義，求之故訓通乎其詞，作出義理聞道的孟學
解釋。然而，戴震考稽名物、訓詁字義也絕非僅限考據，窮經
考古證其義理，返歸孔孟聖人之道才是終極目的，這不僅是時
代所趨也是戴震治經的方法，訓詁明而後義理明，實事求是致
用標準下，「道問學」亦即「尊德性」，因此博學與心性並未兩
橛，知識與道德實是融貫互釋，相融一體。再者，錢氏批評戴
震「懷生畏死、飲食男女之情」違背了「通人我泯己物之情」？
事實上，戴震早已明言：

　　孟子言「今人乍見孺子將入井，皆有怵惕惻隱之心」，然
　　則所謂惻隱，所謂仁者，非心知之外別「如有物焉藏於
　　心」也，已知懷生而畏死，故怵惕於孺子之危，惻隱於

---

107 （美）艾爾曼（Benjamin A Elman）（著）、趙剛（譯）:《從理學到樸學——
　　中華帝國晚期思想與社會變化面面觀》（南京：江蘇人民出版社，2013 年），
　　頁 13。
108 戴震以實證分析的方法也影響到後世的學者，如焦循《論語通釋》、阮元《性
　　命古訓》、陳澧《漢儒通義》、黃以周《經義比訓》、劉師培《理學字義通釋》
　　以至後來傅斯年《性命古訓辨証》都是以訓詁考據為工具建構自己的哲學
　　思想，從這意義來說，戴震《孟子字義疏證》確立了清代漢學哲學研究的
　　典範。

> 孺子之死，使無懷生畏死之心，又焉有怵惕惻隱之心？
> 推之羞惡、辭讓、是非亦然。使飲食男女與夫感於物而
> 動者脫然無之，以歸於靜，歸於一，又焉有羞惡，有辭
> 讓，有是非？此可以明仁義禮智非他，不過懷生畏死，
> 飲食男女，與夫感於物而動者之皆不可脫然無之，以歸
> 於靜，歸於一，而恃人之心知異於禽獸，能不惑乎所行，
> 即為懿德耳。古賢聖所謂仁義禮智，不求於所謂欲之外，
> 不離乎血氣心知。[109]

　　戴震清楚表述「己知懷生而畏死，故怵惕於孺子之危，惻
隱於孺子之死，使無懷生畏死之心，又焉有怵惕惻隱之心？推
之羞惡、辭讓、是非亦然。」誠然，耳目口鼻之「欲」與仁義
禮智之「理」，二者境界相較確有高下之別，然在飲食男女和仁
義禮智二者孰先孰後的關係問題上，戴震已明示真正的仁義禮
智是不離乎「血氣心知」之「欲」中體現，故不求於「欲」之
外。「己知懷生而畏死」，故怵惕孺子之危，惻隱孺子之死，惻
隱之心油然而生，從己懷生畏死想到他人生命同樣可貴而相
助，體現了推己及人的仁心實踐，同理可證，推之羞惡、辭讓、
是非也亦然，這不正是「通人我、泯己物」嗎？因此，戴震所
言仁義禮智德性之理、怵惕惻隱之心，都是立足在懷生畏死、
飲食男女角度立場而闡發。換言之，戴震指謂的怵惕惻隱之心
皆源自懷生畏死之「情」，懷生畏死正是人求生之「欲」，故「惻
隱之心」的「理」＝「懷生畏死之情」（血氣心知）＝「欲」，所

109　清·戴震：《孟子字義疏證》卷中〈性〉，《戴震全書》（六），頁184。

以「理」在「欲」中故「理存乎欲」。因此，戴震言「懷生畏死、飲食男女之情」既是「通人我泯己物之情」，又符合孔子推己及人仁愛主張，相顯之下錢穆對戴震的反批略顯立論不足。

至於，勞思光對於戴震哲學批駁在於對「理」的誤解，以致「性」與「私」、「蔽」概念關係產生混淆。果如是，戴震哲學概念混淆以致陷入困境？事實上，戴震已意識「實體實事」與「道德應然」價值區分的問題，程朱「存理滅欲」的道德成規導致形上「道德天理」不能顧及形下「道德情理」，故戴震將「道德天理」拉到人倫經驗世界，關懷人情事理中庶民「理欲合一」的道德實踐，故「通人我泯己物之情」亦無「私」、「蔽」混淆的問題。針對勞氏批評，若以還原戴震身處政治宰制下的清代背景，上位者美其名要求百姓奉守程朱官學「存理滅欲」道德規範，事實上卻仗以此行政治宰制之實便足以理解。因此，戴震哲學目的並非建構另一套新的權威標準，而要打破數百年奉為政治箝制的程朱官學，打倒離性違情一言堂式道德標準，特別在反程朱立論基礎上提出「理存乎欲」、「以情絜情」，開創「達情遂欲」清代情性新倫理。所以，在戴震哲學中「事實／價值」、「實然／應然」的絕對區分並不成立，存有與價值意義亦不截然判分，以存有說明價值，以實然說明應然，綰合為一。

三、戴震「情理論」源流

誠如前述戴震學詮釋以觀，梁啟超、胡適、余英時三先生分別以「科學界先驅者」、「理智科學精神」、「儒家智識發展高

峰」推崇戴震智識精神，然必須注意的，戴震學的豐富性並非
僅限在智識的取向。因為，就戴震著作《原善》、《緒言》、《孟
子私淑錄》、《孟子字義疏證》皆是義理之作，撰著目的即在廓
清「存理滅欲」返歸聖人之道為宗旨，雖然戴震是理智主義的
哲學家，但更不能忽視他是關懷庶民生活，重視「情欲」道德
的倫理家，亦正如梁啟超所言：

> 《疏證》一書，字字精粹，右所錄者未盡其什一也。綜
> 其內容，不外欲以「情感哲學」代「理性哲學」；就此點
> 論之，乃與歐洲文藝復興時代之思潮之本質絕相類。蓋
> 當時人心，為基督教絕對禁慾主義所束縛，痛苦無藝，
> 既反乎人理而又不敢違，乃相與作偽，而道德反掃地已
> 盡。文藝復興之運動，乃採久閟室之「希臘的情感主義」
> 以藥之。一旦解放，文化轉一新方向以進行，則蓬勃而
> 莫能禦。戴震蓋確有見於此，其志願確欲為中國文化轉
> 一新方向；其哲學之立腳點，真可稱二千年一大翻案；
> 其論尊卑順逆一段，實以平等精神，作倫理學上一大革
> 命。其斥宋儒之糅合儒佛，雖辭帶含蓄，而意極嚴正，
> 隨處發揮科學家求真求是之精神；實三百年間最有價值
> 之奇書也。震亦極以此自負，嘗曰：「僕生平著述之大，
> 以《孟子字義疏証》為第一。[110]

宋明以來之主觀的理智哲學，到清初而發生大反動，但

---

110 梁啟超：《清代學術概論》，頁 68-69。

> 東原以前大師所做的不過破壞工夫，卻未能有所新建
> 設，到東原之提出自己獨重情感主義，卓然成一家言。[111]

即同梁啟超所言，戴震發揮科學求真求是精神，立基在人性平等基礎上做倫理學革命，以「情感」涵攝「情欲」，獨重「情感主義」為中國文化翻轉新方向。縱使當代戴震學詮釋多元，惟有梁啟超特別讚譽《孟子字義疏證》以「情感哲學」取代「理性哲學」，相對於其他詮釋型態，特有洞見實屬可貴。

誠如梁啟超推崇戴震以「情感哲學」代「理性哲學」，以「理存乎欲」、「達情遂欲」開拓清代情欲倫理新貌。何以戴震獨重「情感主義」為二千年一大翻案？要以「情感哲學」取代「理性哲學」？依循戴震返歸孔孟聖人之道的脈絡即可知，儒家以人做為道德主體，關乎生命實存「情感」，以「仁」為核心便是建立在仁者愛人的道德實踐上，「仁」不只是做為人的本質，也是道德情感，更是道德實踐的理性範疇。孔子提倡詩書禮樂人文教化，即是以「情」做為禮樂之源，因此性情之教的二大原則：盡可以興到而心明，情抒而性顯[112]，正是要陶冶人心、教化性情。「情抒而性顯」不僅強調「仁」，更著重生命情感與理性的「情理」合諧。誠如唐君毅、蒙恬元所言：

> 先秦儒學之傳中，孔孟之教原是性情之教，《中庸》、《易

---

111 梁啟超：〈戴東原生日二百年紀念會緣起〉，《飲冰室文集》之四十，收入《飲冰室合集》（五），頁40。
112 程兆雄：《儒家思想—性情之教》（台北：明文書局，1986年），頁17。

傳》諸書，皆兼尊人之情性，如《中庸》言喜怒哀樂之
發而中節謂之和，明是即情以見性德之語。[113]

> 儒家的理性是情理，即情感理性而不是與情感相對立的
> 認知理性。……儒家的理性是有情感內容的，是「具體
> 理性」而不是純粹形式的抽象理性。與西方哲學情感與
> 理性對立起來的二元論哲學以及視情感為純粹私人的、
> 主觀的、非理性的情感主義倫理學相比較，儒家重視情
> 感共同性、普遍性，因而主張情感與理性的同一。這是
> 儒家哲學的大特點。[114]

儒家重視是「情理」，尊重「人」的「情性」，是情感的共
同普遍性，性情之教所強調「情感理性」正是「即情以見性德」
情感與理性的圓融。回溯「情理論」的源流，先秦許多文獻皆
論及「情」[115]。如《論語・子路》：「上好信，則民莫敢不用情。」、

---

113 唐君毅：《中國哲學原論──原道篇（二）》（台北：台灣學生書局，1978 年），
　　頁 80。

114 蒙培元：《情感與理性》（北京：中國社會科學出版社，2002 年），頁 2。

115 （英）葛瑞漢（A.C.Graham）主張在先秦文獻「情」定義為「質實」（essential）
　　或「情實」（genuine）之義，而做為情感（passions）解釋的「情」，到宋
　　代以後才出現。葛瑞漢「essential」說詳參見 A. C. Graham, *Studies in Chinese
　　philosophy & philosophical Literature*（Singapore：The Institute of East Asian
　　Philosophies, c1986）p.59ff.另外，信廣來（Kwong-loiShun）認為在中國早
　　期文獻中「情」的理解，不會僅有一種說法。在《孟子・告子上》第六章
　　關於「情」的用法，他認為至少三種不同的解釋已經被提到。首先，朱熹
　　把「情」理解成與「性」的活動（activation）有關，這種活動採用了情感
　　的形式，從這種活動中「性」能夠被認識。其次，戴震把「情」看做「實」
　　是物真正所是的東西。把「情」作為真正所示的東西（what is genuine）。
　　第三，在早期文獻中，「情」與「性」常常是可以互換的。在《告子上》第

《論語‧子張》：「如得其情，則哀矜而勿喜。」、《論語‧顏淵》：「仁者愛人。」、《論語‧衛靈公》：「己所不欲，勿施於人。」又如《孟子‧告子上》：「乃若其情，則可以為善矣，乃所謂善也。」、「以為未嘗有才焉者，是豈人之情也哉？」、《孟子‧滕文公上》：「夫物之不齊，物之情也。」、《孟子‧離婁上》：「聲聞過情，君子恥之。」《荀子‧正名》：「性者，天之就也；情者，性之質也。欲者，情之應也。以所欲為可得而求之，情之所必不免也。」、《禮記‧中庸》：「喜怒哀樂之未發，謂之中；發而皆中節，謂之和。」、《禮記‧禮運》：「飲食男女，人之大欲存焉。」、《禮記‧樂記》：「人生而靜，天之性也。感於物而動，性之欲也。物至知知，然後好惡形焉。」等等，這些攸關「情性」的討論都證明儒家「情抒而性顯」的性情之教淵遠流長。先秦儒家重視「情」，無論是情實或情感或情緒[116]，皆是道德主體「情」豐富內容的展現，故儒家成德教化在於「人」的「情性」，「即情以見性德」所關注正是真實活潑的具體生命。

　　「情理論」自先秦儒家以降歷經朝代更迭產生了不同延續與轉折，[117]這些文獻指涉的是實情的「情」？性情的「情」？

六章中，「情」有與「性」相同的含義。詳見（美）本杰明‧史華茲（Benjamin I.Schwartz）（著）、程鋼（譯）、劉東（校）：《古代中國的思想世界》（南京：江蘇人民出版社，2004年），頁 208。

116　歐陽禎人：《先秦儒家性情思想研究》一書中認為「中國先秦時期的傳世文獻中，『情』字的意涵絕大多數並不是情感的『情』，而是情實、質實的意思。」又「質實往往指事物，而情實往往是針對性情、人品、德性而言的。」詳見歐陽禎人：《先秦儒家性情思想研究》（武漢：武漢大學出版社，2005年），頁 86、頁 90。

117　陳昭瑛：〈「情」概念從孔孟到荀子的轉化〉一文指出先秦儒家美學中「情」概念至荀子思想產生突破，亦即到了荀子「情」概念才開始取得美學意義。

是道德主體內涵「情」？是美學內涵的「情」？其內容是人的「性情」、「實情」或包涵「情感」、「情緒」等等？無論如何皆證明先秦孔孟荀、《禮記》、《中庸》、《樂記》重視「情」。此後「情理論」開始變化，從漢代至魏晉時期主張「性善情惡」以「貴性絀情」，如漢代董仲舒《春秋繁露・深察名號》所載：

> 人之誠有貪有仁，仁貪之氣兩在於身。身之名取諸天，
> 天兩，有陰陽之施，身亦兩，有貪仁之性；天有陰陽禁，
> 身有情欲衽，與天道一也。[118]

董仲舒認為天地陰陽之氣降於人，則為「性」、「情」之兩端，「性」為仁、陽；「情」為貪、陰，故「性陽情陰」，「情欲」在此做為「陰」、「惡」的表徵，如是「性善情惡」、「尊性賤情」成為漢代普遍性情論述的共識。直至魏晉之際，老莊思想盛行，效法天理本乎自然，貪欲乃是人為造作而生，聖人體道究竟是「有情」、「無情」辯論不休。魏晉名士何晏主張「聖人無情」，而王弼主張「聖人有情」，二人主張立場不同：

在《論語》和《孟子》兩書，「情」概念皆指涉「誠實」、「實情」之意思。而荀子論情在兩個層次，一是人性論的層次，一是美學的層次。先秦儒學「情」概念的轉化發生於荀子。荀子論情保留了《論語》、《孟子》中兩種「情」的內涵，即實情的「情」和性情的「情」。荀子的轉化主要表現在他賦予「情」另外兩個內涵，即具有道德主體內涵的「情」以及具有美學內涵」。這兩者都與我們目前所理解的作為「感情」、「情感」、「情緒」的「情」有關。詳見陳昭瑛：〈「情」概念從孔孟到荀子的轉化〉，《法鼓人文學報》第 2 期（台北：法鼓人文社會學院，2005 年），頁 25-39。

118 漢・董仲舒：《春秋繁露・深察名號》（上海：上海古籍出版社，1989 年），頁 266。

> 何晏以為聖人無喜怒哀樂，其論甚精，鍾會等述之。弼
> 與不同，以為聖人茂於人者神明也，同於人者五情也。
> 神明茂，故能體沖和以通無；五情同，故不能無哀樂以
> 應物。然則聖人之情，應物而無累於物者也，今以其無
> 累，便謂不復應物，失之多矣。[119]

　　何晏將聖人意義定位為對「道」之歸從，以虛靜心靈對「道」的體會，得出聖人心無所有與「道」之無所有相照相知，因此「聖人無情」，說明聖人無喜怒哀樂牽累於情纏，所以情不應物，以道體為所歸。而相對地，王弼「聖人有情」觀點表面上談聖人之情，實質上突顯「無累」乃精神工夫之境界，聖凡之所以不同在於聖人體證形而上「無」之境界。換言之，聖人身具「五情」與凡人無異，故「不能無哀樂以應物」，雖然「聖人有情」，然「神明茂」故能「體沖和」以通「無」，應物無累於物，體現通達本體「無」的境界。縱然，何晏、王弼皆同主張聖人無累，實則二人對「情」的看法觀點不同。

　　魏晉以降「情理論」的發展，從探討聖人對「情」之有無、「道」之本末、體用之爭議，一直至唐代李翱出現，直言無諱「性」是善，「情」是惡，提出「滅情復性」教人修身以至聖：

> 人之所以為聖人者，性也；人之所以惑其性者，情也。

---

119 見於《三國志・魏書・鍾會傳》卷二十八，裴松之注引何劭《王弼傳》《魏晉玄學論稿》，收入魯迅、容肇祖、湯用彤：《魏晉思想》乙編三種（台北：里仁書局，1995年），頁75。

> 喜怒哀懼愛惡欲七者，皆情之所為也。情既昏，性斯匿
> 矣。非性之過也，七者循環而交來，故性不能充也。水
> 之渾也，其流不清；火之煙也，其光不明；非水火清明
> 之過。沙不渾，流斯清矣；煙不鬱，光斯明矣。情不作，
> 性斯充矣。性與情不相無也。雖然，無性則情無所生矣。
> 是情由性而生，情不自情，因性而情；性不自性，由情
> 以明。性者，天之命也，聖人得之而不惑者也。情者，
> 性之動也，百姓溺之而不能知其本者也。[120]

　　李翱辨明「性」、「情」關係與本質，認為「性」迷惑於喜
怒哀懼愛惡欲「七情」，故無法充分展現成聖。聖人因體會「性」
的超越，因此不為「情」迷惑，而百姓陷溺「情」的障蔽，故
不能探求「性」，因此教人恢復本性即在「滅情」以「復性」。
其後，「情理論」討論至宋明之際轉向「理氣論」的道德體證上
探討，儒者透過心性涵養工夫探究形上「道德天理」，視「性」
為形上本體亦是道德本體，將「性」區分「天命之性」（義理之
性）至純至善；「氣質之性」理氣雜成，有清濁、厚薄、昏明，
故有善惡之分，建構起以「理」為核心範疇的體系。如北宋二
程言：

> 人心私欲，故危殆。道心天理，故精微。滅私欲則天理

---

120 李翱思想援佛入儒、以儒融佛，自覺意識到要「以佛理證心」（《與本使楊
　　尚書請停修寺觀錢狀》即用佛家方法來修養儒家的心性，寫下了著名《復
　　性書》上中下三篇。《復性篇》以孟子性善說和《中庸》性命說為依據，吸
　　收禪宗「見性成佛」的觀點和「無念為宗」修習方法，建造了獨特的「性
　　情論」和「修身論」。除此，李翱推崇孟子、著力弘揚《中庸》對其後宋明
　　儒學影響性極大。唐・李翱：《復性書》，《李文唐李文公集》（東京：古典
　　研究會，1977年），頁818。

明矣。[121]

　　明道曰：「稟於天為性，感為情，動為心。」伊川則又曰：
　　「自性之有形者謂之心，自性之動者謂之情。」。[122]

　　即如程顥「天為性，感為情，動為心」、程頤「滅私欲則天
理明」的性情主張，「天為性，感為情」、「性之動者謂之情」，
形上之「性」不可見，必須由「心」之作用，由「情」來展現，
所以「情」的實有存在性由形上之「性」來決定。然而二程並
沒有提出系統性的說法，直到其後南宋朱熹直言「天即理也，
命即性也，性即理也」提出系統性的性情主張：

　　性則就其全體而萬物所得以為生者言之，理則就其事事
　　物物各有其則者言之。到得合而言之，則天即理也，命
　　即性也，性即理也。[123]

　　性者，心之理；情者，心之動；心者，性情之主。[124]

　　性是未動，情是已動，心包得已動未動。蓋心之未動則

121　宋・程顥、程頤：《二程遺書》卷 24（上海：古籍出版社，2000 年），頁
　　369。
122　宋・程顥、程頤：《二程遺書》卷 24，頁 370。
123　宋・朱熹：〈性情心意等名義〉，《朱子語類》（一）卷第五，收入《朱子全
　　書》十四冊（上海古籍出版社，2002 年），頁 215。
124　〈性情心意等名義〉，《朱子語類》（一）卷第五，收入《朱子全書》十四冊，
　　頁 224。

> 為性，已動則為情，所謂「心統性情」也。[125]

> 欲是情發出來底。心如水，性猶水之靜，情則水之流，欲則水之波瀾。[126]

　　朱熹將「性」解為「理」，以形上價值建立「性即理」本體論[127]，天即「理」，命即「性」，在心喚做「性」，在事喚做「理」，萬物稟氣成形皆是「性」的表現。即如是，朱熹以「心」做為虛明洞徹主宰，貫通「性」、「情」動靜，在人為道德主體的概念下安頓「心統性情」之關係。朱子言「性」、「情」之別是建立在存有論的理氣二分判準上，「心統性情」架構下，「性」做為靜態之理，是形而上「只存有而不活動之理」[128]，本體「心」

125　〈性情心意等名義〉，《朱子語類》（一）卷第五，收入《朱子全書》十四冊，頁229。
126　〈性情心意等名義〉，《朱子語類》（一）卷第五，收入《朱子全書》十四冊，頁229。
127　中國哲學形上學問題意識中關於終極價值意義的問題在傳統上以「本體」概念在指稱，以「本體」概念使用作為形上學終極價值意識之學，確定形上學問題意識脈絡中的本體論與宇宙論概念。在中國哲學的形上學問題中還有關於整體存在界的總原理的概念定義，即「理、氣、心、性、情、才、欲」概念間關係，涉及價值意識的本體論問題幾乎等於形上學這個概念，而本文所持此概念乃著意於此。
128　牟宗三判宋明理學為三系說：「五峰蕺山系」、「伊川朱子系」、「象山陽明系」，據分系說關鍵乃針對朱子在宋儒上地位的分判，認為朱子學統上承伊川，以《大學》為主，而與《中庸》、《易傳》、《論語》、《孟子》、所論之道體、性體產生偏離轉向，僅收縮在「只存有而不活動」之本體論之理，相形之下與明道、五峰承《中庸》、《易傳》，陸王之學承《論語》、《孟子》之道德工夫進路不同，在偏離與轉向上特重後天之涵養與格物致知的修養進路，牟先生因判「伊川朱子系」為「橫攝系統」、「靜涵靜攝系統」，伊川朱子系之「理」是「只存有而不活動」。相關之見請參見牟宗三：《心體與性體》（一）（台北：正中書局，1993年），頁58-59。另外，頁96，牟先

無不善，不善乃因「情」遷於物所然，所以「情」為「性」之
所發，由「心」宰制「情」，不恰便有「人欲」流肆而出[129]，因
此朱熹教人在「心」體認做省察工夫：

> 聖賢千言萬語，只是教人明天理，滅人欲。[130]

> 人之一心，天理存，則人欲亡；人欲勝，則天理滅，未
> 有天理人欲夾雜者學者須要於此體認省察之。[131]

> 要須驗之此心，真知得如何是天理，如何是人欲。幾微
> 間索理會。此心常常要惺覺，莫令頃刻悠悠憒憒。[132]

> 只是這一個心，知覺從目之欲上去，便是人心；知覺從
> 義理上去，便是道心。人心則危而易陷，道心則微而難
> 著。[133]

> 故聖人不以人心為主，而以道心為主。蓋人心倚靠不得。
> 人心如船，道心如柁。任船之所在無所向；若執定柁，

生也論朱子之「存在之理」也可說是實現之理，是靜態的，以「只存有而
不活動」。

129 宋・朱熹〈力行〉：「有個天理，便有個人欲。蓋緣這個天理須有安頓處；
才安頓得不恰好，便有人欲出來」，《朱子語類》（一）卷第十三，收入《朱
子全書》十四冊，頁388。

130 〈持守〉，《朱子語類》（一）卷第十二，收入《朱子全書》十四冊，頁367。

131 〈力行〉，《朱子語類》（一）卷第十三，收入《朱子全書》十四冊，頁388。

132 〈力行〉，《朱子語類》（一）卷第十三，收入《朱子全書》十四冊，頁391-392。

133 〈大禹謨〉，《晦庵先生朱文公文集（三）》卷七十八，收入《朱子全書》十
六冊，頁2663。

則去住在我。[134]

　　朱熹認為天理存則人欲亡；人欲勝則天理滅，「天理」與「人欲」必須上溯以「道心」做為道德判斷。朱熹示人「革盡人欲，復盡天理。」[135]由「道心」制衡人欲，安頓天理，由「人心」復歸「道心」惺覺求其放心。足以見，程朱將「性理」與「情欲」對峙，「滅私欲則天理明」、「明天理，滅人欲」，道德體證即落在超越形上的抽象天理，忽略了形下生命「性」、「情」的本然價值，「性善」而「賤情」；「存理」而「滅欲」亦就無法導正天人之際「道德情理」的抒發。

　　明代王陽明「心即理」主張一切從心出發，用「良知」代替「天理」。良知本體即是形上道德本體，主體自覺「致良知」自可知天理，「性」從情感意向言，「性」之發用為「情」，「性」是絕對超越至善之體，故「情」是良知的障蔽：

　　　喜怒哀懼愛惡欲，謂之七情，七者具是人合有的，但要認得良知明白。比如日光，亦不可指著力斫，一隙通明，皆是日光所在：雖雲霧四塞：太虛中色象可辨，亦是日光不滅處：不可以雲能蔽日，教天不要生雲。七情順其自然之流行，皆是良知之目，不可分別善惡；但不可有

---

134 〈大禹謨〉，《晦庵先生朱文公文集（三）》卷七十八，收入《朱子全書》十六冊，頁2663。

135 〈力行〉，《朱子語類》（一）卷第五，收入《朱子全書》十四冊，頁390。

所著。七情有著俱謂之欲，俱為良知之蔽。[136]

　　陽明在這強調了良知主宰義，喜怒哀懼愛惡欲「七情」俱之是「欲」，是良知的障蔽，但是雖有障蔽之時，只要「致良知」自能自覺，覺則蔽去，便能恢復吾心良知無滯澄明的本體，故示人「學是學去人欲，存天理」[137]。綜上以觀，宋明理學發展至此，以「理」為本體的論述可謂臻達完備，這之間一脈相承皆以「滅欲」做為絕對道德的價值標準。縱然「存理滅欲」在明代依舊盛行，但不可否認「情理論」發展至明末，一股理學的批判思潮蘊釀已久正開始俟機而動，從「十七世紀以降的文化走向，將之分為兩大流派，一是情欲論述，一是禮教反省。」[138]明末之後對於性情論述討論，有繼承、有蛻變亦有思辨批判，如宋明理學殿軍的劉宗周即提出不同主張：

　　　或曰天地之間先有此理乃生氣否？曰理只是氣之理，有
　　　是氣方有是理，非理能生氣也，但既有是理，則此理尊
　　　而無上，遂足以為氣之主宰，氣若其所從出者。[139]

　　　或問理為氣之理，乃先儒謂理生氣，何居？曰有是氣，

136 明・王陽明：《陽明全集・傳習錄下》（上海：古籍出版社，1992 年），頁111。

137 明・王陽明：《陽明全集・傳習錄上》，頁200。

138 張壽安：〈我欲立情教，教誨諸眾生──跨越時空論「達情」〉，（序言）〉，收入在熊秉真、張壽安（編）：《情欲明清──達情篇》（台北：麥田出版，2004年），頁10。

139 明・劉宗周：〈遺編學言〉，《劉子全書及遺編》卷二，下欄左（京都：中文出版社，1981 年），頁986。

> 方有是理，無是氣，則理於何麗？但既有是理，則此理
> 尊而無上，遂足以為氣之主宰，氣若其所從出者，非理
> 能生氣也。[140]

> 心與意為定名，性與情為虛位。喜怒哀樂，心之情；生
> 而有此喜怒哀樂之謂性。好惡，意之情；生而有此好惡
> 之謂性。蓋性情之名，無往而不在也。即云「意性」、「意
> 情」亦得。意者，心之意也；情者，性之情也。[141]

　　劉宗周提出「氣之主宰」，「理只是氣之理」的觀點，理必
在氣中顯見，故理以氣做為主宰，有氣才有理之生，強調「理
氣合一」。劉宗周認為「性」即「情」，「情」即是「性」，二者
不是對立的概念，「情」和「性」具有相同指涉，二者是融貫無
間，所以主張「即性言情」，「即情即性」體用一源。再者，劉
宗周思想中「情」的意義，緊扣著形而上實體（性體、心體、
意體、獨體）而言，特別以「生之情」稱之，實指「喜怒哀樂」，
此乃「第一義」之「情」它具有獨立的意義與獨特的意涵，可
稱之為「根源性之情」或「先天之情」，在這個意義下「性」與
「情」同質同層，不可離析而分言。[142]。至於一般而言的「感
性」之「情」（如「七情」），已是「第二義」的「後天之情」。
故由「情」的字義訓詁到義理概念之解析，已拆解朱熹「性情」

---

140 明·劉宗周：〈學言中〉，《劉子全書及遺編》卷十一，上欄左，頁164。
141 明·劉宗周、戴璉璋、吳光（主編）：〈商疑十則答史子復〉，《劉宗周全
　　書》第二冊（台北：中央研究院中國文哲研究所，1996年），頁405。
142 林月惠：〈從宋明理學的「性情論」考察劉蕺山對《中庸》「喜怒哀樂」的
　　詮釋〉，《中國文哲研究集刊》第25期（2004年9月），頁192。

異質異層的區分與「未發為性，已發為情」二元思考。換言之，劉宗周把「道德理性」同「心理情感」統一，這在一定程度上克服了朱熹以心之體用分性情的雙重化矛盾，也克服了王陽明的良知即是天理又是知覺的矛盾。[143]

劉宗周之後，清初黃宗羲亦宗隨其師提出「氣論」主張，其謂「天地間祇有一氣，其升降往來即理」：

> 不知天地間祇有一氣，其升降往來即理也。人得之以為心，亦氣也。氣若不能自宰，何以春而必夏、必秋、必冬哉！草木之榮枯，寒暑之運行，地理之剛柔，象緯之順逆，人物之生化，夫孰使之哉？皆氣之自為主宰也。以其能主宰，故名之曰理。[144]

> 形色，氣也；天性，理也。有耳便自能聰，有目便自能明，口與鼻莫不皆然，理氣合一也。[145]

> 先儒之言性情者，大略性是體，情是用；性是靜，情是動；性是未發，情是已發。程子曰：「人生而靜以上不容說。纔說性時，他已不是性也。」則性是一件懸空之物。

143 余安邦：〈情義論述：晚近人為社會科學的若干觀察〉，《漢學研究通訊》第78期（2011年），頁14。

144 清・黃宗羲：〈恭簡魏莊渠先生校〉，《明儒學案》卷三，收入在《黃宗羲全集》第七冊（台北：里仁書局，1987年），頁46。

145 清・黃宗羲：〈形色章〉，《孟子師說》，收入戴璉璋、吳光（主編）：《劉宗周全集》第四冊（台北：中央研究院中國文哲研究所籌備處，1996年），頁756。

> 其實孟子之言，明白顯易，因惻隱、羞惡、恭敬、是非
> 之發，而名之為仁、義、禮、智，離情無以見性，仁、
> 義、禮、智是後起之名，故曰「仁、義、禮、智根於心」。
> 若惻隱、羞惡、恭敬、是非之先，另有源頭為仁、義、
> 禮、智，則當云心根於仁、義、禮、智矣。是故性情二
> 字分析不得，此理氣合一之說也。體則情性皆體，用則
> 情性皆用，以至動靜已未發皆然。[146]

　　從劉宗周、黃宗羲相繼提出「氣論」主張，已然轉變宋明
理學形上超越義，轉以「氣」做為宇宙主宰，在「氣」升降往
來下，春夏秋冬得以運轉，草木自然有榮枯，寒暑自然更迭，
地理之剛柔、象緯之順逆、人物生化皆能自生自長。黃宗羲否
定形上的道德本體，主張形色是「氣」；天性是「理」，「性」是
生命內在心理情感，「性」即是「情」，「情」即是「心」，心性
情合一。黃宗羲反省程朱以體用、靜動、未發已發二分論「性」、
「情」，反對理氣二分、性情分立，強調「離情無以見性」，因
此惻隱、羞惡、恭敬、是非是「情」，仁、義、禮、智是「性」，
二者關係是「即情即性」，情性皆為體用，故力主「理氣合一」。
足以見，黃宗羲確立道德主體論思想，四端之心是生而俱有，
本來存在的；仁義禮智之性雖是後起之名，卻根源於人心，即
四端之情；四端之情就是先驗道德人性。[147] 故黃宗羲所謂的
「情」是四端之情，是道德情感；「性」即是道德情感理性化。

---

146 清・黃宗羲：〈公都子問性章〉，《孟子師說》，收入戴璉璋、吳光（主編）：
　　劉宗周《劉宗周全集》第四冊，頁 730。
147 蒙培元：《中國心性論》（台北：台灣學生書局，1990 年），頁 454-456。

繼劉宗周、黃宗羲之後，清初理學家陳確亦受到「氣論」的影響，也否定形上「性本體」，在心性論闡釋上更直截主張「天理皆從人欲中見」：

> 蓋天理皆從人欲中見，人欲正當處，即是理，無欲又何理乎？孟子曰：「可欲之謂善。」佛氏無善，故無欲。生，所欲也，義，亦所欲也，兩欲相參，而後有舍生取義之理。[148]

> 一性也，推本言之曰天命，推廣言之曰氣、情、才，豈有二哉！由性之流露而言謂之情，由性之運用而言謂之才，由性之充周而言謂之氣。[149]

> 《中庸》以喜怒哀樂明性之中和，孟子以惻隱、羞惡、辭讓、是非明性之善，皆就氣、情、才言之。氣、情、才皆善，而性之無不善，乃可知也。孟子曰「形色天性也」，而況才、情、氣質乎！氣、情、才而云非性，則所謂性，意是何物？非老之所謂無，即佛之所謂空矣。[150]

> 故踐形即是復性，養氣即是養性，盡心、盡才即是盡性，非有二也，又烏所睹性之本體者乎？[151]

---

148 清‧陳確：〈別集卷五‧瞽言四〉，《陳確集》（一）（台北：漢京文化，1984年），頁149。

149 清‧陳確：〈別集卷四‧瞽言三〉，《陳確集》（二），頁451-452。

150 清‧陳確：〈別集卷四‧瞽言三〉，《陳確集》（（二），頁454。

151 清‧陳確：〈別集卷四‧瞽言三〉，《陳確集》（二），頁454。

陳確認為「性」不可見，徹底地把「氣」、「情」、「才」視為人之「性」，所謂的「情」就是人的心理情感，是人性具體的表現狀態。「性」善等同「氣」、「情」、「才」為善，故《中庸》喜怒哀樂顯明「性」之中和；孟子「即心言性」以惻隱、羞惡、辭讓、是非之心彰顯「性」善。因此，陳確主張「人欲」是正當必要，「天理皆從人欲」中展現，故「欲」為「理」，滅「欲」豈有「理」可言？反對宋明儒「天命之性」、「氣質之性」二分，因為「性之善，不可見，分見于氣性才」[152]，故「情」、「才」與「氣」皆是「性」的良能體現，先天本具善性「惟其為善而無不能，此以知其性無不善也」[153]，所以「踐形復性」養氣養性，盡「心」盡「才」即是盡「性」。此後，王夫之依循此脈絡進一步探究「理」、「欲」、「氣」之關係，其云：

> 天理充周，原不與人欲相為對壘。理至處，則欲無非理；欲盡處，理尚不得流行，如鑿池而無水，其不足以畜魚者，與無池同。[154]

> 人之施諸己者不願，則以此絜彼，而知人之必不願也，亦必勿必施焉。以我自愛之心而愛人之理，我與人同乎其情，則又同乎其道也。人欲之大公，即天理之至正矣。[155]

---

152 清‧陳確：〈別集卷四‧瞽言三〉，《陳確集》（二），頁 452。
153 清‧陳確：〈別集卷五‧瞽言四〉，《陳確集》（二），頁 456。
154 清‧王夫之：《讀四書大全說》卷六（台北：中國船山學會、自由出版社，1972 年），頁 27。
155 清‧王夫之：《四書訓義》卷三《船山全書》（長沙：嶽麓書社，2000 年），頁 170。

　　王夫之指出「天理與人欲不相對壘」主張「理欲統一」,「人
之施諸己者不願,則以此絜彼」,以自愛之心將心比心愛人,人
同此心,心同此理。「我與人同乎其情,則又同乎其道」,即在
「人欲」中推己及人證其「天理」至正。因此,王夫之勉勵人
持以德性修為的自覺,盡「性」以合天,其言:「身者道之用,
性道之體。合氣質攻取之性,一為道用,則以道體身成;大其
心以盡性,熟而安焉,則性成。」[156]如此仁道為一體,便可使
身性仁熟而身心安適。之後,倡實踐力行哲學的顏元亦主張「舍
形則無性矣,舍性亦無形」:

　　　若謂氣惡,則理亦惡;若謂理善,則氣亦善。蓋氣即理
　　　之氣,理即氣之理,焉得謂理純一善,而氣質偏有惡哉!
　　　[157]

　　　形,性之形也。性,形之性也。舍形則無性矣,舍性亦
　　　無形矣。[158]

　　　不惟氣質非吾性之累害,而且舍氣質無以存養心性。[159]

　　顏元主張理善則氣善,氣惡則理惡,「氣質之性」即是「性」

---

156 清・王夫之:〈中正篇〉,《張子正蒙注》(台北:世界書局,1970 年),頁
　　118。

157 清・顏元:〈駁氣質之性〉,《存性篇》卷一,《四存編》(台北:世界書局,
　　1984 年),頁 1。

158 清・顏元:〈喚迷途〉,《存人篇》卷一,《四存編》,頁 138。

159 清・顏元:〈性圖〉,《存性篇》卷二,《四存編》,頁 30。

的實質內涵，以「氣即理之氣，理即氣之理」之「理氣合一」做為天道論的架構，批判宋明儒「天命之性」、「氣質之性」二分，捨棄「氣質之性」是無以存養心性，因此力主「性形不二」人性論。尤以進者，顏元舉目之例駁斥「氣質之性」是惡說：

> 譬之目矣；眶、皰、睛，氣質也；其中光明能見物者，性也。將謂光明之理專視正色，眶、皰、睛乃視邪色乎？余謂光明之理固是天命，眶、皰、睛，皆是天命，更不必分何者是天命之性，何者是氣質之性；只宜言天命人以見性；光明能視即目之性善；其視之也則情之善，其視之詳略遠近則才之強弱，旨不可以惡言。蓋詳且遠者固善；即詳且遠者固善；即略且近亦第善不精耳，惡於何加！惟因有邪色引動，障蔽其明，然後有淫視而惡始名焉。然其為之引動者，性之咎乎，氣質之咎乎？若歸咎於氣質，是必無此目而後可全目之性矣！[160]

　　顏元強調「氣質之性」的作用，認為「氣質」即「形」，目之眶皰睛「形」也；光明能見物者「性」也，「性」非為形上道德之主體，是人生而後之「性」，故只能在「情」、「才」中見；「情」、「才」只能在氣質形體中見。所謂「情」指情感；「才」指才質，「情」、「才」都是人性實然的內容，「情」和「欲」是分不開，因此主張「以情為性」、「以欲為性」，由於「情」、「才」、「欲」和形體密不可分，是生命具有的質能，因此顏元很重視

---

160 清‧顏元：〈駁氣質性惡〉，《存性篇》卷一，《四存編》，頁3。

「踐形」，也就是感性的實踐活動。[161]

　　誠然，「情理論」內在的脈絡歷歷可循，明末以降儒者重視的是「氣質之性」，無論從劉宗周、黃宗羲、陳確乃至王夫之、顏元，足以見當世思潮在一片瀰漫重「氣」、輕「理」、倡「欲」的聲浪中，這些理學家皆試圖提出迥異於宋明儒的道德形上體證，跨越「尊德性」義理的追求，邁入另一個「車同軌」嶄新階段。[162]「情理論」發展至乾嘉時期的戴震，重新召喚「情」、「欲」的道德動力，賦予「情理」的道德新價值。戴震建立「達情遂欲」的「道德情理」關懷，果真以「情感」涵攝「情欲」？事實上，追溯身處的歷史背景，上位者一直以程朱理學尊奉為官學，以「存理滅欲」做為道德成規，高舉道德體證在超越形上天理。戴震疾呼捨「欲」何以談「理」？呼籲真正的「道德情理」應就生命「血氣心知」基礎上論自然之性，即是使「天下之事，使欲之得遂，情之得達」：

> 天下惟一本，無所外。有血氣，則有心知；有心知，則
> 學以進於神明，一本然也；有血氣心知，則發乎血氣之

---

161 蒙培元：《中國心性論》，頁 482。

162 十七八世紀的儒家思想已進入一個嶄新的「車同軌」階段，余英時於《論戴震與章學誠—清代中期學術思想史研究》之〈戴東原與伊藤仁齋〉一文，特將戴東原與伊藤仁齋二人思想做一對比，考證十七世紀日本古學之興起，與明末清初之中國儒學的思想上具有相近之背景。伊藤仁齋初皆由程朱入手，而後來又轉而批判朱子，此時思想之發展與清初王船山、顏習齋、戴東原之思想取徑竟是如此相似，足可見中日儒學發展進入新的「車同軌」階段。參見余英時：《論戴震與章學誠—清代中期學術思想史研究》，頁 231-245。

　　知自然者，明之盡，使無幾微之失，斯無往非仁義，一
　　本然也。[163]

　　有是身，故有聲色臭味之欲；有是身，而君臣、父子、
　　夫婦、昆弟、朋友之倫具，故有喜怒哀樂之情。惟有欲
　　有情而又有知，然後欲得遂也，情得達也。天下之事，
　　使欲之得遂，情之得達，斯已矣。[164]

　　戴震以「血氣心知」論證一本自然人性論，「欲」是聲色臭
味的生理欲望；「情」是喜怒哀樂的心理情感；「知」是美醜是
非的認知能力，「欲」、「情」、「知」即是「血氣心知」實然內容，
故達成道德之盛的進路便要著力在人我世界「情理」中。因此，
戴震主張「理也者，情之不爽失也。未有情不得而理得者也。」
[165]、「今以情之不爽失為理，是理者存乎欲者也。」[166]以「情感」
涵攝「情欲」，以「情之不爽失」為「理」的道德標準，道德價
值不必冥心遙想超越形上「道德天理」，即在人倫生活世界中探
求「道德情理」，「理」在「欲」中體現，「欲」即就「理」中實
踐，「理存乎欲」通達「達情遂欲」的道德之盛：

　　問：以情絜情而無爽失，於行事誠得其理矣。情與理之
　　名何以異？曰：在己與人皆謂之情，無過情無不及情之

163　《孟子字義疏證》卷上〈理〉，《戴震全書》（六），頁172。
164　《孟子字義疏證》卷下〈才〉，《戴震全書》（六），頁197。
165　《孟子字義疏證》卷上〈理〉，《戴震全書》（六），頁152。
166　《孟子字義疏證》卷上〈理〉，《戴震全書》（六），頁159。

謂理。《詩》曰：「天生烝民，有物有則；民之秉彝，好
是懿德。」孔子曰：「作此詩者，其知道乎！」孟子申之
曰：「故有物必有則，民之秉彝也，故好是懿德。」。[167]

然後遂己之欲者，廣之能遂人之欲；達己之情者，廣之
能達人之情。道德之盛，使人之欲無不遂，人之情無不
達，斯已矣。[168]

　　戴震回歸孔孟揭示生命本然的道德價值，以「情」為本體，
以「絜」為推度，「以情絜情」推己及人實踐道德。即如是，「絜」
建立在人我「情理」的同然基礎上，更是「我—你」共享共樂
的「道德情理」，如此「理欲合一」道德價值在戴震的詮釋下，
道德體證不再追求玄奧深遠的「道德天理」，不再是「存理滅欲」
道德框架，而是應乎人心、順乎人情，通「情」達「理」的「達
情遂欲」。「情理論」發展至此，道德核心儼然從「天理」轉型
至「情理」，此正如張壽安所觀察：

　　這種肯定人性有五德也有七情的觀點，承認了人性中情
　　欲與私的本然性，甚至認為德性之美必須通過情欲來呈
　　現。因此，規範的產生必須不離人我之情欲。這種學界
　　稱為理氣一元或理欲一元的思想，在「理之建構」上造
　　成了一個轉型，較諸宋明理學，我稱之為從「天理」
　　到「情理」。清儒對規範進行重省，就奠基於此──「情

167　《孟子字義疏證》卷上〈理〉，《戴震全書》（六），頁153。
168　《孟子字義疏證》卷下〈才〉，《戴震全書》（六），頁197。

理」。[169]

　　誠如是，宋明清義理的典範轉移[170]，可謂是從「理氣二元」、「性善情惡」到「理氣一元」、「理欲合一」，從「道德天理」至「道德情理」。所以，戴震重視「情欲」為人性本然之理，德性之美必須通過「情欲」來呈現，「情欲」的合理可貴，「情之不爽失，謂之理」正是「道德情理」價值之所在。

　　綜上依循「情理論」發展脈絡以觀，孔孟論「情」以明性善，目的均在將道德創造的根源立基在性情之教上。孔子重視的「情」是生命真情實感，是人的情感經驗及心理情感；而孟子所論的「情」，是人生而本俱四端之心內發的道德情感，以社會倫理道德為其先驗內容。「情理論」歷經朝代更迭產生不同的延續與轉折，從先秦孔孟荀、《禮記》、《中庸》、《樂記》強調「情

169　張壽安：《十八世紀禮學考證的思想活力—禮教論爭與禮秩重省》（北京：北京大學出版社，2005 年），頁 6。

170　（美）孔恩（Thomas Kuhn）在《科學革命的結構》提及「典範」（Paradigm）的說法，以為某科學家社群對某一問題的解決方式，經由共識而得到一個「典範」，而當此典範無法解決此一問題所衍生的問題時，此典範便開始受到質疑。最後另外一些科學家社群開始提出另一套說法，而形成一個新的「典範」，於是舊典範的學術地位，開始轉給新典範，典範之間的轉移於焉完成。典範之間的解決方法雖然不同，但所面對的問題則同一。雖然孔恩典範說法是在科學理論上的，但對於我們在人文研究上卻有很大的啟發。參見（美）孔恩（Thomas Kuhn）（著）、王道還（編譯）：〈典範的優先性〉，《科學革命的結構》（台北：允晨出版社，1985 年），頁 99-109。另外，參見書中文版導言〈科學的哲學發展史中的孔恩〉。而此處借引「典範」以喻清初儒學義理核心的變化是存在典範轉移，在轉變中見證宋明清義理的典範轉移，甚至發展至清中葉「以禮代理」，已有學者針對此做一詳論。參見張壽安：《以禮代理—凌廷堪與清代中葉儒學思想之轉變》（台北：中央研究院近代史研究所，1994 年），緒論部份。

抒而性顯」的「即情見性」。到漢代「性善情惡」至「尊性賤情」，乃至魏晉「聖人有情」、「聖人無情」辯論下之「貴性絀情」迨至唐代「滅情復性」。發展至宋明，轉向「理氣二分」主張「存理滅欲」，革盡人欲復盡天理。明末清初「情理論」開啓了重大轉折，「氣本論」思想抬頭不再追求形上「理」的超越義，開始重視形下「氣」世界的情理達遂，從「即情言性」、「踐形復性」、「天理皆從人欲中見」到「天理與人欲不相對壘」，以「情欲」為「性」逐漸成為道德核心。如是以觀，理學的探索在歷經宋明六百多年的發展，原標舉形上「道德天理」至高證體已充分臻以完成，清代義理的道德核心已然步入轉變，由形上超越「性」、「理」轉向形下經驗世界「氣」、「欲」探索。

迨至戴震，即對道德意涵重省，尋求心性根源何能產生道德論證，重新將道德根源問題從歷代詮解中解放出來，以「理欲合一」、「理存乎欲」矯正漢至宋明以來「貴性賤情」、「存理滅欲」、「揚理抑欲」空疏之偏，「以情絜情」以情旁通建立「達情遂欲」新倫理價值。「情理論」再度被戴震繼承與轉化，重建人倫世界「達情遂欲」的「道德情理」，以「情」、「欲」道德動力揭示「情本體」道德價值，正是返歸孔孟聖人之道，接軌性情之教的自然演變。

第三章　從歌絲嘉「道德規範根源論」探析戴震哲學型態

一、問題之緣起

　　「情感」議題在儒家道德哲學發展上的地位和作用，日益漸受關注，道德哲學所引申探討的重要議題：道德根源、道德判斷、道德規範及道德動力也圍繞著「情感」而開展。然而一向重視道德的儒家哲學，其倫理結構究竟是以「理」為主還是以「情」為主？學界始終存有爭議。此爭議之所在，乃源自過去學界探討儒家道德哲學多潛心道德形上學的建構，故多以「理」為主，然而對於形下道德實踐持「情」說法，也大有學者擁戴。誠如，（英）葛瑞漢（A.C.Graham）主張，在中國先秦文獻中，「情」定義為「質實」（essential）或「情實」（genuine）之義，而做為情感（passions）解釋的「情」到宋代以後才出現。[1]此外，（美）信廣來（Kwong-loiShun）也提出在中國早期文獻中特別重視「情」，關於「情」的用法，他認為至少有三種不同解釋。首先，朱熹把「情」理解成與「性」的活動（activation）

1　（英）葛瑞漢「essential」之說，詳參見 A. C. Graham, *Studies in Chinese philosophy & philosophical Literature*（Singapore：The Institute of East Asian Philosophies, c1986）, p.59ff.

有關，這種活動採用了情感形式，從這種活動中「性」能夠被認識。其次，戴震把「情」視為「實」，「情」作為真正所示的東西（what is genuine）。再者，在早期文獻中「情」與「性」常常是可以互換的。在《告子上》第六章中，「情」有與「性」相同的含義。[2]事實上，這些漢學家的觀點，錢穆早已提出，他強調「情感」在儒家思想的重要地位：「中國儒學思想，則更著重此心之情感部份，尤勝於著重理知的部分。我們只能說，由理知來完成性情，不能說由性情來完成理知。情失於正，則流而為欲。中國儒家，極看中情欲之分異。人生應以情為主，但不能以欲為主。儒家論人生，主張節欲寡欲以至於無欲。但絕不許人寡情、絕情乃至於無情。」[3]而李澤厚更認為只有回到理欲相融「情本體」，「情感本體」說[4]才能回歸原典更接近孔孟，因此主張情理結構應以「情感」為本體。

　　究竟，儒家道德哲學其倫理結構是以「理」為主？還是以「情」為主？此爭議可能重衡之方法，誠如楊儒賓所觀察，中國哲學一直存在著氣化交感主體建構倫際倫理學思潮，此倫理學建構於共感迴向的氣化主體上，以此建立文化哲學。反理學思潮以相偶論反體用論，以其工夫乃在倫際相偶，人倫日用間，

2　（美）本杰明・史華茲（Benjamin I.Schwartz）（著）、程鋼（譯）、劉東（校）：《古代中國的思想世界》（南京：江蘇人民出版社，2004年），頁208。

3　錢穆：《孔子與論語》（台北：聯經出版社，1995年），頁198。

4　李澤厚認為「情本體」強調是真實情感和情感真實之中，去體認領悟當下和藝術中的真情和天人交會為依歸，而完全不再去組建構造某種超越來統治人們，它所展望的只是普通平凡的人身心健康、充分發展和自己決定命運的可能性和必要性。李澤厚：《論語今讀》（台北：允晨文化出版，2000年），頁59、頁10。

不同於傳統理學主靜－主敬－豁然貫通的工夫邏路，若從心性論、工夫論、倫理學等角度思考儒家哲學，能為此爭議提供重要思想資源。[5]由此可知，無論以「理」為主或以「情」為主的觀點，皆說明「情」做為道德實踐，其與「理」、「欲」關係始終是儒家做為道德哲學所不可避免的命題，「理」、「欲」、「情」環環相扣，是中國哲學探討「性情論」流變史中的重要關鍵，甚至在宋明理學長達數百年「存理滅欲」道德觀籠罩下，直到清代戴震（1724-1777）以「理存乎欲」啟蒙清代倫理學新貌，導向「情欲」道德實踐內在理路，建構一套以「情欲」為主體的道德哲學才被正視。

　　眾所皆知，戴震是清代重要思想家，更是反理學思想之大成[6]，反對宋明「存理滅欲」，以返歸孔孟[7]傳承道統為宗旨建構哲學[8]。戴震建立一套以身心相繫「情」、「欲」關懷的道德哲學，

5　楊儒賓論述相偶論與體用論之觀點，詳參楊儒賓：《異議的意義—近代東亞的反理學思潮》（台北：國立臺灣大學出版中心，2012 年），頁 37-81。

6　清・戴震反對當時御用的程朱官學，故以返歸孔孟經典，捍衛儒家聖人之道統，其歷史背景之探討詳參羅雅純：《朱熹與戴震孟子學之比較研究—以西方詮釋學所展開的反思》（台北：秀威科技出版，2012 年）。

7　戴震認為後人習聞楊、墨、老、莊、佛之學，汩亂孟子之言，面對聖賢之道隱而不彰，興起了「破後人混漫」的使命，主張「求觀聖人之道，必自孟子始」，其言：「吾用是懼，述《孟子字義疏證》三卷。韓退之氏曰：『道於楊、墨、老、莊、佛之學而欲之聖人之道，猶航斷港絕潢以望至於海也。故求觀聖人之道，必自孟子始。』嗚呼，不可易矣！」清・戴震：〈序〉，《孟子字義疏證》，《戴震全書》（六）（安徽：黃山書社，1995 年），頁 147-148。茲下戴震引書皆同引自《戴震全書》，僅標註引文之篇名出及頁數，茲不再贅述出版社及出版時間。

8　姜廣輝於〈郭店楚簡與道統攸系—儒學傳統重新詮釋論綱〉一文甚至認為：「『道統說』最初由韓愈提出，而由南宋朱熹完成其理論體系，其認為歷史上有儒家道統的存在，但並非是朱熹所謂的『十六字心傳』，而是由『大同』

破除「存理滅欲」理欲二分，主張從「性之欲」自然欲求達至「性之德」道德的完成，透過「以情絜情」道德實踐，德性的完成、倫理的實現即在「達情遂欲」公共向度的「道德情理」中。即如是，戴震反理學的哲學建構，以「情欲」為主體核心，道德立說揚棄理學的玄虛思辨，轉向形下人倫經驗世界體證道德，開啓「道德情理」的實踐理路。那麼，戴震建構道德哲學是否有其道德規範根源？架構在共感迴向氣化主體的義理型態又為何？戴震將道德判斷建立在「人欲」與「天理」之間，如何證成道德實踐自我同一性？道德動力根源究竟是「情感」或「理性」？道德規範義理型態是「內在論」？亦是「外在論」？綜上提問，遂形成本文研究意識。

二、從西方克莉絲汀·歌絲嘉「道德規範 根源論」展開戴震道德哲學規範根源

相對地，西方倫理學界在20世紀60年代之後發生變化，倫理學研究方向轉向道德領域，探索一向令人費解的道德現象世

說的社會理想、『禪讓』說的政治思想和貴『情』說的人生哲學所構成的思想體系；這一思想體系的傳承者不是孔子、曾子、子思、孟子的系譜，而是孔子、子游、子思、孟子的系譜。『道統說』雖由朱熹完成其理論體系，但本文以為真正繼承儒家『道統說』的並不是朱熹及至整個宋明理學，而是由黃宗羲、戴震、康有為等清儒繼承的。」姜廣輝：〈郭店楚簡與道統攸系——儒學傳統重新詮釋論綱〉，《中國哲學》編委會編：《郭簡與儒學研究》《中國哲學》第二十一輯（瀋陽：遼寧教育出版社，2000 年），頁 13。姜廣輝觀點與本文作者立場有不謀而合看法，戴震道德哲學建構的確以返歸孔孟傳承道統為宗旨，關涉此中仍有許多複雜命題關連性，仍有待未來另書專文疏通釐清。

界，並熱烈討論道德實踐規範的問題。西方倫理學界研究發展，走向道德規範根源和道德判斷的議題，重新檢視道德價值的根源問題，這方面道德理論（moral theory）集中在於探討道德動力與道德行為及規範的根源。道德理論主要在說明「道德是什麼？」人為何應當必須道德？道德規範如何要求行動應當或不應當？既然道德規範對人的行為產生約束，那麼道德規範根源來自何處？如何論證說明道德規範是有效合理性？這些問題皆牽涉到道德源自人性、道德行為根源機制等議題。人的道德行為所涵蓋的議題甚廣，有道德意識、道德判斷、道德動力、道德行為、道德情感、道德規範、道德標準等，即是一整套人類生活的道德準則。問題在於，道德判斷與道德行動根源於何處？道德動力根源究竟是「感性」或「理性」？道德規範是出於「內在」？還是「外在」？做為完備的道德理論必須提供說明人為何要道德？道德判斷必然要提供道德決斷及行動理由，論證道德根源及道德行為理據，同時也是對道德行為證成的回答，這些皆是道德理論必須合理交待的核心。

　　對於道德的規範性問題，一直以來都是西方倫理學界所關注，尤其是探討道德概念，形成當今倫理學熱烈討論的焦點。根據李瑞全《儒家道德規範根源論》一書所述，近四十年來西方倫理學界回應後設倫理學主要有四種進路。其中一路仍是沿自後設倫理學之非認知主義（noncognitivism）取向，主要探討道德概念之實在論與非實在論的課題；其餘三種均為認知主義的進路（cognitivism）：包括以尼高（Thomas Nagel）為代表「實踐推理理論」（practical reasoning theories），以羅爾斯（John

Rawls）的反省平衡　（reflective equilibrium）為主的「建構論」（constructivism）和以道德情感為據的「感性理論」(sensibility theories)等。這三種認知進路中，前二者可說都是「康德」（Kant）倫理學的進一步發展，最後一種則是歸宗「休謨」（Hume）情感理論。這些理論主要回答課題是：道德是否客觀存在，道德判斷是否像科學命題般或具有同樣的真理性和客觀性，即道德判斷與科學判斷是同一連續體或是不連續的。從這議題所延伸道德根源和道德動力的討論，因而產生道德「內在論」（internalism）、道德「外在論」（externalism）的爭議。[9]簡言之，二者區別，「內在論」主張道德判斷與道德動機之間是必然的連結；而「外在論」則將道德判斷與道德動機之間的連結視為是偶然的關係。[10]

當今，西方當代倫理學家對這些問題做了重新定位，其中特別值得關注的是從「康德倫理學」基礎上再進行建構「道德規範根源論」（sources of normativity）的「克莉絲汀·歌絲嘉」（Christine Korsgaard）[11]。歌絲嘉是美國當代康德倫理學研究

9　詳見李瑞全：《儒家道德規範根源論》(台北：鵝湖出版社，2013年)，頁10-19。

10　道德「內在論」與道德「外在論」，為之後行文方便，故簡稱「內在論」與「外在論」。

11　（美）克莉絲汀·歌絲嘉（Christine Korsgaard）是當代重要女性倫理學家，著作有（美）克里斯蒂娜·M·科爾斯戈德（Korsgaard, C.M.）：《能動性的構成》(The *Constitution of Agency,* Oxford:Oxford University Press,2008)、《自我構成：行動者、身份與誠實》(*Self-Constitution: Agency, Identity, and Integrity,* Oxford：Oxford University Press,2009)、《規範性的來源》（上海：上海譯文出版社，2010年）、《創造目的王國》（北京：中國人民大學出版社，2013年）等。本文所採「道德規範根源論」是歌絲嘉《規範性的來源》倫理學理論主張。

領軍人物，師承政治哲學家羅爾斯（Rawls），她在哈佛大學取得哲學博士學位，先後執教於耶魯大學、芝加哥大學和哈佛大學，以「康德」研究詮釋著稱，是「自律倫理學」（ethics of autonomy）代表人物。因此，歌絲嘉從新康德式建構主義立場出發，研究領域為道德哲學、心靈哲學、個體同一性理論及形而上學，倫理學主要著作《規範性的來源》和《創造目的王國》、《能動性的構成：論實踐理性與道德哲學的文章》和《自我構成：能動性，同一性和完整性》。她關注規範性問題的研究，在西方學界引起了極大反響，她強調道德規範性是來自行為者自身的「反思性認可」，即所謂行為者自身的「同一性」[12]因此，乃以「道德行為者」（moral agent）概念重新詮釋康德「理論理性」與「實踐理性」對「人」雙重解析的觀點。歌絲嘉指出要從理論與實踐兩種立場審視「人」，在理論面上，行為只是經驗，注重的是「人」自然面的解釋與預測；就實踐面而言，行為必須有行為者，著重點在「人」的行為能力與選擇，「同一性」正是人作為行為者的行為能力與選擇自由。因此，歌絲嘉認為倫理學即是一門指導「人」行動的學說，故一切倫理學說都應當具「規範性」，但是「規範性」根源來自何處？她將康德「實踐理性」建立在「人」做為「道德行為者」的「理論理性」自覺上，認為「人」做為主體「反思性認可」，在道德實踐中遵循道

---

12 Christine Korsgaard, *The sources of Normativity*（Cambridg：Camgridge University Press, 1996）已有中譯本。（美）克里斯蒂娜·M·科爾斯戈德（Korsgaard，C·M·）（著）、楊順利（譯）：《規範性的來源》（上海：上海譯文出版社，2010 年），頁 18-20。該書是歌絲嘉在 1992 年於劍橋發表關於人類價值的泰納講座基礎上修改擴充而成，同時收錄 G·A·柯亨、雷蒙德·戈伊斯、湯瑪斯 — 內格爾和伯納德·威廉斯對她講演的評論，以及她對這些評論所做的回應。

德規範，此新觀點可蔚為西方倫理學界一大創見。

在此基礎上，歌絲嘉分析了當代道德哲學家關於規範性來源的不同立場：「唯意志論」、「實在論」、「反思性認可」和「訴諸自律」的理論，並修改潤飾康德主義倫理學，轉型成「道德規範根源」觀點。[13]整體而言，歌絲嘉「道德規範根源」理論奠基兩個觀點：其一，自律是義務來源，是約束人類自身能力的來源；其次，人類具有道德義務，是人性義務，因此我們對他人負有道德義務，進而構成道德規範性理論核心。[14]歌絲嘉是「康德」主義者，她追隨康德把規範性的來源置於「理性」反思活動，歸結在「人」對自身「同一性」，她認為應給規範性問題更明確的定義，並揭示規範性問題來自何處：

> 很明顯，人們常常把善、責任、義務、德性、正義等倫理概念運用於某些事態、行動、行動的特性以及個人品質等。哲學家首先關心的是這些概念的三個重要特徵。第一，這些概念確的含義是什麼，或者它們包含了什麼東西，也就是說，怎樣分析和定義它們？說某個東西是

---

13 歌絲嘉針對這些思路進行評論：一、「唯意志論」普芬多夫和霍布斯持是代表者，唯意志論認為義務來源於對道德行為者具有立法權威的、因為能夠為它們立法的某個人的命令。規範來源於立法者的意志。二、「實在論」實在論者通過論證價值、義務或理由的真實存在，或通過反駁各種類型的懷疑論確立倫理學的規範性。三、「反思性認可」「休謨」、「威廉斯」和「密爾」為代表，這派主要相信道德奠基於人類本性，需要解釋人類本性中審美因素成為道德的來源，並說明我們為什麼要使用這些道德概念並且認為自己受制於它們。歌絲嘉如何證成道德行為者道德理論理論，詳參（美）克里斯蒂娜・M・科爾斯戈德：《規範性的來源》，頁 22-102。

14 （美）克里斯蒂娜・M・科爾斯戈德：《規範性的來源》，頁 105。

好的、正當的，是一個義務，這意味著什麼？其次，它們應用於什麼樣的對象？什麼事情是好的，什麼行為是正當的，或合乎義務的？最後，哲學家還想知道這些倫理概念來自何處。我們是如何獲得這些倫理概念的？我們是怎麼開始使用它們的？我們是從理性、經驗、上帝或柏拉圖的理念世界中的先驗存在那裏得到它們的嗎？心靈、行動或者世界的什麼樣的特徵使得我們發展這些概念，然後將之應用於行動和品格？我稱這三個問題─道德概念的蘊涵或內容是什麼，道德概念應用於什麼東西，道德概念來自何處─為道德概念理論。道德哲學家的首要任務，就是構建一個這樣的理論。[15]

　　歌絲嘉認為這些攸關規範根源的考量，形成「道德概念理論」（Theory of Moral Concepts）亦即是說證成道德行為的合理性，即追溯道德根源出於何處？有何理由讓人行動去遵守規範？歌絲嘉認為「道德行動」必須是一種「道德理由」，產生「道德動力」去實踐行動，所需要是足以證成發展道德行動的理據，而不僅只是說明道德概念理由。歌絲嘉反省當代西方哲學家所論及的道德概念，主要有三個重要面向：第一類問題主要是「道德概念之意義分析」，這種道德概念之分析不限於語言之分析，而可涵蓋傳統的概念分析。第二類問題是「道德概念之使用」，即建立一些道德原則陳述和分析，可以涵蓋基本道德原則和一般道德規範，用以確立道德概念適用對象和行為，指引我們的

15　（美）克里斯蒂娜・M・科爾斯戈德：《規範性的來源》，頁11。

行動。第三類問題是「道德根源的問題」，即反省道德的根源來自何處，我們如何及為何會把它們應用到我們行動上。此組問題追問道德的根源問題，同時帶出何以要遵守由此而來的道德要求，此中的機制為何，這是道德行為的動力問題。[16]基於此三面向，歌絲嘉進而探究道德規範根源的問題：當行動者面臨道德抉擇處境時，即產生「為什麼我必須實踐道德原則」或「為什麼我應當作有道德的人」？如何證成道德原則的規範性？道德判斷和道德行動所建立根源基礎是什麼？道德實踐動力理由為何？歌絲嘉認為當面對道德實踐這些規範性問題時，必須證成道德行動的理由，回歸以「道德」為研究，才是做為一個完整道德規範根源答案的回覆。鑑於此，歌絲嘉指出證成道德規範性的論證，它必須符合三個條件：

（一）必須是「第一人身的」（first-personal）

（二）道德規範理由是「自我透明的」（transparency）

（三）證成理由必須是「關乎我對自己的認同的（iden tity）的解釋」。[17]

---

16 李瑞全：《儒家道德規範根源論》，頁 22。

17 （美）克里斯蒂娜・M・科爾斯戈德：《規範性的來源》，頁 17-20 有詳細論述。在此論歌絲嘉道德規範三個條件，採用李瑞全《儒家道德規範根源論》之簡潔精準的中譯，詳見頁 27。

（一）必須是「第一人身的」（first-personal）

歌絲嘉認為道德規範的問題，必須訴諸自己願意去行動的理由，因此證成的理由必須是做為道德行動者以「第一人身的」（first-personal）才能有所相應。因為「第一人身的」才是「行動當事者」[18]（agent）切身體會道德規範與道德抉擇的問題。因此，規範性問題是一實踐層面的問題，而不是理論思辨玄想的問題。所以「第三人稱」是無法設身處地回答：

> 規範性問題是第一人稱問題，它是對那個必須實際地做道德要求他做的事情的那個道德行為者提出的問題。[19]

歌絲嘉認為道德理論必須證成道德行動，行動者在行動過程中了解道德並受到它的影響實踐行動。所以「第一人身的」行動當事者才能相應，其他行動者並沒有置身「第一人身」的處境，所以他者就無法與行動者感同身受。[20]因此，道德行動的理據、道德動機及道德動力根源，是「第一人身」行動者，才能真正明白道德規範性的問題，因為其所證成的理據，即代表了對自我道德價值的認同。

---

18 李瑞全以「第一人身的」翻譯歌絲嘉「first-personal」行動者時。本書作者認同此觀點，因此採用此中譯。詳參李瑞全：《儒家道德規範根源論》，頁27。

19 （美）克里斯蒂娜‧M‧科爾斯戈德：《規範性的來源》，頁17。

20 （美）克里斯蒂娜‧M‧科爾斯戈德：《規範性的來源》，頁17。

（二）道德規範理由是「自我透明的」
（transparency）

　　歌絲嘉主張道德規範理論的理由對「第一人身」的「行動當事者」而言，它必須是「自我透明」（transparency）[21]，促使行動者願意實踐的理由。因為道德規範理論是引起「第一人身」去實踐道德，所以必須具有理論說明的透明性。至於規範理論是否「自我透明」？歌絲嘉認為既然行動當事者是完全理解他自己，則意味「自我透明」必須成立，也就是說這意謂著「第一人身」的「行動當事者」因為「自我透明」清楚知道道德行動理由及理由來源，因此道德規範理論也因透明得到證成。針對此，歌絲嘉進一步言：

> 這種透明性不只是說，如果行為者對他自己有了透徹的了解，解釋就能成立。它要求證成（justification）也能成立。一個規範性的道德理論，必須容許我們的行為建立在對何為道德以及為什麼我們要受道德的影響的知識之上，同時要讓我們相信，我們的行為是可以得到確證的和站得住腳的。[22]

　　歌絲嘉認為做為完整道德規範理論，除了表示規範理論的透明性之外，也必須同時證成說明「行動當事者」採取道德行

21　（美）克里斯蒂娜・M・科爾斯戈德：《規範性的來源》，頁18。
22　（美）克里斯蒂娜・M・科爾斯戈德：《規範性的來源》，頁18。

動的理由。換言之，「第一人身」的「行動當事者」，必須明白
道德行動的理由，願意相信並採取道德行動，這即意味著道德
理論對行動者而言是「自我透明」的。因此「行動當事者」實
踐道德行為是出自明確的自我選擇，故清楚道德行為實踐是必
要，故道德實踐就不是盲目，而是「自我透明」具有道德價值。

（三）證成理由必須是「關乎我對自己的　　認同的（identity）的解釋」

除了「行動當事者」是「第一人身」、道德規範理由是「自
我透明」之外，歌絲嘉認為證成道德實踐的理由，還必須是基
於行動者「自我認同」（identity）。因為「自我認同」與「生命」
對「人」而言是同等重要，「第一人身」的「行動當事者」受到
道德理由影響付諸行動，它必須是「自我認同」。若行動者對於
自己所作所為無法認同。他不再認同自己，他必會認為此與失
去生命是同樣糟糕或甚至比死還要糟糕的事。[23]因此，歌絲嘉
道德規範理論中，更重視行動者對「自我認同」及認同所蘊涵
的義務。因為人的「義務」來自人性，所以身為「人」必須履
行道德義務。[24]正因為，「第一人身」行動者對道德認同是基於
「自我認同」，同時蘊涵「道德義務」，因此實踐道德義務是「自
我認同」最直接表現，即是身為「人」義無反顧的道德抉擇，
同時也證成對規範價值的認同。

---

23 （美）克里斯蒂娜・M・科爾斯戈德：《規範性的來源》，頁 19。
24 （美）克里斯蒂娜・M・科爾斯戈德：《規範性的來源》，頁 37。

　　即如是，歌絲嘉三個證成道德規範的條件，即作為道德實踐的合理性闡述，「行動當事者」必須是「第一人身的」，規範理由必須是「自我透明」，證成理由必須是出於行動者「自我認同」，符合這三個條件即能成為道德規範理論。道德規範根源是道德實踐的本質問題，也是人的道德特質，道德規範之所具規範性，一直是倫理學家所關注的核心問題。至於，為什麼「第一人身」會有道德實踐規範問題？歌絲嘉將康德「實踐理性」建立在「人」做為「道德行為者」的「理論理性」自覺上，認為人本具有「理性」反思能力，所以在反思過程中會形成自我意識，針對「我應該相信什麼？」與「我應該去實踐什麼？」進行自我探問，「我真的應該做這件事嗎？」。因此道德規範根源的重要關鍵即在人性「反思性認可」，其根源來自於內心「心靈的反思結構」：

　　　　我們的道德動機經受得住反思檢測的能力，不是檢測其他東西，即不是檢測規範性實體的存在。相反，它就是規範性自身。[25]

　　　　反思性認可理論獨辟蹊徑，道德奠基於我們的人性。義務和價值都是我們的道德情感和性狀的投射。說這些情感和稟性能證明為正當的，不是說它們反映了真理，而是說它們是好的。它們促進我們社會性的完善，從而促進了我們的自我利益和福址。[26]

25　（美）克里斯蒂娜‧M‧科爾斯戈德：《規範性的來源》，頁55。

26　（美）克里斯蒂娜‧M‧科爾斯戈德：《規範性的來源》，頁104。

人類心靈就是自我意識的，因為它在本質上是反思的。
我這裡談的並不是能思考這種特性（能思考當然是一種
個人特性），而是指使得思考成為可能的心靈的結構。[27]

低等動物的注意力被鎖定在外部世界。它的知覺就是它
的信念，它的欲望就是它的意志。它能從事有意識的活
動，但自身對這些活動並沒有意識。也就是說，這些活
動不是它注意的對象。但是我們人類動物能夠將我們的
注意力轉向我們的知覺與欲望自身，轉向自己的心理活
動，我們能夠對它們有意識。我們能夠對這些知覺和欲
望進行考量。而這給我們提出了一個其他動物不會碰到
的問題。這就是規範性問題。將我們的注意力轉向自身
的心理活動的能力，也就是與這些心理活動保持距離並
且對它們進行考量的能力。[28]

心靈的反思結構是自我意識的來源，因為它迫使我們形
成一個自我的觀念。[29]

　　歌絲嘉將道德價值根源關鍵奠基在「人」的「心靈反思結
構」上，說明人之所異於其他動物，只有人類具道德規範問題，
故「心靈反思結構」是自我意識的根源，即是「人」經過「反
思性認可」自覺的表現。換言之，「行動當事者」面臨反省心靈

27　（美）克里斯蒂娜‧M‧科爾斯戈德：《規範性的來源》，頁106。
28　（美）克里斯蒂娜‧M‧科爾斯戈德：《規範性的來源》，頁106。
29　（美）克里斯蒂娜‧M‧科爾斯戈德：《規範性的來源》，頁114-115。

活動產生「自我意識」，因此道德抉擇即「思考」是否應該實踐道德行動？這「思考」即是歌絲嘉所謂「反思性認可」，故心靈反思結構不僅是「自我意識」根源，同時也是「反省檢測」的根源，必能提供行動當事者「行動理由」：

> 我應該行動嗎？這個欲望真的就是一個行動的理由嗎？反思的心靈不能這樣接受知覺和欲望。它需要一個理由。否則，只要它在反思，它就不能對自己有任何承諾，也不能做任何事情。[30]

> 我們需要理由，因為我們的衝動必須能夠經受反思的審查。如果它們能經受反思的審查，我們也就有了理由。「理由」，這個規範性的語詞，指的是一種反思的成功。[31]

　　歌絲嘉認為若沒有「行動理由」，「第一人身」的「行動當事者」無法有任何行動，因為促使道德實踐的行動驅動力必須經過「反思檢測」產生「行動理由」。因此，「行動理由」必然經由「反省檢測」後而產生，便是成為行動實踐的重要依據。換言之，心靈反思結構是一種「反思性認可」，人類意識的反思結構就是規範性的來源[32]，從「理由意指反思的成功」，可知「行動理由」乃是通過心靈反思審查，故「理由」必然具有規範性。

---

30 （美）克里斯蒂娜・M・科爾斯戈德：《規範性的來源》，頁106。
31 （美）克里斯蒂娜・M・科爾斯戈德：《規範性的來源》，頁107。
32 （美）克里斯蒂娜・M・科爾斯戈德：《規範性的來源》，頁102。

　　誠如前述，歌絲嘉道德規範理論強調人具「心靈反思結構」，透過「反思性的認可」，尋得規範性「行動理由」的法則。再者，她更進一步主張當「行動理由」付諸行動時，它具有實踐的必然性，這必然性也就代表具有實踐與規範形式的人性認同，是「人」心靈反思結構所獨具涵攝的「規範性來源」，是「人」自律義務的來源，而其它動物所沒有：

> 而這給我們提出了一個其他動物不會碰到的問題。這就是規範性問題。將我們的注意力轉向自身的心理活動的能力，也就是與這些心理活動保持距離並且對它們進行考量的能力。[33]

> 人類意識的反思結構要求你將自身認同為某種將支配你的選擇的法則或原則。要求你成為你自身的律法。這就是規範性的來源。所以，這個論證恰恰揭示了康德的觀點所要證明的東西：我們的自律是義務的來源。[34]

> 反思的進一步擴展要求認可的進一步擴展。所以，他必須認同這種新的關於他的同一性的觀點。他是一種需要生活在社群中的動物，現在他把這看作是一種規範性的同一性。他把它當作理由的來源，因為他證明，他得到他所需要的東西是一件很重要的事情。[35]

33　（美）克里斯蒂娜・M・科爾斯戈德：《規範性的來源》，頁106。
34　（美）克里斯蒂娜・M・科爾斯戈德：《規範性的來源》，頁118-119。
35　（美）克里斯蒂娜・M・科爾斯戈德：《規範性的來源》，頁136-137。

> 如果賦予你自己人格中的人性以價值在理性上要求賦予
> 其他人的人格中的人性以價值，這就使你置身於道德的
> 領域……賦予作為人的我們自身以價值也包括了同樣的
> 方式賦予他人以價值，而這就蘊含了道德義務。[36]

　　據上引文，歌絲嘉清楚表述「規範性來源」是「人」做為行動者異於其他動物的心靈反省，人的價值就是擁有對自己的「道德認同」，因為對人性認同，實際上即是對道德價值的認同。所以自律是義務的來源，當「行動者」認可自己身為「人」獨有的自律，必然蘊涵道德義務的「行動理由」，實踐道德義務的同時也證成道德價值的存在。所以，「行動者」履行自我道德義務，也同等肯定所有人的人格價值，因為賦予他人人格價值的當下，就是實踐他人平等普遍的道德義務。

　　綜上所論，歌絲嘉所肯定道德規範理論是奠基在人類「心靈的反思結構」，透過審查檢測的「反思性認可」，肯定所有人的道德義務與責任，共同擔負道德價值的美好創造。此意，誠如李瑞全所言：「這即表示證成我們的行為規範的理由是經得起我們的反省的，是我們的價值規範的選取，通得過我們的反省認可的（reflective endorsement），因此一個完整的道德理論是一個得到反省認可的理論。」[37]針對於此，西方倫理界對於道德根源與道德判斷和道德動力關聯作出「內在論」（internalism）

36　（美）克里斯蒂娜・M・科爾斯戈德：《規範性的來源》，頁 138-139。
37　李瑞全：〈朱子之道德規範根源問題〉，《當代儒學研究》第四期（台北：鵝湖出版社，2008 年），頁 26。

及「外在論」（externalism）的型態劃分[38]：

> 「內在論」與「外在論」兩名被用於指謂兩種倫理學與
> 動力關係之觀點。內在論是以在道德地行動中現存的動
> 力是倫理命題自己之為真所保證的。在這個觀點之下，
> 動力必須如此與倫理陳述句之真理或意義締結一起，
> 即，當一個人在一特殊的案例中是（或也許只是他相信
> 他是）道德地被要求去做某事時，隨之而來的是他具有
> 一動力去做此事。另一方面，外在論所持的觀點是，所
> 必須的動力並不是倫理原則與判斷自身所提供的，而且
> 需要一外在的心理限制去推動我們恪守（原則與判斷的
> 要求）。[39]

　　由此可知，道德「內在論」主張道德行動中的道德動力是
倫理命題自己之為真所保證，道德動力與行動者有一內部的連
結關係，即當倫理原則為真時，促使行動者履行行動的動力必

---

38 西方學界「內在論」及「外在論」分判事實上很複雜，但大抵而言，以康德
和休謨兩個理論為古典倫理學的典型理論。休謨從「情感」立論，康德則以
「理性」立法，因而西方當代倫理學，又有從情感與理性作分判，把動力作
為情感動力代名詞，因而又區分有「動力內在論」（motivationinternalism）
與「動力外在論」（motivationexternalism）和「理性內在論」
（rationalinternalism）與「理性外在論」（rational externalism）之分。「動力
內在論」主要是指「休謨」道德情操論，「理性內在論」則指「康德」實踐
理性自立法則的義務論。而對於內在論，戴和爾又進一步由理論重視道德判
斷或道德事實存在區分二種：「判斷內在論（judgmentinternalism）與「存在
內在論（existence internalism），再後者又區分為兩型，即「知覺內在論
（perceptualinternalism）與「形而上內在論」（metaphysical internalism）。此
間流變發展，詳參李瑞全：《儒家道德規範根源論》，頁 11-16。
39 李瑞全：《儒家道德規範根源論》，頁 15。

然存在。相對地，道德「外在論」主張道德原則或判斷與道德
行動之動力沒有任何必然關係，道德動力並不是倫理原則與道
德判斷自身所提供，是外在限制規範迫使行為去恪守。因此，
釐清道德規範根源「內在論」及「外在論」差異，將有助掌握
「行為當事者」道德動力來源及道德判斷意義，即是「道德規
範根源」重要的課題。[40]

　　誠如前述，西方倫理學界對道德規範理論的熱烈討論，道
德是做為判斷行為正當與否的標準，道德是做為調節社會倫理
的一種規範，道德行為是人所應當，實踐道德行為就是證成道
德價值存在，自古以來中國儒家思想自始即以道德生命關懷為
課題，不絕如縷尊重包容關懷生命，孔子論「仁」、孟子言「不
忍人之心」皆在肯定人是做為道德實踐的存在。西方倫理學近
二十年才開始從後設倫理學轉向道德動力角度開始探討「道德
規範根源」何在？倫理學的型態為何？縱使西方倫理學分析概
念詳盡，然卻缺乏道德實踐的真正深度，相對地，儒家哲學自
始關懷生命，貼近道德本義，道德實踐即深含著道德原則與道
德動力的內在關係，道德與實踐就是「同一性」。二千五百年儒
家思想當之無愧是世界哲學，闡述道德理想是歷代中國社會道
德觀的重要依據，更重視生命中的道德實踐，其對道德規範內
容當有更深刻地建樹。

　　即如同，戴震道德哲學啓蒙清代倫理新貌，導向「情欲」

---

40 歌絲嘉在道德規範理論基礎上，大體採用同一主要用詞，在「外在論」則加
　上羅斯（David Ross）和普力察（H.A.Prichard）觀點，「內在論」則增列威
　廉斯、尼高和自己理論。」李瑞全：《儒家道德規範根源論》，頁 15。

道德的內在理路，建構一套「情欲主體」道德哲學，其哲學是否具道德規範根源？道德規範型態又為何？從歌絲嘉「道德規範根源論」分析戴震道德哲學，雖然道德議題不同西方倫理學，然內容當可與西方倫理學相互參照。當今適逢西方倫理界對「道德規範根源」熱烈討論，若能援引做為中西對話橋樑，當有助釐清戴震道德哲學型態。因此，本章將以歌絲嘉「道德規範根源」理論探析戴震哲學，藉其理論回答「理存乎欲」道德動力與「以情絜情」道德判斷是否符合「道德規範理論」的「第一人身的」當事行動者、道德理由「自我透明」、行動者「自我認同」三條件？亦即更進一步探問，戴震將道德判斷架構在「人欲」與「天理」之間，如何證成道德實踐自我「同一性」？道德規範型態是「內在論」？或是「外在論」？本文將對戴震哲學內在結構的重要命題與關聯性進行廓清，溯源道德動力根源是「情感」或「理性」？借鑑西方「道德規範根源論」為中國傳統戴震學提出新詮，最後衡定戴震道德哲學規範之型態為本章研究目的。

三、戴震哲學「理存乎欲」道德動力實踐根源

　　戴震「情欲主體」的道德哲學，以「理存於欲」做為道德動力的實踐根源，其釋性理路將「欲」置在「理」上申論，其言「性之欲，其自然之符也。性之德，其歸於必然也。歸於必

然，適全其自然。此之謂自然之極致。」[41]戴震正視人性實存之「欲」的自然存在，將「欲」做為道德動力實踐根源，「理」不是「欲」外的主宰者，而是「欲」中的體現者，反躬思情推己及人，天下人皆能理欲合一。在此基礎上，戴震由自然之「欲」證成必然之「理」，以「理存於欲」為道德哲學立說，批判程朱「存理滅欲」以致天下生道窮促，意見為理責於他人：

> 誠以弱、寡、愚、怯與夫疾病、老幼、孤獨，反躬而思其情，人豈異於我！蓋方其靜也，未感於物，其血氣心知，湛然無有失故曰「天之性」；及其感而動，則欲出於性。一人之欲，天下人之同欲也，故曰「性之欲」。好惡既形，遂己之好惡，忘人之好惡，往往賊人以逞欲。反躬者，以人之逞其欲，思身受之之情也。情得其平，是為好惡之節，是為依乎天理。古人所謂天理，未有如後儒之所謂天理者矣。[42]

> 然使其無此欲，則於天下之人，生道窮促，亦將漠然視之。己不必遂其生，而遂人之生，無是情也。然則謂「不出於正則出於邪，不出於邪則出於正」，可也；謂「不出於理則出於欲，不出於欲則出於理」，不可也。欲，其物；理，其則也。不出於邪而出於正，猶往往有意見之偏，未能得理。而宋以來之言理欲也，徒以為正邪之辨而已矣。不出於邪而出於正，則謂以理應事矣。理與事分為

---

41 清·戴震：《原善》卷上，《戴震全書》（六），頁 11。
42 清·戴震：〈理〉，《孟子字義疏證》卷上，頁 152-153。

二而與意見合為一，是以害事。[43]

宋儒程子、朱子，易老、莊、釋氏之所私者而貴理，易
易彼之外形體者而咎氣質；其所謂理，依然「如有物焉
宅於心」。於是辨乎理欲之分，謂「不出於理則出於欲；
不出於欲則出於理」，雖視人之饑寒號呼，男女哀怨，以
至垂死冀生，無非人欲，空指一絕情欲之感者為天理之
本然，存之於心。及其應事，幸而偶中，非曲體事情，
求如此以安之也；不幸而事情未明，執其意見，方自信
天理非人欲，而小之一人受其禍，大之天下國家受其禍。
徒以不出於欲，遂莫之或寤也。凡以為「理宅於心」，「不
出於欲則出於理」者，未有不以意見為理而禍天下者也。
44

古之言理也，就人之情欲求之，使之無疵之謂理；今之
言理也，離人之情欲求之，使之忍而不顧之謂理。此理
欲之辨，適以窮天下之人盡轉移為欺偽之人，為禍何可
勝言也哉！[45]

　　戴震認為「欲」，其物；「理」，其則，呈顯「天理」對
「人欲」的道德規範，所以力圖扭轉的正是這離人情欲僵化之
「理」，故重構道德理論即就生命實存的理欲命題上著手，強

---

43 清・戴震：〈理〉，《孟子字義疏證》卷上，頁159-160。
44 清・戴震：〈權〉，《孟子字義疏證》卷下，頁211。
45 清・戴震：〈權〉，《孟子字義疏證》卷下，頁217。

調「人欲」踐履的重要，「古之言理也，就人之情欲求之」，
由「性之欲」達證「性之德」才是依乎天理。戴震指出理宅於
心任憑意見為理，絕棄百姓饑寒號呼，男女哀怨以至垂死冀生
皆是「存理滅欲」禍及天下，因此挺身疾呼「欲」中體現「理」，
唯有「理存乎欲」才能達至仁義禮智的道德實踐：

> 人與物同有欲，欲也者，性之事也；人與物同有覺，覺
> 也者，性之能也。欲不失之私，則仁；覺不失之蔽，則
> 智；仁且智，非有所加於事能也，性之德也。[46]

> 聖人順其血氣之欲，則為相生養之道，於是視人猶己，
> 則忠；以己推之，則恕；憂樂於人，則仁；出於正，不
> 出於邪，則義；恭敬不侮慢，則禮；無差謬之失，則智；
> 曰忠恕，曰仁義禮智，豈有他哉？常人之欲，縱之至於
> 邪僻，至於爭奪作亂；聖人之欲，無非懿德。欲同也，
> 善不善之殊致若此。欲者，血氣之自然；其好是懿德也，
> 心知之自然。此孟子所以言性善。心知之自然，未有不
> 悅理義者，未能盡得理合義耳。由血氣之自然，而審察
> 之以知其必然，是之謂理義；自然之與必然，非二事也。
> 就其自然，明之盡而無幾微之失焉，是其必然也。如是
> 而後無憾，如是而後安，是乃自然之極則。若任其自然
> 而流於失，轉喪其自然，而非自然也；故歸於必然，適
> 完其自然。[47]

---

46 清・戴震：《原善》卷上，頁 8。
47 清・戴震：〈理〉，《孟子字義疏證》卷上，頁 171。

戴震認為人與物同有「欲」、同有「覺」,「性之事」與「性之能」顯示以「欲」為「性」的表現,「性」有覺知的心知能力,故「欲不失之私,則仁;覺不失之蔽則智。」人之欲望不沈溺於私欲,人之覺知不被外物蒙蔽,即是仁與智的心知判斷,故仁智是「性之德」高層次的體現。因此,無論是「性之事」、「性之能」、「性之德」皆本於「欲」為「性」的內容,關鍵在於仁智是決定「性之能」、「性之事」展現「性之德」的道德表現,這涉及戴震如何理解人為道德主體表現出不同於物的道德判斷。在此基礎上,戴震進一步從「聖人順其血氣之欲,則為相生養之道」證成「理存於欲」做為道德動力根源,將道德實踐由「性之事」、「性之能」、「性之欲」的自然之性導向聖人之道「性之德」的理義進路,這進路即建立在人本乎血氣心知之性的基礎上,「欲」是「血氣」,「懿德」是「心知」,「欲」做為道德實踐的動力,由自然「性之欲」證成必然「性之德」。亦即是說,戴震從「血氣心知」的根本上建立道德學說人性基礎,由「欲」、「情」歸「理」的道德性善,論證「欲者,血氣之自然;其好是懿德也,心知之自然」,最終達至「歸於必然適完其自然」。由此可知,戴震重構情理論說,推翻程朱「存理滅欲」的舊傳統,由「理存於欲」道德動力重塑合乎人性「情」、「欲」與「理」相融的道德觀,由「性之欲」歸「性之德」的「道德情理」做為人倫世界道德共享的實踐橋樑。

事實上,戴震不僅將「理存於欲」建立在道德動力根源,也延伸對「存理滅欲」的政治批判,抨擊假借理學之名行意見殺人的統治者,不重視「人欲」本然存在,假以「理」做為教

化規範，卻在權力操作下「以理殺人」。戴震痛斥這被政治操作
異化的「理」，將「欲」推至「理」的道德領域，力圖解構這扼
制人性「以理殺人」的壓迫：

> 聖人之治天下，體民之情，遂民之欲，而王道備。人知
> 老莊釋氏異於聖人，聞其無欲之說，猶未之信也，於宋
> 儒則信以為同於聖人。理欲之分，人人能言之，故今之
> 治人者，視古賢聖體民之情，遂民之欲，多出於鄙細隱
> 曲，不措諸意，不足為怪；而及其賢以理也，不難舉曠
> 世之高節，著於義而罪之。尊者以理責卑，長者以理責
> 幼，貴者以理責賤，雖失謂之順；卑者賤者以理爭之，
> 雖得謂之逆，於是下之人不能以天下之同情、天下之所
> 同欲，達之於上。上以理責其下，而在下之罪人不勝指
> 數，人死於法，猶有憐之者，死於理，其誰憐之？[48]

> 此理欲之辨，適成忍而殘殺之具，為禍又如是也！夫堯
> 舜之憂四海困窮，文王之視民如傷，何一非為民謀其人
> 欲之事？推順而導之，使歸於善。今既截然分理欲為二，
> 治己以不出於欲為理，治人亦必以不出於欲為理。舉凡
> 民之饑寒愁怨、飲食男女常情隱曲之感，咸視為人欲之
> 甚輕者矣。輕其所輕，乃吾重天理也，公義也，言雖美
> 而用之治人則禍其人？[49]

---

48 清・戴震：〈理〉，《孟子字義疏證》卷上，頁 161。
49 清・戴震：〈權〉，《孟子字義疏證》卷下，頁 216-217。

　　依戴震而言,聖人之治天下,體民之情,遂民之欲,今人截然理欲為二,僅強調道德「理」的超越面,捨棄饑寒愁怨、飲食男女常情之感的「欲」,美言為天理,「尊者以理責卑,長者以理責幼,貴者以理責賤」皆非聖人之道,死於「理」,其誰憐之?戴震批判這宰制之「理」為禍天下,呼籲樹立一個「使人之欲無不遂,人之情無不達」具有公共關懷理欲兼容「達情遂欲」的道德之盛:

> 惟有欲有情而又有知,然後欲得遂也,情得達也。天下之事,使欲之得遂,情之得達,斯已矣。惟人之知,小之能盡美醜之極致,大之能盡是非之極致。然後遂己之欲者,廣之能遂人之欲;達己之情者,廣之能達人之情。道德之盛,使人之欲無不遂,人之情無不達,斯已矣。[50]

　　戴震認為有「欲」有「情」有「知」,是稟受自然之性,遂己欲亦遂他欲,達己情亦達他情,將道德同感建立在平等共識基礎上,強調「遂己之欲者,廣之能遂人之欲;達己之情者,廣之能達人之情」以「達情遂欲」做為道德目標。因此,道德理義存乎本然的「欲」、「情」中,「舍氣稟氣質,將以何者謂之人哉!」[51]使民欲可遂,民情可達,才是儒家情理相融的理想社會。誠如前述,戴震「理存乎欲」從道德動力的理論層面進入政治層面,打破了程朱「存理滅欲」侷限,然如何體證「欲」歸於「理」之德,又何以做為「理存乎欲」的必然保證?戴震

50　清・戴震:〈才〉,《孟子字義疏證》卷下,頁197。
51　清・戴震:〈性〉,《孟子字義疏證》卷中,頁190。

在〈答彭進士允初書〉中言：「人之得於天也，雖亦限所分，而人人能全乎天德。」[52]戴震提出對人性道德的保證，正因為人全乎「天德」，便能通過天道氣化展現在人道事物上，所展現之性正是以陰陽五行天道為其本[53]。由此可知，這道德由人通乎天道氣稟生化，以「天德」做為人的道德保證，因此人人全乎「天德」，如是「理存乎欲」做為道德動力，人人情欲得遂，便能證成道德實踐，人人具有道德自主，便能確保人「欲」歸向道德「理」的必然性。明乎此，戴震「理存乎欲」道德動力的立說，不僅肯定個體本具「天德」道德自主，亦朝向群體倫理的理想邁進，實現「人之有欲也，通天下之欲，仁也」[54]的儒家社會：

> 君子得其仁。遂己之欲，亦思遂人之欲，而仁不可勝用矣；快己之欲，忘人之欲，則私而不仁。[55]

> 孟子言「養心莫善於寡欲」，明乎欲不可無也，寡之而已。人之生也，莫病於無以遂其生。欲遂其生，亦遂人之生，

---

52 清・戴震：〈答彭進士允初書〉，《戴震全書》（六），頁357。
53 戴震對於天道與人道之說明，在於義理中分判極為清楚，如《原善》卷中曰：「是故在天為天道，在人，咸根於性而見於日用事為，為人道。」又說：「天道，五行陰陽而已矣，分而有之以成性。」《緒言》卷上也曰：「凡日用事為，皆性為之本，而所謂人道也；上之原於陰陽五行，所謂天道也。」又曰：「道有天道人道，天道，陰陽五行是也；人道，人倫日用是也。」而戴震對所重視本在人道發揮之重要性，後來於《孟子字義疏證》中更強調理、欲的根本理論之源；而天道，就人生成之性與所有事物而言，本也就自陰陽五行分化而來，所以人性人道之本質，自然應屬於天道之一部份。
54 清・戴震：《原善》卷下，頁25。
55 清・戴震：《原善》卷下，頁27。

仁也；欲遂其生，至於戕人之生而不顧者，不仁也。[56]

戴震引用孟子「養心莫善於寡欲」論證人「欲」並非不可有，只須節之寡之，在適當合理「欲」中達得人之常「情」以保全本然之「性」。所以，戴震道德哲學將道德實踐取決在「第一人身」的「人」上發用，此意正可以援引西方倫理學家歌絲嘉「道德規範根源理論」三條件分析，在戴震道德哲學的理解上，毋庸置疑「人」是做為道德「第一人身」的「行動當事者」，面臨切身道德抉擇處境，因能體會「戕人之生而不顧者，不仁也。」的道德規範問題。因此，「人」做為道德實踐的「行動當事者」，透過「心靈反思結構」的「理性」反省，「欲遂其生，亦遂人之生，仁也」的「反思性認可」形成感同身受，獲得「自我認同」的「行動理由」。因此，做為「第一人身」道德行動者，便能「自我透明」反躬身受，明白為何實踐「仁」的道德理由，這意味著「行動者」同理仁心，因對「人性認同」也是對「道德認同」，賦予自我與他人平等尊重的道德價值與義務，「君子得其仁」，道德規範也因「自我透明」得到證成。此外，戴震道德哲學「行動者」證成道德實踐理由，是基於行動者「自我認同」所產生仁心「道德認同」，因此同時蘊涵道德義務，「遂己之欲，亦思遂人之欲」，實踐「仁」的道德責任，正是「君子得其仁。遂己之欲，亦思遂人之欲」當仁不讓的道德抉擇。

戴震以「仁」指引「人」做為「第一人身」的「行動者」

---

56 清・戴震：〈理〉，《孟子字義疏證》卷上，頁159。

道德發用,「達情遂欲」正是實踐「仁」後所欲達及道德普遍化的理想。所以,戴震推拓「仁」導向天下人「情」、「欲」的普遍性,將「達情遂欲」道德理想安置在人性「理存乎欲」道德動力上來表述,在人人道德自主「仁心」上尋求道德共識,此意猶同孔子忠恕之仁、孟子仁政王道的道德精神,君子得仁,推己及人,便可達致人我遂欲共融的仁境。如此,戴震道德哲學的理想如同「孟子告齊、梁之君,曰『與民同樂』,曰『省刑罰,薄稅斂』,曰『必使仰足以事父母,俯足以畜妻子』,曰『居者有積倉,行者有裹糧』,曰『內無怨女,外無曠夫』」[57]的社會,正是儒家仁政王道思想的闡揚。戴震由「欲」、「情」道德動力推至政治理想,「理存乎欲」不僅樹立個體道德自主推及群體公共倫理,亦蘊涵道德規範與政治關懷意涵。

四、戴震哲學「以情絜情」道德判斷
與道德行動者之結構

　　道德判斷是人倫日常生活實踐所不可或缺,道德學說只講「理」不講「情」,此「理」不通人情,淪為「以理殺人」宰制工具便可想而知。難道,戴震「達情遂欲」的主張純粹只為了批判當時政治「以理殺人」的現象?其實不盡然!戴震認為「存理滅欲」一味高舉天理,截然二分「理欲」,殊不知人欲常情與天理合一,人倫情欲無法安遂如何趨向道德理義?戴震感歎真實道德體證不在崇高形上的「天理」,而在氣稟之性「人欲」中

57　清‧戴震:〈理〉,《孟子字義疏證》卷上,頁 161-162。

展開，因此「理存乎欲」一體而不隔。相對地，做為御用官學的程朱理學，「存理滅欲」貶棄人性自然欲求，將道德訴諸超越形上天理，不僅囹圄真實生命更侷限了孔孟道德宗旨。因此，戴震另建一套以「情欲」為主體的道德哲學，以人做為道德「行動者」，從「理存乎欲」道德動力實踐達「仁」道德。如此人人道德自主，「情之不爽失」便是合乎道德同然的「理」：

> 心之所同然始謂之理，謂之義；則未致於同然，存乎其人之意見，非理也，非義也。凡一人以為然，天下萬世皆曰「是不可易也」，此之謂同然。舉理，以見心能區分；舉義，以見心能裁斷。[58]

> 問古人之言天理，何謂也？曰：理也者，情之不爽失也；未有情不得而理得者也。凡有所施於人，反躬而靜思之：「人以此施於我，能受之乎？」凡有所責於人，反躬而靜思之：「人以此責於我，能盡之乎？」以我絜之人，則理明。天理云者，言乎自然之分理也；自然之分理，以我之情絜人之情，而無不得其平是也。[59]

> 問：以情絜情而無爽失，於行事誠得其理矣。情與理之名何以異？曰：在己與人皆謂之情，無過情無不及情之謂理。[60]

---

58 清・戴震：〈理〉，《孟子字義疏證》卷上，頁151。
59 清・戴震：〈理〉，《孟子字義疏證》卷上，頁152。
60 清・戴震：〈理〉，《孟子字義疏證》卷上，頁153。

　　顯然，戴震著重在「欲」、「情」道德動力基礎上證成道德理義，因此以「情」為本體，闡揚「理欲合一」自然人性，不追求道德形上超越面的「天理」，重視的是形下生命「情欲」的真實踐履，「以情絜情」正是提供一個非宰制性更寬容的人性關懷。因此，戴震道德哲學建構工作，首先重新廓清「理」，從「理也者，情之不爽失」人我互動上界定「理」，「理」的權衡標準置在「以情絜情」得其平，如此道德判斷即落在人我「絜情」共識上裁決。即如是，戴震「以情絜情」道德判斷主張乃是做為孔子仁論「夫仁者，己欲立而立人，己欲達而達人。」[61]精神的延伸。孔子由「仁」立人達人，戴震由「情」立人達人，人情的道德判斷即在「以情絜情」尋求「心之所同然」理義。戴震認為「凡一人以為然，天下萬世皆曰『是不可易也』，此之謂同然」，所以道德判斷在「心之所同然」的「絜情」基礎上，將心比心，將情比情，獲致我與他人共感的道德感受。然而「情之不爽失的理」如何「以情絜情」？戴震認為「情」與「理」區別在於「無過情無不及情之謂理」，人本有「心靈反思結構」，透過反躬靜思「反思性認可」尋得規範性「行動理由」，「凡有所施於人，反躬而靜思之，人以此施於我，能受之乎？」、「人以此責於我，能盡之乎？」因此，做為「第一人身」的「行動當事者」，經過反躬靜思心靈反思的「理性」產生「以情絜情」的推己及人「行動理由」，故「以我之情絜人之情，而無不得其平是也」獲得情之不爽失之「理」。

---

61 魏・何晏等（注）、宋・邢昺（疏）：〈雍也〉第六，《論語注疏》收入在《十三經注疏》（台北：藝文印書館，1997年），頁55。

　　誠如前述，戴震主張「心」是理義之根據，「同然」含有認同與規範動力，依歌絲嘉的理論，以「人」作為道德「行動當事者」與道德價值根源，因心靈具有反省能力，所以能夠在反省過程中產生「自我意識」，反省認可測試不只是證成道德的一種方式，它即是道德規範根源的自身。如是相對，戴震「情欲主體」道德哲學，以「人」做為「第一人身」的「行動當事者」，肯定聲色臭味「欲」、喜怒哀樂「情」做為道德動力、肯認「以情絜情」做為道德判斷，由「情欲」連繫著道德判斷與道德行動者之結構，重新塑造以「情」為關懷的人道哲學。因此，「以情絜情」即是影響「行動當事者」行為的道德判斷，由人性實然導向道德應然，這便是探討戴震哲學「道德規範根源」所不能忽略的重要課題。

　　即如是，戴震以「人」做為「第一人身」道德「行動當事者」，實踐「以情絜情」人我得平的道德共感，事實上，「以情絜情」不僅如此，其結構更具有雙重功能，「情」不僅是「人情」本質作用，也兼容「絜情」道德功能。「人情」主要功能是喜怒哀樂情氣所發；「絜情」主要功能即在道德情氣的反躬靜思。因此，「人情」、「絜情」的責任範疇：當「情」是「人情」功能，即在滿足生命實存的自然欲求；當「絜情」是道德功能，「情」的責任即在實踐道德生命要求，由於「人情」與「絜情」分屬不同功能，從功能上做出二者區別。綜前所論，進一步藉用歌絲嘉「道德規範理論」分析戴震道德哲學，道德判斷與道德行動者之關係能否回應道德規範的問題？是否是有效理論型態？

由此以觀，戴震哲學「以情絜情」實踐過程中，當心靈反思結構作出「以情絜情」道德判斷，給出「行動當事者」所依據的道德原則，此時「人情」負責認知活動，「絜情」做出道德判斷並給予實踐道德的「行動理由」，因此「絜情」主導「人情」並使之理性化。所以，「以情絜情」的道德判斷過程中，「絜情」統籌「人情」，「絜情」就是「行動當事者」進行道德判斷的實踐主體，也是「心靈反思結構」通過理性後「反思性認可」的道德情感，故「情之不爽失」能作出「道德判斷」心所同然的「行動理由」。

　　循此理路，依歌絲嘉「道德規範理論」分析「以情絜情」是否符合道德規範問題？即可發現當「心之所同然」道德規範問題產生時，「第一人身」行動者，實踐道德「行動理由」即來自「未有情不得而理得者也」的「自我透明」理解，因此行動者因「以我之情絜人之情」清楚知道實踐道德的「行動理由」。所以，當行動者通過心靈反思結構「凡有所施於人，反躬而靜思」成為「行動理由」，「以情絜情而無爽失，於行事誠得其理」便能獲得「自我認同」與「道德認同」，故採取「絜情他人」道德行動，所以「以情絜情」道德判斷就是提供「行動理由」及對道德實踐的選擇。此時所認同的道德價值，如同歌絲嘉所述：

　　　　在這種描述之下，你評價你自身，你發現了你的生活值
　　　　得一過，你的行動值得被採納。所以，我想把它稱為你
　　　　的實踐同一性觀念。實踐同一性是一個十分複雜的問
　　　　題，對於普通人好比一團亂麻。你是一個人，你是一個

女士或一個男人，你是某種宗教的信徒，某族群的成員，你是從事某種職業的人，是某人的愛人或朋友等等。所有這些同一性都帶來了理由和義務。你的理由表達了你的同一性，你的本性；而你的義務來自同一性所責求的東西。[62]

即如是，當「第一人身」行動者肯認身為「人」獨有的道德價值，事實上即認同「實踐同一性」，「同一性帶來理由和義務」，必然也賦予道德責任，所以行動者履行理由和義務，就是實踐他人平等的道德責任。同理可證，如同戴震認為「以我之情絜人之情」即蘊涵「絜情」他人「同一性」的道德義務，所以透過反躬靜思的「理由和義務」進入道德領域，此時「人情」便結合「絜情」，形成「以情絜情」的道德判斷。換言之，人做為道德實踐的行動者，「以情絜情」道德判斷即在「絜情」道德情感「反思性認可」中證成「自我認同」與「道德認同」。所以行動者依心靈反思，「絜情」自然滲透在「人情」中，付諸「絜情」實踐行動，達致「自我認同」與「道德認同」的共融。

由此可見，戴震對道德價值的認同即貫徹在「以我之情絜人之情，而無不得其平」天下心所同然的道德共識。戴震認知「理義」是恆常普遍，並非任隨私見臆斷行事，是取得「心靈反思結構」後達其平的道德理義，是眾人同然普遍性的「道德認同」。所以，以「情欲」昭顯生命道德價值，推拓仁心建立「達

---

62 （美）克里斯蒂娜‧M‧科爾斯戈德：《規範性的來源》，頁 115-116。

情遂欲」道德情理，「以情絜情」不僅是道德判斷，也是道德情感真情流露。因此，戴震強調的「道德情理」即在闡揚「情」、「欲」就是道德動力根源，「理存乎欲」、「以情絜情」、「達情遂欲」皆意在推翻宋明儒側重「理本體」，彰顯另一層始終被忽視的「情本體」意涵，此主張正可對比李澤厚的觀察：

> 對儒學作為「學」（哲學）的方面，也需要從種種體系化的「陰陽五行」、「性理天命」、「道德的形上學」中解放出來，使它恢復原典儒學例如在《論語》中所表現出來的那種真正活潑、具體的人間情趣，這也就是我所說的「情本體」。[63]

> 孔學特別重視人性情感的培育，重視動物性（慾）與社會性（理）的交融統一。我以為這實際是以「情」作為人性和人生的基礎、實體和本源。它即是我所謂的「文化心理結構」的核心：「情理結構」。人以這種「情理結構」區別於動物和機器。中國人的「情理結構」又有其重要特徵。這特徵與孔子、《論語》、儒學直接有關。[64]

誠如所言，先秦原典儒學彰顯是「文化心理結構」的「情理結構」，是活潑具體的「人間情趣」，尤以孔學特別重視人性情感培育的「理欲和諧」，儒學不應僅是側重形上「陰陽五行」、「性理天命」、「道德的形上學」，而忽略真實具體的人倫世界。

63　李澤厚：《論語今讀》，頁9。
64　李澤厚：《論語今讀》，頁18。

「情」在儒家社會中非常重要，即如戴震亦言：「天理者，節其欲而不窮人欲也。是故欲不可窮，非不可有。」[65]、「有是身，故有聲色臭味之欲；有是身，而君臣、父子、夫婦、昆弟、朋友之倫具，故有喜怒哀樂之情。惟有欲有情而又有知，然後欲得遂也，情得達也。天下之事，使欲之得遂，情之得達，斯已矣。」[66]實際上，自古華夏文明的衍生一直在「情本體」上生根，儒家社會即奠基在孔子「仁」的道德上推拓五倫之情，父子、君臣、兄弟、夫婦、朋友皆在「情本體」情感交織下建構倫常道德社會。「情本體」即在真實情感和情感真實之中，它以把握、體認、領悟當下真情和天人之會為依歸，而完全不再去組建、構造某種「超越」的「理」來統治人們。它所展望只是普通、平凡的心的身心健康、充分發展和由自己決定命運的可能性和必要性。[67]

　　事實上，李澤厚所強調文化心理結構的「情本體」，就是戴震道德哲學一再強調「情理結構」的「理存乎欲」、「以情絜情」。戴震以儒家情理結構為基礎，肯定「情欲」道德價值，不再追求玄奧枯槁形上道德之理，而是著重人倫社會「達情遂欲」的道德體證。所以，「情理結構」的基礎即是在「理存乎欲」理欲和諧關係中，以「情欲」做為天下同然感通的道德連繫，樹立「以情絜情」道德判斷，從生命個體道德走向社會群體性公德。戴震由對程朱「存理滅欲」批判下，開啟「情欲道德」的原始

65　清・戴震：〈理〉，《孟子字義疏證》卷上，頁162。
66　清・戴震：〈才〉，《孟子字義疏證》卷下，頁197。
67　李澤厚：《論語今讀》，頁10。

召喚，是憂戚庶民生命愁苦朝向人倫世界彰顯「道德情理」，這般伸張倫理正義、懷抱人情感通的期許，即是對「達情遂欲」道德世界的殷切嚮往。

五、「內在論」？「外在論」？戴震道德哲學規範根源之倫理型態

戴震以「理存乎欲」啓蒙清代倫理新貌，導向「情欲」道德實踐的內在理路，建構以「情欲」為主體的道德哲學，完成新倫理的義理轉型。而事實上，這也說明宋明理學在歷經隋唐佛學席捲中土時代已逝，建構道德形上學振興儒學的階段任務已然完成，形上道德價值在歷經宋明數百年科舉功令的維繫下，至清代之際已空疏委頓，未能符合當時社會價值要求，於是重視人倫經世致用義理已呼之欲出。因此，戴震對程朱「存理滅欲」的批判中重新展開哲學的建構，道德立說揚棄過去理學的玄虛思辨，轉向形下經驗世界體證道德，重建「達情遂欲」的新道德觀，開啓了迥然不同宋明儒的道德進路。

如前所述，戴震道德哲學肯定「人」是真正道德的建構者，從生命「理存乎欲」做為道德動力，使得「人」獲得道德自主，「以情絜情」道德判斷使人化身成為真正道德行動者，道德體證不需恪守外在「存理滅欲」道德教條，亦勿需服膺尊責卑、貴責賤「以理殺人」的宰制規範，而是通過人之常情「以情絜情」道德判斷實現天下「心所同然理義」。相對地，西方歌絲嘉

「道德規範理論」探討道德規範性根源的問題，正可用來分析戴震道德哲學是否具合理有效的道德論證？二者是否有相同對比之處？誠如前述，戴震重視「以情絜情」的「同然」道德共識，這意涵亦如同歌絲嘉「道德規範理論」主張，「第一人身」道德「行動當事者」通過「行動理由」實踐道德行動，達成「自我認同」及「道德認同」，此即是「人」自律的道德義務和道德價值。不約而同，戴震和歌絲嘉同樣皆認同「人」具有「心靈反思結構」，是人性「反思性認可」，是源發自內在的「自律」，即是道德規範性根源所在。所以，二者皆將「人」作為道德價值的規範來源，賦予「人」做為道德行動者實踐道德，擔負著道德理由與道德義務，所以達致道德認可的「同一性」正是道德實踐的「同一性」。因此，戴震「以情絜情」就是一種「反思性認可」的道德情感，亦如同歌絲嘉所言是經過「心靈反思結構」後理性化的能力，因此「同然」忖度並不是控制，而是透過「絜情」道德情感所獲致「同一性」感同身受的道德體證。明乎此，對戴震而言「人」的道德自主不是體現在「存理滅欲」絕對性服膺，而是在人性「理存乎欲」、「以情絜情」道德價值，「理存乎欲」道德動力、「以情絜情」道德判斷皆源自「第一人身」做為「人」的「行動者」，是道德判斷的依據，也是促使道德行動自發自律的根源所在。

　　如前所分析，戴震道德哲學規範意涵：第一，戴震道德哲學以「理存於欲」做為道德動力，道德實踐取決在「第一人身」的「人」發用。戴震以「仁」指引「行動者」實踐方向，「達情遂欲」正是「人」實踐「仁」推己及人的道德表現。因此，以

「人」做為「行動者」證成道德實踐，是基於行動者「自我認同」產生仁心「道德認同」的道德義務，「遂己之欲，亦思遂人之欲」實踐「仁」的道德義務就是完成人應當必行的道德抉擇，[68]故「君子得其仁。遂己之欲，亦思遂人之欲」，達致「達情遂欲」的道德理想。第二，戴震以「情欲」為本體，闡揚「理欲合一」提供更寬容的人倫關懷，由「情欲結構」連繫著道德動力與道德判斷及「第一人身」的「行動者」，由人性實然導向道德應然，由「情」感通立人達人，「以情絜情」道德判斷尋求「心之所同然」道德理義，建立人我共通關懷倫理。

換言之，當「第一人身」的「行動者」，在「以情絜情」實踐過程中，心靈結構即進入「反躬靜思」，透過「反思性認可」進入道德領域，於是「人情」結合道德情感「絜情」，形成「以情絜情」道德判斷。所以，「絜情」就是「行動者」給出道德判斷「行動理由」，由「絜情」主導「人情」進行道德判斷，取得「自我透明」與「自我認同」，「以情絜情」證成同一性「仁」的道德理義。由此可知，戴震道德哲學肯定「人」的道德自主，「理存乎欲」道德動力與「以情絜情」道德判斷與道德行動者之實踐，皆具備歌絲嘉「道德規範理論」三條件：是源於道德實踐的「第一人身」行動當事者、道德規範理由是「自我透明」、行動者是取得「自我認同」。不僅如此，戴震哲學建構的系統乃

---

68 即如同，在歌絲嘉道德規範理論中，行動者基於對身份認同而實踐該身份所蘊涵的責任，此對於身份認同就是支持行動者實踐責任的理由，故任何身份認同都不能違背「人之為人」道德的基本認同，任何實踐理由都不能違背以「人之為人」道德認同作為實踐的理由。

至戴震自身也是化身為道德行動者，其哲學建構即以「第一人身」設身處境，是出自「行動者」戴震「自我透明」道德自覺，故切身感嘆「存理滅欲」、「以理殺人」的道德壓迫，大聲疾呼「理存乎欲」、「以情絜情」，建構「達情遂欲」的新倫理觀。

綜上論述，援引歌絲嘉「道德規範理論」分析戴震道德哲學，即可明白戴震身為「第一人身」行動者面臨道德抉擇，通過「反思性認可」的「自我透明」伸張道德論說，是基於「人」自身「自我認同」而取得「道德認同」，故行動動力的根源，是依據「第一人身」道德情理「情欲」根源，並不涉及任何非道德外在規範規定。因此，戴震道德哲學能夠從「人」自身「理存乎欲」、「以情絜情」證成自我立法，行動理由是源自「自我透明」道德自覺，是出自於「以情絜情」的道德情感，是「君子得仁」指引行動者道德實踐方向，是毫不隱蔽當「仁」不讓精神的表彰。所以，戴震哲學強調人人皆是道德行動者，重視人性實存情欲，由「理存乎欲」道德動力、「以情絜情」的道德判斷使「人」獲得道德自主共譜「達情遂欲」道德目的，因此「達情遂欲」正是戴震肯認「人」實踐「仁」所擔負「自我認同」的道德理想，即可顯見哲學系統中道德規範的根源所在。

整體而言，戴震道德哲學理論核心，「理存乎欲」道德動力與「以情絜情」道德判斷，其與「人」做為道德行動者之結構關係，如前證成是有效並符合道德規範理論。那麼，道德理論型態究竟是「內在論」？亦或是「外在論」？依西方道德規範理論「內在論」主張：人的道德判斷與道德動機具有密切關連，

也就是「行動者」進行道德判斷是應當的，在道德動機的驅使下，必然地會去實踐道德行動，內在論的動力可以是自我利益、同情、仁愛以至稱許等都是，只要這些動力與行動者有一內部的連結關係，即當倫理原則為真時，促使行動者去行動的動力必然存在。而相對地，道德理論「外在論」則主張道德原則或判斷與道德行動之動力沒有任何必然連結關係，雖然人的道德判斷與道德動機之間有密切關連，但此關係僅是外部的關連，沒有任何必然性，只是偶然性，不必依據道德動機去做應當道德行動的事情。[69]所以，依「內在論」、「外在論」的理論型態區分，如果一個倫理學所說明的道德根源是來自客觀世界，是可以客觀地認知，而由此而產生行為規範，促使我們去認可和依它而行動。這是一種外在論（externalism）。如果一個理論所說明的道德價值的根源是出於人類自身，而這個價值根源提供我們進行道德判斷的依據，而且即是促使我們去行動的根源，這種理論稱為內在論 （internalism）。[70]

在此基礎上，進一步分析戴震道德哲學內部結構，「道德行動者」乃由「第一人身」建立道德自主，以「情欲」做為道德實踐根源，「以情絜情」道德判斷與「理存乎欲」道德動力皆源自行動者「人」自身，故行動者進行道德判斷在情理結構上是出自人性「自律自發」，故在道德動力驅使下獲至反思「自我認

---

69 李瑞全：《儒家道德規範根源論》，頁 15。

70 歌絲嘉大體採用同一主要用詞意義，在「外在論」則加上羅斯（David Ross）和普力察（H.A.Prichard）的觀點，「內在論」則增列威廉斯、尼高和自己的理論。詳見李瑞全：《儒家道德規範根源論》，頁 11-16。

同」與「道德認同」同一性的「行動理由」，因此「道德動力」
與「行動當事者」身心連結實踐道德行動。即如是，戴震哲學
道德根源即建立在「人」理性自律的道德自主，「理存乎欲」道
德動力與「以情絜情」道德判斷獲致的「道德情理」勿需他律
道德規範。換言之，當行動者認同「人之所以為人」道德價值，
採取「絜情」判斷體證「道德情理」，就是彰顯「人」的道德自
律與義務，所以完成「以情絜情」即等同達成「自我認同」、「道
德認同」道德價值。依此，戴震哲學情理結構是建立在「人」
情欲實存根源，證成「絜情」的道德行動，亦是達致對天下人
「達情遂欲」心所同然的「道德認同」。因為實踐「絜情」道德
行動，就是對「人」道德價值的肯定，所以戴震「情欲主體」
道德哲學能從「人」自身自律證成，並給出道德規範合理有效
的行動理由。

　　誠如前述已證成，戴震哲學同與歌絲嘉站在同一陣線，標
榜「人」做為道德行動者，道德實踐面即展現在「人欲」與「天
理」的決斷中，證成道德實踐自我的同一性。因此，戴震與歌
絲嘉皆同樣肯定「人」作為「第一人身」道德行為者，是「道
德自主」自律主體，故道德哲學能為「同一性」做出有效論證，
也能解答道德規範根源問題。由上透過歌絲嘉「道德規範理論」
證成戴震「情欲主體」道德哲學規範根源，「理存乎欲」道德動
力與「以情絜情」道德判斷，是出自人「第一人身」行動者「自
律自發」，道德行動理由是「自我透明」，因能獲得「自我認同」，
因此戴震「情欲主體」道德哲學是合理有效的道德理論。即如
是，戴震「情欲主體」的道德哲學，道德動力及道德判斷和「第

一人身」行動當事者相應，不是遵循道德「外在論」由他律規範而產生的行為，而是源自於「人」自身「道德動力」所決定，道德規範根源是來自生命內在推己及人「仁心」所發動「理存乎欲」道德動力與「以情絜情」道德判斷。因此，實踐「絜情」他人道德行為是源自「第一人身」行動當事者「情欲」的道德動力，促使道德情感「絜情」關懷他人實踐道德義務，是由生命內在自發，非為外鑠所成，故是「自律道德」。如此看來，戴震哲學道德動力和道德判斷與行動者之結構的關聯性，是出自「人」內在情欲道德動力實踐「仁」的自我認同，是「仁心」自覺的道德選取，並非恪守外在規範律則而成，因此歸判戴震道德哲學型態即是「道德內在論」。

六、結　語

綜上分析，戴震哲學捨棄「形上／形下」、「理／欲」二分，由人性實然「情欲」體證應然「理義」，將道德價值轉向形下氣化世界建立「以情絜情」同然道德。戴震哲學在「以理殺人」道德異化下重建孔孟道德意涵，由「天理」至「情理」，化「理」為「情」，重「情」揚「欲」打破程朱「存理滅欲」框限，以「達情遂欲」重塑儒家人我感通的真情率性，彰顯「道德情理」的「情本體」價值。戴震哲學肯定人人道德自主，將道德架構在人欲與天理之間，人就是「第一人身」道德行動者，從「理存乎欲」道德動力、「以情絜情」道德判斷，闡揚「情」不僅是「人情」本質作用，也兼容「絜情」的道德功能，證成「自我認同」與「道德認同」是人性道德價值的同一性，由自律自發的道德

動力、道德判斷建立返歸儒家「情本體」之路。

　　戴震道德哲學之建構，不僅破除「存理滅欲」舊道德觀，亦展現從「存理滅欲」到「理存乎欲」演進的重大轉折。本章參照西方歌絲嘉「道德規範理論」為傳統戴震學提出新詮是嶄新議題的初探，論證戴震哲學是符合歌絲嘉道德規範理論，是「第一人身」、行動理由是「自我透明」、是出於行動者「自我認同」的合理論證。不僅如此，戴震哲學由「仁」開出道德領域，由「欲」做為道德動力，由「情」實踐道德判斷，踐「仁」遂「欲」達「情」體證「道德情理」，「理存乎欲」道德動力與「以情絜情」道德判斷皆建立在「人」的道德自主上。這由生命「情欲」結構「自律自發」的「道德情理」，是「第一人身」行動當事者道德判斷與行動的依據，是「仁心」自我要求，是「情欲」的真實感通，是肯定「理存乎欲」及「以情絜情」的道德義務，因此證成戴震哲學義理型態即是「道德內在論」。

第四章　從當代西方倫理學之復興到戴震「情欲主體」道德哲學的新試探

一、戴學當代新釋之可能

　　清・戴震[1]建構身心相繫「情」、「欲」關懷的道德哲學，其認為後人習聞楊、墨、老、莊、佛之學，汨亂孟子之言：「吾用是懼，述《孟子字義疏證》三卷。」[2]以返歸孔孟，求觀聖人之道為宗旨。戴震反對當時執義理牛耳程朱官學「存理滅欲」[3]，

1　戴震（1724－1774）字東原，安徽休寧人，生於雍正元年十二月，卒於乾隆四十二年五月，為清代樸學大師。乾隆三十八年（1773）任《四庫全書》館纂修官，四十年（1775）成進士，改翰林院庶吉士。戴震為清代著名考據家及思想家，生卒年據段玉裁〈東原年譜訂補〉載：「世宗憲皇帝雍正元年癸卯，先生生。先生諱震，字東原。曾祖景良。祖寧仁，贈文林郎。父弁，封文林郎。世居休寧邑阜。妣朱氏，贈孺人。先生以十二月己巳生邑裏之居第。」見於清・段玉裁：〈東原年譜訂補〉，《戴震全書》（六）（安徽：黃山書社，1995 年），頁 649。茲下引述戴震文獻皆引於《戴震全書》，僅標註引文之篇名出處及頁數，茲不再贅述出版社及出版時間。

2　戴震：《孟子字義疏證・序》，《戴震全書》（六）（安徽：黃山書社，1995 年），頁 147-148。另外，戴震反對程朱官學，大膽喊出「打破宋儒家中《太極圖》」，返歸儒家經典疏證孟學捍衛正統，自後投入孟學詮釋，在《緒言》、《孟子私淑錄》、《孟子字義疏證》中釐正異說。其反理學之背景，詳參羅雅純：《朱熹與戴震孟子學之比較研究－以西方詮釋學所展開的反思》（台北：秀威科技出版，2012 年）。

3　程頤言：「人心私欲，故危殆；道心天理，故精微。滅私欲，則天理明矣。」另外，朱熹亦言：「聖賢千言萬語，只是教人明天理，滅人欲。天理明，自

主張「理存乎欲」、「以情絜情」，德性的完成、道德的實踐即在
人我絜情「達情遂欲」的理想社會中，因此哲學立說揚棄理學
的玄虛思辨，轉向形下人倫經驗世界體證道德，開啓了迥然不
同宋明理學的實踐理路。回顧近代戴學研究，戴震二百週年誕
辰紀念（1924 年 1 月 19 日）曾掀起研究熱潮[4]，其中特別需要
關注是梁啓超、胡適、錢穆及余英時對戴學研究的觀點。尤其
梁啓超對戴學用力最深，《飲冰室文集》收入《戴東原生日二百
年紀念會緣起》、《戴東原先生傳》、《戴東原哲學》、《東原著述
纂校書目考》、《戴東原圖書館緣起》，足以見推崇備至。梁啓超
撰著《戴東原哲學》「接連三十四點鐘不睡覺趕成。」[5] 讚許戴
震是「科學界的先驅者。」[6]是哲學界革命家，比擬如歐洲文藝

不消講學。」、「人之一心，天理存，則人欲亡；人欲勝，則天理滅，未有天
理人欲夾雜者。學者須要於此體認省察之。」、「學者須是革盡人欲，復盡天
理，方始是學。」足可見程朱理學「存理滅欲」主張。參見宋・程顥、程頤：
《二程集》（一），《河南程氏遺書》卷二十四（台北：漢京文化，1983 年），
頁 312。參見宋・朱熹：〈持守〉，《朱子語類》（一）卷第十二收入《朱子全
書》十四冊（上海：古籍出版社，2002 年），頁 367。〈力行〉，《朱子語類（一）》
卷第十三，收入《朱子全書》十四冊，頁 388-389 及頁 390。

4　八十年代後戴震學研究煥發生機，尤其大陸戴震學的興起，研究論著也增
　　多。戴震家鄉研究者在徽州師專方前、葉光立、方利山、王昭義、胡槐植等
　　倡議下，召開紀念戴震誕辰 260 周年學術座談會編輯紀念專刊，在師專學報
　　開闢戴震研究專欄。1986 年 4 月在戴震故鄉安徽省召開戴震學術討論會，
　　成立了第一個專門研究學術團體—戴震研究會。大陸許多學者紛紛投入發表
　　比較系統性探究，撰寫一系列成果，如：王茂、李錦全、趙士孝、童寶剛、
　　蒙培元、張茂新、張岱年、王德中、許紹雄等以數學、自然科學、教育學、
　　心理學、文學、美學進行戴震學廣泛性的探討。詳見方利山、杜英賢：《戴
　　學縱橫》（北京：中國文聯出版社，1999 年），頁 292。

5　梁啟超：《飲冰室文集》收入《飲冰室合集》（五）（北京：中華書局，1989
　　年），頁 77。

6　梁啟超：〈戴東原生日二百年紀念會緣起〉，《飲冰室文集》之四十，收入《飲
　　冰室合集》（五），頁 38。

復興的翻版。[7]「戴震蓋確有見於此，其志願確欲為中國文化轉一新方向；其哲學之立腳點，真可稱二千年一大翻案；其論尊卑順逆一段，實以平等精神，作倫理學上一大革命。其斥宋儒之糅合儒佛，雖帶含蓄，而意極嚴正，隨處發揮科學家求真求是之精神；實三百年間最有價值之奇書也。[8]」、「東原之提出自己獨重情感主義，卓然成一家言。[9]」以「情感」概念涵攝「情欲」追求人性平等。不僅如此，梁啟超更鄭重其事去信胡適，胡適欣然撰寫《戴東原哲學》，「中間屢作屢輟，改削無數次，凡歷二十個月方才脫稿」，全書長達七萬言。[10]推舉戴震不愧是「清學的宗師」[11]，符合科學家求知目的又具科學家態度與精神。[12]胡適肯定「戴氏論性，論道，論情，論欲，也都是用格物窮理的方法，根據古訓作護符，根據經驗作底子，所以能摧破五六百年推崇的舊說，而建立他的新理學。」[13]

縱然，戴震備受梁啟超、胡適推崇，然亦有不認同者如錢穆，其言：「然其（戴震）精神所注，卒均不脫於其所謂聖人之遺經，而惟日孳孳於故訓與典章制度之間。」[14]又言：「今綜觀

7　梁啟超：〈戴東原生日二百年紀念會緣起〉，《飲冰室文集》之四十，收入《飲冰室合集》（五），頁40。

8　梁啟超：《清代學術概論》（台北：臺灣商務印書館，1994年），頁68。

9　梁啟超：〈戴東原生日二百年紀念會緣起〉，《飲冰室文集》之四十，收入《飲冰室合集》（五），頁40。

10　胡適：《戴東原的哲學》（台北：臺灣商務印書館，1927年），頁197。

11　胡適：《清代學者的治學方法》，見葛懋春、李興芝編輯：《胡適哲學思想資料選》（上）（上海：華東師範大學出版社，1981年），頁208-211。

12　胡適：《戴東原的哲學》，頁64-65。

13　胡適：《戴東原的哲學》，頁82-83。

14　錢穆：《國學概論》（北京：商務印書館，1997年），頁286。

有清一代學術，則顧氏『經學即理學』一語，不可不謂其主要之標的。彼輩欲於窮經考古之中，發明一切義理，其愚而無成，可弗待言。」[15]錢穆認為戴震恪守名物故訓，不出顧炎武治經觀點，因此窮經考古而學行兩橛。然其弟子余英時則提出不同看法，《論戴震與章學誠》書中一半篇幅皆論戴震，推崇戴震為儒家智識主義[16]高峰典型，其言：「戴學在全部儒學系統中佔據的地位如何姑置不論，但從學術思想發展史的觀點來說，它的基本傾向確是要把知識從傳統的道德糾纏中解放出來。這是宋、明以來儒家論知識問題所未達到過的新境界。」[17]其評論戴學亦留有其師之孑遺，仍不免在考據框架觀點下限制戴學意涵。而熊十力則評議「戴震本不識程朱所謂理，而以私見橫議，吾於此不及深論。」[18]；唐君毅認為戴震反宋儒「得于天而具于心，以天理與人欲相對」、「自然而合必然之則」義理進于宋儒者甚少，更不免於理之見有所偏。[19]；勞思光批駁戴震未能分辨「性」與「善」，一面取形上學觀點，將「善」視為存有義，

15 錢穆：《國學概論》，頁 311。

16 余英時認為清代思想興起是儒學智識主義發展結果，標舉清代為智識主義興起的時代。參見余英時：〈清代思想史的一個新解釋〉，《歷史與思想》（台北：聯經出版社，1977 年），頁 128、頁 154。及余英時：〈儒家智識主義的興起—從清初到戴東原〉，《論戴震與章學誠》（台北：東大圖書出版，1996 年），頁 20-35。此外，張麗珠認為清代自戴震開闢榛莽，而其後清儒凌廷堪、焦循、阮元等，繼承戴震義理重智主義基礎上，進而發展清儒重智主義道德觀。參見張麗珠：〈焦循發揚重智主義道德觀的「能知故善」說〉，《清代義理學新貌》（台北：里仁書局，1999 年），頁 200-234。

17 余英時：《論戴東原與章學誠》，頁 34-35。

18 熊十力：《讀經示要》（台北：樂天出版社，1973 年），頁 18。

19 唐君毅：《中國哲學原論—原教篇》（台北：台灣學生書局，1990 年），頁 701。及《中國哲學原論—導論篇》（台北：台灣學生書局，1980 年），頁 7 及頁 63-67。

作超經驗之肯定；另一方面又把「善」解為經驗中之利害意義，只作經驗事實描述，此中「普遍」與「特殊」、「規範」與「事實」等衝突皆無法消融。[20]成中英則認為：「戴東原乃視為明清之際，批判的儒學之建設性高峰的代表人物。其哲學則可視為囊括了傳統儒家哲學的第四期，亦即最後階段之根本特色。因此，我們絕不可忽略東原及其哲學在儒家思想之演變歷程中所佔的重要地位。」[21]。如前所述，回顧戴學過去詮釋分化局面實難評議，戴學究竟該如何作義理定位，使之既有所本，又能復照當前道德哲學的討論，面對戴學當代研究，當務之急是如何掘發潛隱未明的義理新價值。因此，評議並非本文關心重點，而是盼能在前賢基礎將傳統戴學延伸到現代脈絡，接榫西方倫理學視域，目的非以西律中或以今律古，而是借鑒西方觀點再接再厲地對戴學提出新觀點、新思考。

　　誠如，戴震建構「情欲主體」道德哲學，道德哲學講求倫理應用，關注人的德行善性，便是一套探討道德實踐的倫理學。而眾所皆知，倫理學在中西方皆有悠遠歷史，在西方以古希臘亞里斯多德（Aristotle）為代表，從古希臘到中世紀，倫理傳統一向是以「德性倫理學」（Virtue Ethics）為主流。但進入近現代，為（英）邊沁（Bentham）和彌爾（Mill）「功利論」（Utilitarianism）和（德）康德（Kant）「義務論」（Deontology）

---

20 勞思光：《新編中國哲學史》（三下）（台北：三民書局，1995 年），頁 841。
21 成中英：〈儒家思想的發展與戴震的「善的哲學」〉，《知識與價值—和諧、真理與正義的探索》（台北：聯經出版社，1989 年），頁 236-237。

所代表的「規則倫理學」（the Ethics of Rules）所取代。[22]自從1958年（英）伊莉莎白・安斯康（G.E.M.Anscombe）發表《現代道德哲學》（*Modern Moral Philosophy*），認為「功利論」和「義務論」皆無法為人們行為提供正確道德基礎，所以呼籲回歸到亞里斯多德傳統「德性」意義建構當代「德性倫理學」[23]獲得當代倫理學家響應，成為西方學界一場聲勢浩大的復興運動，同時也引起了熱烈討論。[24]「德性」理論同時也為西方哲學發展開拓了一個新視野，這意味著長久以來蔚為主導的「規則倫理學」將面臨強大挑戰。

倫理學本是一門規範科學，目的本不在知識思辯的探討，而是躬行實踐道德，而「道德」向來是二千五百年儒家的首要關懷，豐富寶貴的倫理意涵自能給予不同西方「德性」的探討。今日面對西方德性理論的興起，中國哲學該如何參與並提供合理有效回應？儒家與當代「德性倫理學」究竟有何種關聯？更確切地問儒家強調德性，作為當代哲學視域的重要行動者，道

---

22 規則倫理學大致可分為兩大派，「義務論」和「目的論」（功利論），「功利論」（Utilitarianism 也譯為效益論）及「義務論」（Deontology 也譯為道義論），兩者統稱為「規則倫理學」（the Ethics of Rules），在回答規範倫理學的中心問題時，「目的論」的學說涉及價值上的考慮，而「義務論」的學說則強調人履行道德義務的至上性。

23 安斯康呼籲復興德性倫理學，參見（英）伊莉莎白・安斯康（G.E.M.Anscombe）（*Modern Moral Philosophy*,Vo1.33,No.124,Jan,1958,PP.1-19）。另外,（美）余紀元（著）、林航（譯）:《德性之鏡：孔子與亞里斯多德的倫理學》（北京：中國人民大學出版社，2009年），頁1-2。

24 許多認同「德性倫理學」者如麥金泰爾（MacIntyre）、菲利帕・福特（Philippa Foot）、羅薩琳德・赫斯特豪斯（Rosalind Hutshouse）等皆被認為是「亞里斯多德主義」的代表。

德思考究竟能在現代產生什麼樣的德性實踐？這不僅是一項無以迴避的挑戰，同時也代表著當代研究面對過去理解中國傳統文獻，將擁有新穎的詮釋觀點。因此，本文問題緣起即在過去論述背景下尋求戴學新釋之可能，從當代西方倫理學之復興進而探索戴震「情欲主體」道德哲學，研究進路首先從反省西方「規則倫理學」之「功利論」、「義務論」，而後轉向「德性倫理學」進行分析。其次，探問戴震哲學「行動者－人」，其根源於人性「道德動力」、「道德判斷」與「道德行動者」之「行為動機」和內在「德性」關係為何？道德理論是以「義務」、「規則」、「最大多數人的最大幸福」來詮釋？還是從「德性」、「善」、「幸福」來評價道德行為？倫理型態是注重道德理性、道德法則的「規則倫理學」？還是重視道德情境、道德情感的「德性倫理學」？研究目的從中西對比視域中探討戴震哲學與西方倫理相應之處，重新思考「德性」意涵，為傳統戴學在當代諸多詮釋中尋求另一個開放新論述。[25]

25　當今受到德性倫理學啟發的西方漢學家，陸續借鑒西方倫理學視角重新展開比較研究有：（美）李亦理（Lee H‧Yearley）（著）、施忠連（譯）：《孟子與阿奎那美德理論與勇敢概念》，（北京：中國社會科學出版社，2011 年）。另外，李亦理：《思想上的荀子：他嘗試綜合的儒家思想和道家思想》（*Hsün Tzu on the Mind:His Attempted Synthesis of Confucianism and Taoism*），《亞洲研究雜誌》（*Journal of Asian Studies*）第 39：3 期（1980 年），頁 466。（美）萬百安（Bryan Van Norden）《早期中國哲學中的德性倫理與後果論》、《儒家之道：中國哲學之探討》。見於（美）邁克爾‧斯洛特（Michael Slote）〈評萬百安《中國早期哲學的德行倫理學與結果論》〉，汪文聖（主編）：《漢語哲學新視域》（台北：台灣學生書局，2011 年），頁 533-543。（美）倪善衛（Nivison, David S.）、萬白安（Bryan W. Van Norden）（編）、周熾成（譯）：《儒家之道：中國哲學之探討》（南京：江蘇人民出版社，2006 年）。（美）西姆（MaySim）：《重塑道德：以亞里斯多德和孔子為借鏡》（*May Sim. Remastering Morals with Aristotle and Confucius.Cambridge* : Cambridge University Press,2007.）、

二、西方「規則倫理學」與「德性倫理學」

　　「德性」（virtue）是個傳統復古的概念，也是個當代創新的想法。在希臘時代亞里斯多德（Aristotle）《尼各馬科倫理學》（Nicomachean Ethics）這本深具影響力著作中，「德性」這個概念就扮演著十分重要的角色。許多後世研究，都希望透過對這個概念的理解，進一步掌握實踐智慧（practical wisdom）的想法，更進而連結「幸福」（eudaimonia）這個終極的目標。當代「德性」理論的發展，在「德性倫理學」方面強調以「德性」作為「倫理規範性」（ethical normativity）依據，在德性知識論

（美）余紀元（著）、林航（譯）：《德性之鏡：孔子與亞里斯多德的倫理學》（北京：中國人民大學出版社，2009 年）。（美）艾文賀（P‧J‧Ivanhoe）《儒家傳統中的倫理學：孟子和王陽明的思想》（*Ethics in the Confucian Tradition:The Thought of Mencius and WangYang-ming*. Atlanta: Scholars Press, 1990,pp73-90）。（美）邁克爾‧斯洛特（Michael Slote）：《道德情感主義》（英國：牛津大學出版社，2013 年）。（美）邁克爾‧斯洛特（Michael Slote）、周亮（譯）：《從道德到美德》（江蘇：譯林出版社，2017 年）。另外，值得注意的是，安樂哲在〈早期儒家是德性論的嗎？〉一文中提出「角色倫理學」觀點，已引起海外與大陸學界熱烈討論，台灣國內對此問題探究大多仍圍繞在「規則倫理學」架構，尚未能超出主體哲學範圍。詳見（美）安樂哲（Roger T. Ames）、羅思文（Henry Rosemont,Jr.）（合著）、謝陽舉（譯）：〈早期儒家是德性論的嗎？〉，《國學學刊》總第 1 期（2010 年），頁 94-104。近期有（美）安靖如（Stephen C. Angle）致力於中國哲學尤其是宋明理學和當代新儒學研究，著有：（美）安靖如（Stephen C. Angle）（著）、黃金榮、黃斌（譯）：《人權與中國思想：一種跨文化的探索》（北京：中國人民大學出版社，2012 年）、（美）安靖如（Stephen C. Angle）（著）、韓華（譯）：《當代儒家政治哲學》（江西：人民出版社，2015 年）、（美）安靖如（Stephen C. Angle）（著）、吳萬偉（譯）：《聖境：宋明理學的現代意義》（北京：中國社會科學院出版社，2017 年）。

方面，也著重以「德性」作為「知態規範性」（epistemic normativity）之基礎。在這兩者交互對話與辯證發展的過程之中，不僅為尋求道德規範的本質開創了一個新的進路，也為探索知識的本質與價值問題找到了一個新的契機。德性理論的出現，為當代哲學發展提供了一個新的視野。[26]事實上，論及西方當代「德性倫理學」之復興，是藉由對「規則倫理學」之批評而提出，最早首推（英）伊莉莎白‧安斯康在 1958《現代道德哲學》倡導返歸「亞里斯多德」德性倫理學的觀點，從而被公認為當代德性論的開拓者。自此，許多哲學家起而呼應安斯康的主張。20 世紀 80 年代後，（英）麥金泰爾（MacIntyre）出版《德性之後》（After Virtue），更是直接批判了西方「規則倫理學」，同時也宣告當代德性倫理學全面的開始。隨之，艾瑞斯‧梅鐸（Iris Murdoch）*The Sovereignty of Good*、伯納德‧威廉斯（Bernard Williams）、《倫理學和哲學的邊界》*Ethics and the Limits of Philosophy*，也同時在 1985 年前後問世，這三本著作共同推動了「德性倫理學」的發展。其後，羅薩琳德‧赫斯特豪斯（Rosalind Hutshouse）*On Virtue Ethics*（1999）、邁克爾‧斯洛特（Michael Slote）《從道德到美德》*From Morality to Virtue*（1992）、《源自動機的道德》*Morals from Motives*（2001）、克莉斯汀‧斯萬頓（Christine Swanton）《德行倫理學：一個多元主義式的視角》*Virtue Ethics：A Pluralistic View*（2003），也都是當代倫理學發展中，推波助瀾的幕後功臣。[27]這些倫理學家

---

26 米建國、朱建民：〈導言：「德性的轉向：德性理論與中國哲學」〉，《哲學與文化》第 39 卷第 2 期（2012 年 2 月），頁 1。
27 米建國、朱建民：〈導言：「德性的轉向：德性理論與中國哲學」〉，頁 3。

不斷拓展「德性倫理學」的研究，同時也代表亞里斯多德「德性倫理學」在西方道德哲學領域的復興。直至當今 20 世紀 80 年代及 90 年代早期，西方倫理學發展便從如何通過揚棄道德直覺而完成上述理論任務，[28]而這正是西方「德性倫理學」所發展的歷史背景。

　　「德性倫理學」的復興，意味著傳統以康德為首的「規則倫理學」義務論將面對「德性倫理學」所帶來的強大挑戰。追溯「德性」概念可說自古希臘開始，「德性倫理學」是傳統倫理學根本型態，尤其在蘇格拉底（Socrates）、柏拉圖（plato）、亞里斯多德（Aristotle）倫理思想中，「德性」為其探討的核心，主要關注的不是行為對錯的標準，而是如何成為一個好人追求幸福的道德哲學。尤其，亞里斯多德在前人基礎上以「德性」為核心，主張生活「至善」（the highest good）所達至的「幸福」（eudaimonia）為人生理想目標。所以，在亞里斯多德看來「幸福」為人性終極價值，而幸福構成以「德性」為內容，並且被人性「特有的活動」（ergon，characteristic activity）所規定，具有人性的基礎。[29]這由「德性」思考的出發點在於「幸福」觀念，關心的問題是：如何活出美好人生？其核心在於人皆追求美好人生，而人性真實的完滿實現便是達成這美好人生，所以追求生命幸福中，「德性」是構成「幸福」的必要條件，「幸福

28　李義天：〈斯洛持的美德倫理學及其心理學預設〉，《倫理學研究》第 3 期（2009年），頁 81-85。

29　石元康：《從中國文化到現代性：典範轉移？》（台北：東大圖書出版，1998年），頁 114。

就是合乎德性的實現活動。」[30]因此，亞里斯多德傳統倫理學訴求「德性」與「幸福」人生的理念，便成為當代號召「德性倫理學」復興的典範。

但是回溯近代以來，在 1980 年代以前西方長久以來一直為兩套倫理學理論體系所支配，一邊是由邊沁與彌爾所樹立的效益論傳統，另一邊則以康德為代表的義務論傳統。根據康德義務論，道德是基於理性的普遍與公正法則，這就是大家熟知康德無上命令或定言令式（Categorical Imperative）。而「功利論」（效益論）則把道德價值建立在人類福祉上，善是行動的目標，如果人類的福祉是唯一的善，那麼它就是理性行動的目標。[31]所以，整個西方倫理學以「義務論」和「功利論」為代表的「規則倫理學」主導著西方道德理論的思考，所重視的是人類行為基本規範，道德原則及規範人的行為，而不在乎行為動機。[32]要

---

30 亞里斯多德（Aristotle）、苗力田（譯）：《尼可馬克倫理學》（北京：中國社會科學出版社，1999 年），頁 15。

31 黃藿：〈德行倫理學的復興與當代道德教育〉，《哲學與文化》第 27 卷期第 6 期（2000 年 6 月），頁 522-523。

32 倫理學型態：「古代倫理學」（以柏拉圖、亞里士多德為代表）是以「德性」為中心，並強調實踐的處境性，其思想的出發點在於「善」或「幸福」的觀念，關心的基本問題是：如何活出美好的人生？而人性完滿實現便是美好人生。其次，「現代倫理學」（以康德、邊沁 J. Bentham、約翰・史都華・彌爾 John Stuart Mill、以至契約論者為代表）則是遠承中世紀基督教的道德規條，並受現代科學與社會結構的影響，主要工作在於為道德提供上帝啟示以外的理性基礎。「現代倫理學」是以「義務」為中心，並強調道德的「法則性」（lawfulness）。前者也就是「德性倫理學」；後者則是「規則倫理學」。事實上，這種「古代倫理學」和「現代倫理學」的區分乃由 20 世紀的哲學家正式提出，如麥金泰爾（MacIntyre）、威廉斯（Williams）等人便堅持對西方倫理學史作出分疏，特別揭露「現代倫理學」缺陷，提倡回歸「古典倫理學」。英冠球提供了對西方倫理學「古代倫理學」、「現代倫理學」、「德性倫理學」

言之，以「義務論」和「功利論」為代表的「規則倫理學」主
張所有人皆受「義務」、「規則」所約束，義務責任的權威性，
從而樹立行為規範的正當性。尤其是康德高舉「道德主體性」
與「道德自律」概念，提出一套由「義務」所構成的道德體系，
沒有任何價值比自由與理性的意志更高，將個人自由自律視為
至高無上的價值選擇。所以，康德主張在道德哲學基礎上唯有
「善良意志」才是實踐「義務」正確的核心，這出於「義務」
的行為，將一切情感欲望排除在外，方能達到「義務」的要求，
堅持一個行為或行為規則之所以具有道德意義，其最後判準並
不在於其所產生的非道德價值，而在於自身的特性或行為者的
動機。尤其對康德哲學而言，以先天原則來制定道德法則和道
德形而上學體系，其理論核心由兩個命題組成：如果道德規則
是合理的，那麼它們必然對所有理性的存在者都是一樣的，恰
如算術規則那樣；如果道德規則對所有理性存在者都有約束
力，那麼重要的不是履行這些規則的偶然能力，而是履行這些
規則的意志。[33]

　　因此，康德「義務論」倫理學的道德判斷是建立在「道德
法則」（on principle）、出於義務或責任（from duty）以及自我
要求做正確的事情（because they think it is right）基礎上，把「普
遍化」做為道德判斷的原則，經過普遍化後的道德規範或規則

及「律則倫理學」分述。詳見英冠球：〈《孟子》反映的倫理學型態－從德性倫理學的觀點看〉，《哲學與文化》第 5 期（2010 年 5 月），頁 22-23。

33　（英）麥金泰爾（MacIntyre）、宋繼杰（譯）：《追尋美德》（南京：譯林出版社，2003 年），頁 56。

視為「至上律令」，即一切有理性者必須遵守的規範。所以，康德為了建立自律的道德法則，能免於人類經驗的偶然性，免於情感羈絆的干擾，透過道德形上學尋求自由意志之建立道德法則，獲得先驗的必然性與普遍性，以作為道德行為明確的普遍判準。[34]因為，康德認為道德義務是一種無上命令，為道德義務本身而做的行為才是道德，因此道德義務不是條件性的，是絕對「至上律令」，道德原則在於一個人應如此做，使得其行為格準成為普遍法則。所以，「義務論」認為倫理行為不應該追求任何目的，而應該為義務而義務，這樣才能顯示出倫理道德的高貴與尊嚴，純粹是遵守倫理道德義務的行為。[35]除此，康德更是區分義務與愛好、定言令式與假言令式、尊嚴與價值、自律與他律，極力把道德理性與自然情感劃分，甚至排除道德情感。他認為道德行為不僅要合乎義務，更要出於義務，道德命令的要求至高無上，足以顯現人格的尊嚴。[36]

相對地，邊沁、彌爾「功利論」則主張：倫理行為是為了追求「效益」目的，無論是追求利益、幸福人生或德行的完成，都是根據目的來決定。所以判斷一件事情的善惡依據，在於行為是不是達到最大的效益，達至最大效益則為善，否則為惡，所以善惡是根據所達至的效益而定的。因此就道德規範而言，

---

34 （德）康德（Kant）、李明輝（譯）：《道德底形上學之基礎》（台北：聯經出版社，1980 年），頁 3-5。

35 沈清松：〈倫理學理論與倫理教育〉，《通識教育季刊》第 3 卷第 2 期（1996 年 6 月），頁 4。

36 李明輝：《四端與七情：關於道德情感的比較哲學探討》（台北：國立台灣大學出版中心，2005 年），頁 14-18、頁 52、頁 60。

「功利論」主張道德規範是為了追求「最大效益」為唯一目的。
「功利論」所認知道德義務或道德價值之最後判準在其所產生
非道德價值，（非道德價值的「善」，如快樂、幸福、功利等。
換言之，這類倫理學道德意義的「善」化約為非道德意義的
「善」。）[37]「功利論」從人性趨樂避害的立場出發，強調行為
的善為基礎，主張行為正當與否來自獲得多少「效益」的幸福
快樂。所以，每一個人的行為或遵循的道德規則應該追求以「最
大多數人的最大幸福」，表述出一種合理的道德規範來指導人類
的道德實踐。所以，「功利論」是以最多數人幸福快樂的「結果」
來做為衡量行為正確與否的道德標準。由此可知，以「義務論」
和「功利論」為代表的「規則倫理學」，「義務」和「效益」是
道德核心概念，道德原則即是道德判斷，「德性」只能從對或善
的概念中衍生，僅位於從屬的地位。

　　然而這樣以「規則」為基礎的「規則倫理學」長期主導西
方倫理學所引起的廣泛影響，正如哲學家 James Rachels《道德
哲學綱要》書中所闡述的：

> 現代道德哲學家是以回答〝什麼是正當的行為〞這樣的
> 問題開始的。這把他們導向了一個（與美德倫理）不同
> 的方向。因此，他們進一步發展出的理論是關於義務與
> 正當的，而不是關於美德的：每個人都應當按照能最大
> 化地滿足其個人利益的規則而行為（倫理利己主義）。我

---

37 李明輝：〈儒家、康德與德行倫理學〉，《哲學研究》第 10 期（北京：中國社
　會科學院哲學研究所，2012 年），頁 113。

　　們應該按照那些能最大限度地滿足最大多數人利益的規
　　則而行動（功利主義）我們的義務就是要按照那些具有
　　普遍性的道德法規則而行動。（康德倫理學）所謂的　正
　　當就是遵循由理性的、以個人利益為出發點的人們出於
　　相互利益的考慮所同意制定的規則而行動（社會契約
　　論）。[38]

　　即如是，這些建立在「規則」基礎上的道德理論，所探討
的是從「最大化滿足個人利益」、「最大限度滿足最大多數人利
益」、「符合義務普遍性的道德法規」、「遵循由理性、個人利益、
相互利益」來評論關於「義務與正當」道德行為標準。這些制
定「規則」的道德理論，意味著當人面對到現實生活的道德抉
擇，根據不同道德規則，選擇不同行為方式，難以保證不會導
致紛爭行為無所適從。所以，不論是「倫理利己主義」、「功利
主義」、「康德倫理學」或是「社會契約論」，皆在說明人必須遵
行「規則」。那麼，面對現代道德問題的重新思考，當代德性倫
理學家認為道德理論是不能建立在「規則」基礎上，因此批評
指向「功利論」和「義務論」為代表的「規則倫理學」。事實上，
這以「規則」所建立的道德理論，是源自中世紀以上帝權威為
基礎的神授律，它們將道德理解為像法律一樣的責任。這些觀
念深深影響了西方道德哲學，「功利論」將道德理解為「必須盡
可能地增加社會的整體幸福」的法則，「義務論」則將道德理解

---

38 James Rachels,*The Elements of Moral Philosophy*,Singapore,McGraw-HillBook
　　Co,1999.176.轉引劉余莉：〈西方美德倫理的當代復興〉,《玉溪師範學院學報》
　　第 19 卷第 1 期（2003 年），頁 13-14。

為「不許說謊」、「不許違背承諾」等表達責任或義務的規則所組成的體系。但由於西方近代道德做為中世紀神學的遺留物不再具有原有效用，所以安斯康認為這以責任或法律概念為核心的道德哲學缺乏權威立法者而變得沒有什麼意義，而源自古希臘的美德概念才是唯一能夠取代「功利論」和「義務論」的倫理學理論。[39]

繼安斯康評論後，西方道德哲學家開始對「規則倫理學」展開激烈的討論，也因此掀起了德性倫理的復興運動，「德性」概念再一次被正視，同時也成為「德性倫理學」與「規則倫理學」相爭的首要問題，二者爭論焦點在於「德性」和「規則」何者是第一性（primacy）？「德性」是德性倫理學最基礎的概念，視「德性」為第一性，「規則」為從屬概念。而「規則倫理學」則視「規則」為第一性，將道德理解為像法律一樣的義務責任，建立一個普遍有效的行為規則要求對行為遵守，卻忽略了對「行動者－人」[40]主體的關切。於是，「規則倫理學」的道德評價僅只是對「行為」本身的評價，但做為履行道德主體「行動者－人」，「規則」、「義務」成為服膺道德的目的，道德評價僅是關心行為是否遵行「義務」、「規則」後的結果，而關乎道

39　陳真：〈美德倫理學的現狀與趨勢〉，收入在《光明日報》（2011 年 1 月 25 日）。詳文請見 http://big5.china.com.cn/gate/big5/cul.china.com.cn/2011-01/25/content_3982495_3.htm

40　本文認為「行動者－人」比「行為者－人」更能表述行為的實踐動力，因為做為道德「第一人身」的「行動當事者」，源自自身的道德動機及道德動力根源，能切身體會道德規範與道德抉擇的問題。因此，本文認為採以「行動者－人」來做為表述「第一人身」（first-personal）「行動當事者」行為實踐更為貼切。

德「行動者－人」所相關的內在品格、行為動機與真實處境都忽視了。同時,「規則倫理學」也難以回避遵守「規則」但顧及利己卻不利他人的問題產生。所以,「規則倫理學」的道德評價只是對「行為」的評價,而缺少對「行動者－人」道德人格的評價,以致相關涉及行為的道德動機、道德品格、道德教育、與他人建立人我互動共享幸福等問題皆無論及。如是,「規則倫理學」以「規則」、「義務」為「至上律令」,機械地服從規則,至於行為者主體內在品格的「德性」都成為了邊緣化。無怪乎,麥金泰爾(MacIntyre)感嘆我們所處的時代是「德性之後」的時代。[41]

相對「德性倫理學」視「德性」概念為第一性與強調「規則倫理學」的「功利論」與「義務論」大為不同。「功利論」把遵行「義務」所產生的「結果」,視為是行為的道德評價,強調行為後果的善惡決定了行為道德性質;而「義務論」則視遵循「規則」為人的一種「義務」。因此,「功利論」與「義務論」共同點皆以「行為」為中心,道德評價皆在於對行為善惡的評價。那麼,做為「規則倫理學」的「義務論」,其與「德性論」又有何不同?

　　首先,義務論與功效主義(Utilitarianism)一樣,對行動的關注甚於對作為行動者的人的關注;而美德倫理學則相反,對作為行動者的人的關注甚於行動的關注。換

41　(英)麥金泰爾(MacIntyre)、龔群(譯):《倫理學簡史》(北京:商務印書館,2004年),頁128。

言之，前者著意於行事之規矩，後者則著意於成人之教導；前者關注行為之正當與不當，後者關注人格之美善或醜惡。[42]

其次，義務論與美德倫理學的根本性差異表現在基本術語的不同上。義務論的基本術語是正當與不當、職責與義務，美德倫理學的基本術語則是美善與醜惡、有德與缺德。[43]

再者，義務論與美德倫理學對於倫理或道德生活中行為動機的解釋很不相同。前者認為，道德行為的動機在於對義務的遵從，也就是義務感；後者則認為，與踐行者自身之所是密切相關的欲望和目的乃是行為之動機所在。[44]

由此可知，「義務論」與「功利論」關注的是與「行為相關」，而「德性論」則是關注踐行者「行動者－人」，所以「義務論」與「德性論」根本差異在道德判斷上因此也不同。「義務論」的道德動機在於對「義務職責」的遵從，重視的是行事「規則」，以正當與否來歸判行為動機；而「德性論」所關注的是「行動者－人」，重視的是「德性教導」，行動者實踐道德動機是源自於切身相關的欲望與目的，因此以美醜善惡、德性有無來評論行為動機。由此可知，「義務論」強調「義務」；「德性論」強調

---

42 唐文明：《隱秘的顛覆：牟宗三、康德與原始儒家》（北京：三聯書店，2012年），頁114-115。
43 唐文明：《隱秘的顛覆：牟宗三、康德與原始儒家》，頁120。
44 唐文明：《隱秘的顛覆：牟宗三、康德與原始儒家》，頁123。

「德性」；前者強調「原則」（principle）或「規則」（rule）；後者強調、「性格」（character）；前者強調「行為」（action），後者強調「行為者」（agent）[45]，二種道德理論涇渭分明。即可明白，西方「義務論」與「功利論」關注的是「行為」，「德性論」關注的是「行動者－人」，從而探討人應當成為什麼樣的人？如何培育教導具有德性的人格？如何從具體生活經驗去活出美好的幸福人生？「德性論」對德性理解及培養德性的討論，這些主張都是不同於「功利論」與「義務論」。遂此，「德性倫理學」鼎足而立，正式成為與「功利論」及「義務論」的「規則倫理學」分庭抗禮，引出了西方當代倫理學的熱烈討論。

誠如前述，亞里斯多德傳統倫理學把道德融合「幸福」、「至善」觀念，主張有德行為必然來自一個具有「德性」品格的人，所以當代「德性倫理學」的呼籲，即是主張以「行為者」為中心的倫理學再現。由此看來，亞里斯多德對於當代倫理意義在於提供一種從人的德性品格來討論的行為模式。「德性倫理學」所關注的是「德性」，以一種著重在「行動者－人」道德品格為進路，而不是「功利」、「效益」或「義務」、「規則」的進路。要言之，正視「德性」以「行動者－人」為基礎的德性倫理學，訴諸的道德動機是來自道德主體行動者在不同歷史情境下所呈現「德性」的展現，因此重點即在於行動者是否具有「德性」的特質。誠如，羅薩琳德‧赫斯特豪斯（Rosalind Hutshouse）所言：「一個有德的行為者是這樣一個人：他具有或能夠履行一

45　李明輝：〈儒家、康德與德行倫理學〉，《哲學研究》第 10 期，頁 115。

定的品格品質，即德性。」[46]亦即是說，「德性」就是行動者的內在品質，「一個行為是正當的，當且僅當一個有德的行為者在那樣的環境中在其品格特徵（即行動的品格）上總會做出的行動。」[47]所以，行動者與德性的內在依據必須具有三個特質：

> （P.1.）若具有德性的行為者在某種情境中會如此做，此行為則是正確。
>
> （P.1a.）一個「具有德性的行為者」（a virtuous agent）的行為必須符合德性，亦即他（她）必須擁有並實踐諸德性。
>
> （P.2.）德性乃是一種人人為了達到幸福、過良好生活而必須擁有的特質。[48]

　　依赫斯特豪斯觀點，判斷行為者其行為正當性與否，並非來自行為本身是否符合「功利論」之「效益」或「義務論」的「規則」，而是根據「行動者－人」之「德性」特質來判斷，所以實踐行為動機是源自「德性」。即如是「規則倫理學」道德理論將道德概括為「規則」來評價道德行為，以「規則」判斷行動的正當性；而「德性倫理學」則以「德性」為第一性[49]，強

46　（英）羅薩琳德・赫斯特豪斯（Rosalind Hutshouse）、李義天（譯）：《美德倫理學》（江蘇：譯林出版社，2016 年），頁 29。

47　（英）羅薩琳德・赫斯特豪斯（Rosalind Hutshouse）、李義天（譯）：《美德倫理學》，頁 28。

48　馬愷之：〈論朱熹的實踐哲學：從新亞里斯多德主義以及德性倫理學談起〉，收入在汪文聖（主編）：《漢語哲學新視域》（台北：台灣學生書局，2011 年），頁 397。

49　西方當代「德性倫理學」以「德性」為第一性，分別提出不同理論。如邁克爾・斯洛特（Michael Slote）提出「以行為者為基礎」（Agent-Based）理論、

調「行動者－人」內在德性品格，道德中心觀念是「德性」，取決道德與否在於「行動者－人」行為動機和德性品格。總言之，「規則倫理學」以「義務」、「規則」、「最大多數人最大幸福」詮釋道德行為，而「德性倫理學」則從「德性」、「善」、「幸福」評價道德行為，因此可說「德性倫理學」補充了「規則倫理學」對行動者人格評價的遺漏，這兩種倫理學型態「對於人性、自我、道德的功能、實然與應然之間的關係等基本哲學都有迥然不同的看法。」[50]

三、在「規則倫理學」與「德性倫理學」之間 —— 論戴震道德哲學「行動者」與「德性」的內在義理結構

綜前所述，西方「規則倫理學」與「德性倫理學」道德理論獲得理解，本章將從西方倫理學背景進而探索戴震道德哲學，將戴震情欲主體的道德哲學置於「德性倫理學」與「規則倫理學」之間，從而在「道德規範」的比較中研究「行動者－人」及「德性」，希望藉此詮釋途徑對戴震哲學倫理意涵抉發出更多新意的可能。如前所述，戴震道德哲學講求倫理應用，關注人的德行善性，是一套探討道德實踐的倫理學，試問其義理

羅薩琳德・赫斯特豪斯（Rosalind Hutshouse）提出「合格行動者」（Qualified Agent）、克莉斯汀・斯萬頓（Christine Swanton）、「以目標為中心」（Target-Centered）理論。詳參黃慧英：〈儒家倫理與德性倫理〉《從人道到天道－儒家倫理與當代新儒家》（台北：鵝湖出版社，2013 年），頁 127-128。

50 石元康：《從中國文化到現代性：典範轉移？》（台北：東大圖書出版，1998年），頁 108。

結構是以「規則倫理學」之「功利論」、「義務論」的「義務」、「規則」、「最大多數人最大幸福」來詮釋道德行為？還是從「德性倫理學」的「德性」、「善」、「幸福」來評價道德行為？所涉及「行動者－人」主體者「行為動機」和內在「德性」關係又為何？倫理型態是「規則倫理學」？或「德性倫理學」？戴震何以建構「情欲主體」道德哲學，勢必回溯身處的歷史背景去理解。清廷為彌平文化衝突推尊程朱理學，施以各種方式籠絡威迫[51]，士人儒臣倡導理學[52]。江藩《國朝宋學淵源記》記載康熙以大儒為名臣「或登台輔，或居卿貳」將其政術「施於朝廷，達於倫物。」[53]與崇儒重道的文化策略結合[54]：

> 宋儒朱子，注釋群經，闡發道理，凡所著作及編纂之書，皆明白精確，歸於大中至正，經今五百餘年，學者無敢疵議。朕以為孔孟之後，有裨斯文者，朱子之功，最為

---

51 滿清政府對付知識份子，政策因時而變，梁啟超《中國近三百年學術史》中略分三期以述之：第一期：順治元年至十年間，實行利用政策。一面極力招納降臣，一面襲用明朝八股取士，以科舉收賄人心。第二期：順治十一、十二年至康熙十年約十七、十八年間，實行高壓政策。此期施行高壓政策，以大興文字獄，特加摧殘知識份子。第三期：康熙十一年至十二年以後，實行懷柔政策。康熙十二年薦舉山林隱逸，十七年薦舉博學鴻儒，十八年開明史館。梁啟超：《中國近三百年學術史》（台北：華正書局，1994年），頁16。

52 如殿堂理學者：魏裔介、魏象樞、熊賜履、李光地、張伯行；館閣理學者：陸隴其、張烈；民間理學者孫奇逢、李因篤、張履祥、呂留良等人。參見王茂、蔣國保、余秉頤、陶清：《清代哲學》（安徽：人民出版社，1992年），頁13-14。

53 清・江藩：《國朝宋學淵源記》卷上（上海：三聯書店，1998年），頁187。

54 清・聖祖：《清聖祖實錄選輯》卷七十四所載：「國家崇儒重道，各地方設立學官，令士子讀書，各治一經。」（台北：台灣銀行經濟研究室，1963年），頁75。

　　弘鉅。[55]

　　康熙表彰《性理大全》為《性理精義》重刊《朱子全書》，
諭令朱熹配祀列為第十一哲[56]，士人紛紛迎合上意刻意尊奉，
自此程朱理學正式成為御用官學。康熙力倡理學做為倫理綱
常，順應廣大漢人心理也緩合了文化對立，甚而頒布「聖諭十
六條」做為百姓規範準則：

> 敦孝弟以重人倫，篤宗族以昭雍睦，和鄉黨以息爭訟，
> 重農桑以足衣食，尚節儉以惜財用，隆學校以端士習，
> 黜異端以崇正學，講法律以儆愚頑，明禮讓以厚風俗，
> 務本業以定民志，訓子弟以禁非為，息誣告以全良善，
> 誡窩逃以免株連，完錢糧以省催科，聯保甲以弭盜賊，
> 解仇忿以重身命。[57]

　　康熙以規範準則扼制百姓思想，藉程朱維護功令，此際程
朱地位登峰造極無人豈敢議論。[58]然而事實上，康熙真正在乎
是「聖諭十六條」的道德規範性，要求「道學者必在身體力行，

---

55 《清聖祖實錄選輯》卷二四九，頁 158-159。
56 清・趙爾巽等撰：〈本記・聖祖三〉，《清史稿》卷八（台北：洪氏出版社，
　　1981 年），頁 281。
57 《清聖祖實錄選輯》卷三十四，頁 35。
58 清・顏習齋就曾言：「故僕妄論宋儒，謂是集漢、晉釋、老之大成則可，謂
　　是集堯、舜、周、孔之正派則不可。然宋儒今之堯、舜、周、孔也；韓愈闢
　　佛，幾至殺身，況敢議今世之堯、舜、周、孔者乎！季友著書駁程朱之說，
　　發州決杖，況敢議及宋儒之學術品詣乎！此言一出，身命之虞所必至也。」
　　參見清・顏元：〈存學編・上倉陸桴亭先生書〉《四存編》卷一（台北：世界
　　書局，1984 年），頁 8。

見諸實事，非徒托之空言」[59]，以倫理綱常做為對皇權的效忠，「使果系道學之人，惟當以忠誠為本」[60]因此，以百姓服膺聖諭「規則」為一種「義務」，遵行「義務」與否便成為判斷行為的道德評價，「存理滅欲」成為至高的道德律令，已然溢出了理學自身的意義，淪為宰制性的道德規範。其後雍正繼位，尊朱崇儒政策奉行不渝，但也步步將思想推向了專制窠臼：

> 孔子以天縱之至德，集群聖之大成，堯、舜、禹、湯、文、武相傳之道，具於經籍者，賴孔子纂述修明之。而《魯論》一書，尤切於人生日用之實，使萬世之倫紀之明，萬世之名分以辨，萬世之人心以正，風俗之端。若無孔子之教，則人將忽於天秩天敘之經，昧於民彝物則之理，勢必以小加大，以少陵長，以賤妨貴，尊卑倒置，上下無等，干名犯分，越禮悖義，所謂君不君、臣不臣、父不父、子不子，雖有粟，吾得而食諸？其為世道人心之害，尚可勝言哉！惟有孔子之教，而人道之大經，彝倫之至理，昭然如日月之麗天，江河之行地，歷世愈久，其道彌彰。統智愚賢不肖之儔，無有能越其範圍者。綱維既立，而人無逾閒蕩檢之事。[61]

雍正表面上極力推崇儒學綱常，事實上卻假理學之名行統

59　清・聖祖：《康熙起居注》第二冊（北京：中華書局，1984年），頁1194。
60　清・聖祖：《清聖祖實錄選輯》卷一六三，頁158。
61　清・聖祖：《清世祖實錄選輯》卷五十九，頁57。

治之舉[62]，並就「聖諭十六條」衍義成《聖諭廣訓》，下令各地宣講規範：「共勉為謹身節用之庶人，盡除夫浮薄囂凌之陋習。」[63]清除朋黨、屠殺兄弟、排斥異己、誅戮大臣[64]甚而頒諭：

> 大凡匪類之為害世道生民甚於盜賊，何也？蓋盜賊確有形跡可憑，兼為成例所限，該管有司雖欲忽忽而亦勢所不能。至於奸匪之徒，或托名斯文，或借口著述，盡可置之弗問，所以除賊猶易，而除匪甚難。地方大吏每膜外視之，皆係不識輕重，欲避勞怨而已，豈純臣奉公之居心乎？[65]

雍正認為奸匪之徒托名文字，蠱惑人心必須鎮壓，為文字獄開啟「以理殺人」的合理化之門。直至呂留良案爆發，世風錮塞，尊朱政策遂而嬗變[66]：

62　徐復觀先生亦言：「清從康熙起，需要假借理學作統治的工具；也需要假借理學之名，行阿諛之實（如李光地等），為粉飾之資；但他們決不願臣民中有真正的理學家。」徐復觀：〈「清代漢學」衡論〉，《兩漢思想史》卷三，附錄二（台北：台灣學生書局，1984 年），頁 585。

63　黃鴻壽：《聖諭廣訓・序》，《清史紀事本末》（上）二十四卷（台北：三民書局，1973 年），頁 172。

64　黃鴻壽：〈兄弟猜忌及大臣之逐戮〉，《清史紀事本末》（上）二十四卷，頁 179。

65　清・世宗：《雍正硃批奏摺選輯》（台北：台灣銀行經濟研究室，1972 年），頁 15。

66　陸寶千於《清代思想史》中，詳述呂留案：「聖祖重視朱學，至老弗衰。在上者既有所尊，在下者即以上之所尊應。雖偽言飾行之士，多以婺源為終南之徑，然砥砆之中，間雜瑾瑜；茅葦之叢，亦生蕙蘭；士之從事於涵養主敬之學而醇行厚德者多矣。康熙一代之治，實由於此。聖祖既歿，漢學漸興，朱學在形式上仍為朝廷所尊，而四庫館臣竟敢輕訕宋儒，是必深宮意指有足供群臣揣摩者在焉。吾人推原其故，蓋由於呂留良一案所致也。…呂留良之

> 呂案以後，世宗不復再有尊朱之舉，轉而多刻佛經，親
> 選語錄，自稱圓明居士，以天子之尊而居一山之祖，開
> 堂授徒，凡諸舉動，皆足示朝廷意向由程朱而旁轉也。
> 自後程朱之學，失漸其屬世摩鈍之用矣。乾隆中葉以後，
> 康熙一代所遺之人才，凋零殆盡，吏治民風，俱遜於前，
> 國勢亦隨而轉衰。當康熙之世，顏習齋、李恕谷抨擊程
> 朱，不遺餘力，以為無裨世用，孰知程朱之於政治隆污，
> 國運興替，關係若斯之切哉。[67]

　　呂案衝擊後雍正不復尊朱之舉，程朱地位漸衰摩鈍。乾隆
即位，國勢衰微，吏治民風皆不如前，表面上雖推崇理學，闡
明風教培植彝倫，實際上卻是擷理學之名保君權威勢。上位者
控制民心，推尊程朱奉為「集大成而緒千百年絕傳之學，開愚
蒙而立傳萬世一定之規」，「非此不能知天人相與之奧，非此不
能治萬邦于衽席，非此不能仁心仁政施于天下，非此不能外內
為一家」[68]實施文化高壓政策，屢興文字獄羈絡士子，嚴禁聚

卒，在康熙二十二年，生前評選詩文，於民族大義，天下為公及君臣之道等，
暢言無隱。由於議論俊偉，故流傳極廣。曾靜者，湖南靖州人也。應試州城，
獲睹留良書，因遣其徒張熙赴石間求呂遺著，留良子葆中悉以其父遺書授
之。熙復獲交留良弟子嚴鴻逵及鴻逵徒沈在寬等，漸有所謀。會川陝總督岳
鍾琪再請陛見不許，深自危懼。靜遂遺熙踵鍾琪門，說鍾琪遠祖岳飛於金為
世仇，清為金裔，故鍾琪當並仇清；勸其擁兵舉義，光復明室。鍾琪以其事
上聞，詔逮靜師徒，世宗親鞫之。靜等辭連留良，遂搜呂家，得晚村日記等，
世宗謂其中有辱及先帝語，因起大獄。在寬凌遲，留良子毅中斬決，長子葆
中已死，與其父及鴻逵同被戮屍。留良著述皆禁燬焉。」呂留良案詳參陸寶
千：《清代思想史》（台北：廣文書局，1978 年），頁 157-158。

67　梁啟超：《中國近三百年學術史》，頁 158。

68　清・聖祖：《朱子全書・序》：「非此不能知天人相與之奧，非此不能治萬邦

眾講學限制集會結社，以種種手段懲戒異論，造就了「君尊／臣卑」;「君賢／民順」的道德模式。歷經康熙、雍正、乾隆文字獄就高達八十餘起，查嗣廷「試題獄」、陸生柟「論史獄」、謝濟世「經注獄」、曾靜、呂留良「文評獄」、胡中藻「詩獄」、王錫侯「字書獄」等皆蓄意而起[69]，成為文化專制最慘烈時期。乾隆中期甚至頒布禁書令，禁毀書籍三千一百餘種、十五萬一千多部，銷毀書板八萬塊以上[70]，造成文獻經典慘烈的損失，可說是一場神州蕩覆宗社丘墟的巨大災難！在禁書與文字獄鎮壓的十八世紀，罪之在誅隨時可能，便是「戴震」揭竿起義的歷史背景。

（一）「理存乎欲」：以「情」之不爽失 為「理」的道德標準

戴震感嘆政治宰制理學，僵化的官方理學淪為桎梏世人的道德教條，上位者「以理殺人」文字獄殺戮更是百姓的囹圄：

> 《大義覺迷錄》，處處可以看見雍正帝和那「彌天重犯」曾靜高談「春秋大義」，一邊是皇帝，一邊是「彌天重犯」：這二人之間如何有理可說？如何有講理的餘地？然而皇帝偏不不肯把他拖出去剮了；偏要和他講理，講春秋大義，講天人感應之理！有時候，實在沒有理可講了，皇

于袵席，非此不能仁心仁政施于天下，非此不能外內為一家」轉引自安平秋、章培恒：《中國禁書大觀》（上海：文化出版社，1990 年），頁 102。

69 梁啟超：《中國近三百年學術史》，頁 22。

70 黃愛平：《四庫全書纂修研究》（北京：中國人民大學出版社，1989 年），頁 72-78。

帝便說，「來！把山西巡撫奏報慶雲的摺子給他看看。」
「來！把通政使留保奏報的慶雲圖給他看看。」「來！把
雲貴總督鄂爾泰進獻的嘉穀圖發給他，叫他看看稻穀每
穗有四五百粒至七百粒之多的，粟米有每穗長至二尺有
奇的！」這都是天人感應之理。至於荊襄岳常等府連年
的水災，那就是因為「有你這樣狂背逆亂之人，伏藏匿
處其間，秉幽險乖戾之氣，致陰陽愆伏之干；以肆擾天
常為心，以滅棄人理為志，自然江水泛漲，示儆一方。
災禍之來，實因你一人所致，你知道麼？有何說處？」
那位彌天重犯連忙叩頭供道，「一人狂背，皆足致災，此
則非精通天人之故者不能知。彌天重犯聞之，豁然如大
寐初醒。雖朝聞夕死，亦實幸矣」。[71]

　　雍正假借道德形上之理責下，曾靜縱然有理卻無權申訴，
屈伏冤死還須言賜死有理。即如同西方「規則倫理學」視道德
義務是無上命令，為道德義務本身而做的行為才是道德，因此
道德義務是絕對的至上律令，以「規則」、「義務」迫使百姓機
械地服從遵循，使得其行為格準成為普遍法則。戴震親證這異
化的道德規則，上位者假藉道德規範的「理」要求百姓服膺，
社會秩序失去了倫理安置，這異化的理學變成生命的桎梏，試
問人何以安頓？道德之理又何得以體證？戴震批判君威挾以道
德官學之名粉飾太平：

71　〈大義覺迷錄〉卷3，頁1-2。轉引自胡適：《戴東原的哲學》，頁56-57。

聖人之道，使天下無不達之情，求遂其欲而天下治。後
儒不知情之至於纖微無憾是謂理；而其所謂理者，同於
酷吏之所謂法。酷吏以法殺人；後儒以理殺人：浸浸乎
舍法而論理。人各巧言理，視民如異類焉，聞其呼號之
慘而情不相通。死矣更無可救矣！[72]

理欲之分，人人能言之，故今之治人者，視古賢聖體民
之情，遂民之欲，多出於鄙細隱曲，不措諸意，不足為
怪；而及其賢以理也，不難舉曠世之高節，著於義而罪
之。尊者以理責卑，長者以理責幼，貴者以理責賤，雖
失謂之順；卑者賤者以理爭之，雖得謂之逆，於是下之
人不能以天下之同情、天下之所同欲，達之於上。上以
理責其下，而在下之罪人不勝指數，人死於法，猶有憐
之者，死於理，其誰憐之？[73]

　　戴震認為上位者御用官學捨法論理，如同酷吏以法殺人，
後儒以理殺人，尊者以理責卑，長者以理責幼，貴者以理責賤，
人各巧言論斷理，豈不將私見視為道德判斷？宰用「理」做為
道德規範，卻不重視民情民欲，「存理滅欲」異化成為道德律令
「規則」，將私見視為對他人的道德判斷，如此「理」的「規則」
在蓄意權力的操作下淪為禁錮百姓的道德枷鎖，成為迫害他人
的道德霸權。戴震認為今之治人，應效法「聖人之道，使天下
無不達之情，求遂其欲而天下」，「理存乎欲」才是體民情遂民

72　〈與某書〉，《戴東原先生之文》，《戴震全書》（六），頁 496。
73　《孟子字義疏證》卷上〈理〉，《戴震全書》（六），頁 161。

欲的道德體現。換言之，戴震反對之所向是被御用的程朱理學，上位者假借道德規則「理」做為壓迫百姓之規範義務。如此一來，根源在社會機制中的道德倫理淪為宰制性服從倫理，評判道德標準在於恪守規範及遵從義務，如是道德之「理」罔顧人欲脫離世情，成為指責他人的道德律令：

> 此理欲之辨，適成忍而殘殺之具，為禍又如是也！夫堯舜之憂四海困窮，文王之視民如傷，何一非為民謀其人欲之事？推順而導之，使歸於善。今既截然分理欲為二，治己以不出於欲為理，治人亦必以不出於欲為理。舉凡民之饑寒愁怨、飲食男女常情隱曲之感，咸視為人欲之甚輕者矣。輕其所輕，乃吾重天理也，公義也，言雖美而用之治人則禍其人。至於下以欺應乎上，則曰人之不善。胡弗思聖人體之情，遂民之欲，不待告以天理公義，而人易免於罪戾者之有道也？[74]

> 理也者，天下之民無日不秉持為經常者也，是以云「民之秉彝」。凡言與行得理之謂懿德，得理非他，言之而是，行之而當為得理，言之而非行之而不當為失理。好其得理，惡其失理，於此見理者「人心之同然」也。[75]

　　依戴震而言，堯舜、文王體民之情，遂民之欲，今人「理欲之辨」截然二分理欲，捨棄本然饑寒愁怨、飲食男女、常情

74　《孟子字義疏證》卷下〈權〉，《戴震全書》（六），頁216-217。
75　《緒言》卷上，《戴震全書》（六），頁89。

隱曲之「欲」，雖美言為天理，然皆非為聖人之道。因此，在戴震心中所認可的道德之理是恆常普遍，是建立在天下之民「人心同然」的普世基礎上。因此，依此基礎言行得當為「得理」；言行失當則是「失理」，眾人達至同然道德共識才是「民之秉彝」的道德法則，故「理也者，情之不爽失也。未有情不得而理得者也。」[76]道德之理即在「情之不爽失為理，是理者存乎欲者也。」[77]所以，以「情之不爽失」為「理」的道德標準，不必冥心遙想超越形上「道德天理」，即在人倫生活世界中探求「道德情理」。

所以，戴震道德哲學從「理存乎欲」論證理義存乎「欲」、「情」的基礎上力求通達道德進路，即在「欲」得遂、「情」得達的實踐中體證道德之理「仁」：

> 人之生也，莫病於無以遂其生。欲遂其生，亦遂人之生，仁也；欲遂其生，至於戕人之生而不顧者，不仁也。不仁，實始於欲遂其生之心；使其無此欲，必無不仁矣。[78]

> 孟子之所謂性，即口之於味、即目之於色、耳之於聲、鼻之於臭、四肢於安佚之為性；所謂人無有不善，即能知其限而不踰之為善，即血氣心知能底於無失之為善；所謂仁義禮智，即以名其血氣心知，所謂原於天地之化

---

76 《孟子字義疏證》卷上〈理〉，《戴震全書》（六），頁152。
77 《孟子字義疏證》卷上〈理〉，《戴震全書》（六），頁159。
78 《孟子字義疏證》卷上〈理〉，《戴震全書》（六），頁159。

　　者之能協於天地之德也。[79]

　　戴震將「欲」的概念立基在「欲遂其生，亦遂人之生，仁
也」的道德實踐，道德之理即在「仁」的表現上展現，道德體
證勿需外求，因為人性本乎自然的相生造化，有「欲」有「情」
有「知」，協天地之化的血氣心知必能協於天地之德。換言之，
戴震肯認「人」做為道德行動者，是自發自生的道德主體，心
知認知擇善自能通往仁義禮智，歸向至善理路體證善之德。如
是，「性之欲，其自然之符也。性之德，其歸於必然也。歸於必
然，適全其自然。」[80]「理」不再是「存理滅欲」道德律令的
主宰者，而是「欲」中體現者，性之欲歸於性之德，戮力目標
是建構一個體民之情，遂民之欲「達情遂欲」的道德之盛：

　　　　有是身，故有聲色臭味之欲；有是身，而君臣、父子、
　　　　夫婦、昆弟、朋友之倫具，故有喜怒哀樂之情。惟有欲
　　　　有情而又有知，然後欲得遂也，情得達也。天下之事，
　　　　使欲之得遂，情之得達，斯已矣。惟人之知，小之能盡
　　　　美醜之極致，大之能盡是非之極致。然後遂己之欲者，
　　　　廣之能遂人之欲；達己之情者，廣之能達人之情。道德
　　　　之盛，使人之欲無不遂，人之情無不達，斯已矣。[81]

　　　　君子得其仁。遂己之欲，亦思遂人之欲，而仁不可勝用

矣；快己之欲，忘人之欲，則私而不仁。[82]

問古人之言天理，何謂也？曰：理也者，情之不爽失也；
未有情不得而理得者也。凡有所施於人，反躬而靜思之：
「人以此施於我，能受之乎？」凡有所責於人，反躬而
靜思之：「人以此責於我，能盡之乎？」以我絜之人，則
理明。天理云者，言乎自然之分理也；自然之分理，以
我之情絜人之情，而無不得其平是也。[83]

　　戴震認為有「欲」有「情」又有「知」是自然稟受之性，
遂其欲達其情，天下事物必能察之精明，遂己欲亦遂他欲，達
己情亦達他情，便是「君子得其仁」的道德體證。即如是，戴
震從道德層面進入政治層面扭轉程朱官學「存理滅欲」舊成規，
提出「達情遂欲」新道德主張，道德目標正是「人之有欲也，
通天下之欲，仁也」[84]，從「理也者，情之不爽失」人我互動
關係上界定「理」的共識，於是乎裁斷「理」的準則便落置在
「情之不爽失」人我關係中體現。「情之不爽失的理」如何「以
情絜情」？戴震指出：「凡有所施於人，反躬而靜思之，人以此
施於我，能受之乎？」反躬靜思的道德共識便建立在「絜情」
基礎上，推致仁心「同然」標準上來掌握這不易之理義：

　　心之所同然始謂之理，謂之義；則未致於同然，存乎其

82　《原善》卷下，《戴震全書》（六），頁27。
83　《孟子字義疏證》卷上〈理〉，《戴震全書》（六），頁152。
84　《原善》卷下，《戴震全書》（六），頁25。

人之意見，非理也，非義也。凡一人以為然，天下萬世皆曰「是不可易也」，此之謂同然。[85]

即如是，「心之所同然」情境共同體奠定在「以情絜情」基礎上，絜情關懷推己及人。因此，戴震重塑「理」的道德標準，從「理存乎欲」訴求「以情絜情」道德情感以肯定仁道理想，挺立人做為道德行動者的道德實踐至社會關懷。「情之不爽失」之「理」不僅體現一人以為然，更推致天下皆所同然，絜情他人達至幸福，建立起普遍同然的道德共識。如是，君子得其仁，遂己之欲，亦思遂人之欲，同理的仁心便可達致「達情遂欲」仁境，道德之盛猶同「孟子告齊、梁之君，曰『與民同樂』，曰『省刑罰，薄稅斂』，曰『必使仰足以事父母，俯足以畜妻子』，曰『居者有積倉，行者有裹糧』，曰『內無怨女，外無曠夫』」[86]。所以，「達情遂欲」不會淪為道德口號，而是做為道德行動者人人皆可實踐絜情共享達至「仁」的道德目標。

（二）「德資於學」：以「人」做為道德行動者去蔽顯「德」

戴震由對程朱理學的批判中重建新道德觀，不僅在治經方法上揚棄理學玄虛思辨改以考據疏證，在道德理論的建構上更是轉向形下生活世界，這使得道德實踐進路迥然相異於程朱理學。至此，「存理滅欲」的道德規範，在戴震詮釋下成為「理存乎欲」、「以情絜情」、「達情遂欲」的新道德觀，形上「道德天

85　《孟子字義疏證》卷上〈理〉，《戴震全書》（六），頁151。
86　《孟子字義疏證》卷上〈理〉，《戴震全書》（六），頁161-162。

理」的追求轉向人倫經驗世界的「道德情理」來論述。

　　「以情絜情」感通人我同然關懷，然「同然」又如何推判？戴震認為「舉理以見心能區分，舉義以見心能裁斷」[87]理義通過心知裁斷做為道德判斷。「『人心之所同然』，故一人以為不易，天下萬世以為不易也。」[88]足以見，戴震「以情絜情」的道德關懷是建立在人心同然的生活情境去體認道德，在此基礎上更是特別重視做為「道德行動者－人」的心知涵養工夫：

> 學以牖吾心知，猶飲食以養吾血氣，雖愚必明，雖柔必強。[89]

> 人之初生，不食則死；人之幼稚，不學則愚。食以養其生，充之使長；學以養其良，充之至於賢人聖人。[90]

　　誠如是，戴震主張以學養智增益心知，猶同飲食之於血氣，形體資養由柔變強，心知有待學習由愚變明。因此，在戴震的理解中「學以養其良」涵養「德性」，提昇學養的進路導向「道問學」的內在理路展開實踐：

> 僕聞事於經學，蓋有三難：淹博難，識斷難，精審難。

87　《孟子字義疏證》卷上〈理〉，《戴震全書》（六），頁153。
88　《緒言》卷上，《戴震全書》（六），頁90。
89　〈與某書〉，《戴東原先生文》，《戴震全書》（六），頁495。
90　《孟子字義疏證》卷下〈才〉，《戴震全書》（六），頁199。

三者，僕誠不足與於其間，其私自持，暨為書之大概，端在乎是，前人之博聞強識，如鄭漁仲、楊用修諸君子，著書滿家，淹博有之，精審未也。別有略是而謂大道可以徑至者，如宋之陸，明之陳、王，廢講習討論之學，假所謂「尊德性」以美其名，然舍失「道問學」則惡可命之「尊德性」乎？[91]

　　戴震由對治經的省思，斥責理學美其名假「尊德性」，陸九淵、陳白沙、王陽明捨大道趨小徑，空談講習游談無根，這更確定了戴震廓清儒學大道的心志，由對宋明理學的全面反省，轉向「道問學」的進路來體證道德。事實上，戴震道德哲學「行動者」與「德性」的內在義理結構建立在「道問學」的基礎上，統攝「德性之知」與「聞見之知」落實在道德「實踐之知」上。於是乎，「實踐之知」重新揭示了「人」做為道德行動者，「道問學」達至「尊德性」，道德理性和知識理性達至「道德情理」，勿需依循外在絕對至上律令的「規則」、「義務」，從人內在「德性」自發自生。正如同西方「德性倫理學」判斷一個「具有德性行為者」其行為正當性與否並非來自行為本身是否符合「效益」或「規則」，而是根據「行動者－人」的「德性」特質來判斷，因為具有德性特質的行為者，其實踐道德行為的動機是源自「德性」本身。

　　所以，戴震由「道問學」達至「尊德性」這別異於宋明儒

的道德理路，循藉著「聞見之知」達致「德性之知」，體現「實踐之知」的道德實踐。如是，「德性之知」落實「人」做為道德行動者「實踐之知」的道德表現，以實闢虛，扭轉了程朱理欲之辨的舊道德標準。然戴震為何如此堅持「道問學」達善之德？戴震認為人性源自天地之化血氣心知之自然，善性本無待於修，但人性自然情欲有待必然之理的安頓。所以修身求仁德圓滿，則待於智德的開展，其所言：「人莫大乎智足以擇善也，擇善則心之精爽進於神明。」[92]避免人之私蔽惡之生，因此教人修身養德、去私解蔽方能增進「德性」：

> 人之不盡其才，患二：曰私，曰蔽。私也者，生於其心為溺，發於政為黨，成於行為愿，見於事為悖，為欺，其究為私己。蔽也者，其生於心也為惑，發於政為偏，成於行為謬，見於事為鑿，為愚，其究為蔽之以己。鑿者，其失誣；愚者，其失為固，誣而罔省，施之事亦為固。私者之安固然為自暴，蔽者之不求牖於明為自棄，自暴自棄，夫然後難與言善，是以卒之為不善，非才之罪也。去私莫如強恕，解蔽莫如學。[93]

> 人之患，有私有蔽；私出於情欲，蔽出於心知。無私，仁也；不蔽，智也；非絕情欲以為仁，去心知以為智也。是故聖賢之道，無私而非無欲；老、莊、釋氏，無欲而非無私；彼以無欲成其自私者也；此以無私通天下之情，

---

92 《原善》卷中，《戴震全書》（六），頁16。
93 《原善》卷下，《戴震全書》（六），頁23。

遂天下之欲者也。[94]

然人與人較，其材質等差凡幾？古賢聖知人之材質有等差，是以重問學，貴擴充。[95]

問學之於德性亦然。有己之德性，而問學以通乎古賢聖之德性，是資於古賢聖所言德性埤益己之德性也。冶金若水，而不聞以金益水，以水益金，豈可云己本無善，己無天德，而積善成德，如罍之受水哉![96]

　　戴震認為雖然人性有曲全等差，然透過「重問學，貴擴充」積善成德終可通乎賢聖之德。「聖賢之道，無私而非無欲」，非是絕情欲以為仁，去心知以為智，對於人之不盡其才，戴震認為非才之罪也，乃患私與蔽所致，因此強調「去私莫如強恕，解蔽莫如學」，以強恕做為去私之道，以問學做為解蔽之則，問學之於德性返回善性。要言之，戴震哲學以「人」做為道德行動者，揭示人性之善，興發人人具有實現道德的能力，由「道問學」擴充「尊德性」通乎聖賢，以學養智去蔽顯德，由早年撰著《原善》「問學所得，德性日充」[97]、晚年《緒言》至《孟子字義疏證》成書，始終重申「德性資於學問」的重要性：

---

94 《孟子字義疏證》卷下〈權〉，《戴震全書》（六），頁211。
95 《孟子字義疏證》卷上〈理〉，《戴震全書》（六），頁167。
96 《孟子字義疏證》卷中〈性〉，《戴震全書》（六），頁188。
97 《原善》卷下，《戴震全書》（六），頁26。

> 惟學可以增益其不足而進於智，益之不已，至乎其極，
> 如日月有明，容光必照，則聖人矣。[98]

> 試以人之形體與人之德性比而論之，形體始乎幼小，終
> 乎長大；德性始乎蒙昧，終乎聖智。其形體之長大也，
> 資於飲食之養，乃長日加益，非「復其初」；德性資於學
> 問，進而聖智，非「復其初」明矣。[99]

　　戴震以人之形體與德性相論，認為形體資於飲食乃長，所
以「德性資於學問」，學以擴充明達聖智。也就是說，戴震循藉
著以「人」做為道德行動者，涵養學問增益德性，從學以進智
的理路來看，「德性資於學問」的道德實踐，正是顛覆程朱官學
宰制之「理」的表象結構，說明道德不必服膺外在「規則」、「義
務」約束，亦勿需遵從「義務職責」絕對「至上律令」的道德
法規，而是尊重人做為道德行動者的自主性，問學自可增益內
在德性。正如同西方「德性倫理學」所關注的也是「行動者－
人」，重視的是「德性教導」，行為者實踐道德的動機是源自於
切身相關欲望與目的，以「德性」與否來評論行為動機，此論
點與戴震主張不約而同。職是之故，「去蔽」與「問學」便成為
戴震道德哲學「行動者－人」增益德性的修養工夫：

> 《論語》曰：「多聞闕疑，慎言其餘；多見闕殆，慎行其
> 餘。」又曰：「多聞，擇其善者從之；多見而識之，知之

98　《緒言》卷中，《戴震全書》（六），頁120。
99　《孟子字義疏證》卷上〈理〉，《戴震全書》（六），頁167。

次也。」又曰：「我非生而知之者，好古敏以求之者也。」
是不廢學而識矣。然聞見不可不廣，而務在能明於心。
一事豁然，使無餘蘊，更一事而亦如是，久之，心知之
明，進而聖智，雖未學之事，豈足以窮其智哉！[100]

　　戴震以學養智的道德體證，徵引《論語》「多聞」、「多見」
來論證「聞見之知」的重要。很顯然，強調「德性資於學問」
所達至「德性之知」即是「聞見之知」的最後結果，在這個問
題上可謂是對宋明理學傳統作了一次顛覆[101]，也著實帶動了清
代治經考證，儒家智識理路的導向不僅在經學，其他金石、典
章、制度的考證也蓬勃發展，至乾嘉更是達臻高峰。足以見，
戴震將「尊德性」與「道問學」收攝在道德哲學系統中，一方
面強調「德資於學」，「德性」賴以「問學」來保證，另一方面
教人「去蔽顯德」實踐道德，歸根究底「尊德性」與「道問學」
在哲學系統的終極目標是綰合一致的。

四、結　語

　　戴震由對時代經世關懷，深刻體認「以理殺人」道德失序，
所以哲學的建構工作必先釐正道德觀，以「善」與「幸福」的
人倫價值取代理學形上價值，解構「存理滅欲」官學教條，如
是道德價值不再是程朱超越形上的「道德天理」，而是在形下人

100　《孟子字義疏證》卷下〈權〉，《戴震全書》（六），頁213。
101　余英時：〈儒家智識主義的興起─從清初到戴東原〉，《論戴震與章學誠》，
　　　頁28。

倫世界情境共通的「道德情理」。事實上，戴震以「情之不爽失」扭轉理的道德標準，就是直指清廷樹立「存理滅欲」至高無上的道德律令做為道德規範，將民情民欲排除在外，要求百姓服膺聖諭的「規則」，以這絕對性「規則」論斷百姓效忠皇權的正當性，所以造成宰制壓迫。這「規則」所形成的道德規範如同西方「規則倫理學」，以「規則」基礎建立的道德理論，所關注的是外在行為表現而非生命內在本質，道德判斷即在於行為是否遵從「規則」恪守「義務」，為道德義務本身而做的行為才是符合道德，而不在乎行為動機的道德動力可源自生命的「情欲主體」，於是本為道德主體的人消失了，忽視了道德可由生命內在自發自覺，造成了道德行動者與身心情理的疏離，僅僅服膺在道德規則下冰冷的道德律令。換言之，這樣的道德如同「規則倫理學」只出乎「義務」、「規則」的要求，離開了人倫日用情境的真情流露的道德關懷，道德失去了根本，人與人缺少相應同然共感的道德認同，無怪乎造成「以理殺人」的悲嘆。

經由上述討論，證成戴震哲學肯定人性「理存乎欲」、「以情絜情」道德動力，行動者「行為動機」與「德性」是合而為一。戴震道德哲學所呈現的倫理意涵從不追求理論知識的建構，而是強調人倫世界道德情理的仁心關懷，道德實踐是來自「行動者－人」的「德性」展現。所以，依西方倫理學得證戴震哲學義理核心同於「德性倫理學」關注「行動者－人」，「德性」是訴求幸福人生理念的中心，是行為者品格的展現，同時也是行為的指導原則，實踐「德性」便是道德美善的完成，故君子得其仁，遂己之欲亦思遂人之欲，是源自君子「仁」促成

「行動者－人」的行為動機，這與「德性倫理學」視「德性」為第一概念，從「德性」、「善」、「幸福」來評價道德行為也是相同的。因為，戴震以「德性」評論行為動機乃著意在人倫世界道德情境的實踐，順乎人情教化人心，奠基在「以情絜情」同然共感基礎上達至「達情遂欲」道德之盛，這理想與「德性倫理學」的「善」與「幸福」的道德價值也是一致的。其次，戴震哲學同「德性倫理學」皆肯定道德實踐主體就是「行動者－人」，行為動機是源自生命內在「德性」，視「德性」優於「義務」、「規則」，所以無論從行動動機、道德概念、道德情境皆與「規則倫理學」大相逕庭。

　　因為，「規則倫理學」認為「義務」優於「德性」，行為動機必須遵從義務職責，道德是出乎「義務」，重視行為「規則」，卻忽略了行動者內在品格、行為動機與道德情境。由於戴震哲學道德理論以「德性」為優先概念，因此在道德判斷上和「規則倫理學」也相去甚遠。更明確的說，戴震哲學不需要任何道德律令或義務制定，所關心的更不是「規則」、「義務」的服從或「功利」、「效益」的追求，而是特別標榜「行動者－人」的道德自主性，教人去蔽顯德實踐道德，以學養智陶鑄德性，所以成就人人皆是道德行動者，道德進路也和「德性倫理學」立場相同。再者，「德性倫理學」強調培養德性品格而非外在強制規則，從「行動者－人」的「德性」、「善」、「幸福」評價道德行為。同樣地，戴震也是強調行為動機是源自「行動者－人」內在「德性」，是「理存乎欲」、「以情絜情」道德動力自發自生，是行動者「德資於學」在變動不居境遇下實踐絜情關懷。戴震

哲學「行動者－人」同「德性倫理學」皆關注道德行為的體現，義理結構同樣建立在「德性」修養去蔽顯德，由「道問學」達至「尊德性」，行動者與德性內在結構從「實踐之知」落實「聞見之知」達致「德性之知」，思維模式完全不同「規則倫理學」，顯見倫理型態著重在「德性」的培育涵養，這些主張亦證成與「德性倫理學」有異曲同工之妙。

綜前所述，從中西參照視域探討戴震哲學與西方倫理學相應之處，首先探討戴震為何批判清廷「以理殺人」異化「存理滅欲」舊道德觀，提出「理存乎欲」新道德觀。其次，探析戴震哲學「理存乎欲」與「以情絜情」道德動力，以「情」之不爽失為「理」的道德標準，以「人」做為道德行動者去蔽顯德，達至同然共通「達情遂欲」道德理想，廓清「行為動機」和「德性」內在結構關聯性，衡定倫理型態是「規則倫理學」？還是「德性倫理學」？經由上述研究，戴震「達情遂欲」啟蒙了清代情欲新貌，「達情遂欲」幸福的道德理想如同「德性倫理學」追求幸福的人生，無論道德行動、行為動機、道德情感、德性品格皆以「德性」做為規範優位，因此歸判是「德性倫理學」型態。雖是如此，但是戴震道德哲學並不僅同「規則倫理學」或「德性倫理學」理論性知識劃分，也不是以道德法則或思辨形式展現，而是以德性的描述語彙及道德實踐的工夫展現倫理意涵。因為，戴震哲學型態從不需要著意在知識層面建構客觀普遍的道德法則，而是興發每個道德「行動者－人」的「仁心」自覺成就「德性」，走向幸福成德之路與生活世界感通為一。

　　當今西方倫理學由注重「規範」到自覺回歸「德性」的歷程，使中西哲學皆認知「德性」在倫理學的不可或缺性。雖然，中國哲學沒有將倫理學發展成專門理論，但儒家哲學強調道德實踐，重視道德義務與培育德性人格是成德成聖實踐倫理，相較西方倫理學理論知識建構，當可提供西方學界探討。即如同戴震道德哲學「行動者」與「德性」密不可分的德性意涵，肯定人人是道德行動者，勿需依賴道德法則絕對至上的律令，由人性「理存乎欲」、「以情絜情」道德動力貞定人人成德之路，仁心自覺踐履即可完成道德圓善，體證「道德情理」的完滿，顯見「德性」之義優於「義務」、「規則」。因此，無論是人性論、倫理觀或工夫論，戴震皆緊扣著「道德行動者－人」重塑情欲新論，以「人」做為道德行動，由「道問學」貫通「尊德性」將「德性」與「知識」綰合在哲學系統中得以全面性安頓，反映了舊傳統到新道德價值的典範轉移，由形上超越「道德天理」轉向形下人倫經驗世界「道德情理」邁向情性倫理新格局。

第五章　德性倫理學觀點下論戴震「情欲主體」道德哲學

一、當代中西哲學「情感轉向」的新趨向

　　宋明理學「存理滅欲」歷經數百年的推舉下成為理學家道德評價的成規，更確立了程朱官學高踞廟堂的局面。然至清代，義理核心悄然演變，儒者開始關注身心及情感欲望的關係，尤其是清代思想家戴震，特別標榜生命「情欲」的道德價值，重「情」揚「欲」建構以「情欲」做為主體的道德哲學，融合「情欲」與「天理」啓蒙「道德情理」。道德以「情欲」做為主體？這在過去哲學主流的討論中幾乎是被忽視的，然而恰巧的是，當代中西哲學不約而同興起「情感」討論的現象。值得關注是，西方過去強調主體性的哲學發展下，「情感」往往被定位與「理性」對立，僅是擔任道德論證中次要的附屬。但隨著今日「德性倫理學」在當代的復興，西方學界開始質疑過去對「情感」的理解是否過於貶抑？尤其是重視情感地位的「德性倫理學」開啓了當代「德性」與「情感」的討論。

　　回顧西方倫理學發展，自從（英）伊莉莎白・安斯康

（G.E.M.Anscombe）在 1958 年發表《現代道德哲學》以來，攸關西方當代倫理學「德性」討論，在很大程度上是對「亞里斯多德」（Aristotle）倫理學的呼應和提倡。[1]許多認同「德性倫理學」如菲利帕・福特（Philippa Foot）、羅薩琳德・赫斯特豪斯（Rosalind Hutshouse）等皆被認為是「亞里斯多德主義」的代表。他們共同看法：倫理學不是一門用於道德立法的理論，主要任務不在於建立所謂的普遍規則，亦不在於確立因規則而出現的道德義務。以康德（Kant）主義[2]和功利主義做為典範的「規則倫理學」（the Ethics of Rules）儘管言之鑿鑿，但其理論卻相互衝突，導致現代社會對道德哲學的集體不信任，[3]這一派可說是源自對「規則倫理學」理論化傾向的反動。另一派崛起的「德性倫理學」其主張與其把道德當作律則並塑造理論，不如真正返回真實的倫理生活，關注「行為者」內心德性，因此「德性倫理學」也就如亞里斯多德學說，被理解是一種實踐內在品質以實現幸福生活的主張。當今 20 世紀從 80－90 年代早

1　美國布法羅州立大學余紀元教授指出：1958 年世界上同時出現兩篇重要文獻。一為英國哲學家伊莉莎白・安斯康（G.E.M.Anscombe）的《現代道德哲學》，一為港臺新儒家張君勱、牟宗三、唐君毅、徐復觀聯合署名，分別以中、英文發表的《為中國文化敬告世界人士宣言》。亦可詳見余紀元：〈新儒學的《宣言》與德性倫理學的復興〉，《山東大學學報》第 1 期（2007 年），頁 1-9。（美）余紀元著、林航（譯）：《德性之鏡：孔子與亞里斯多德的倫理學》（北京：中國人民大學出版社，2009 年），頁 1-2。

2　（德）康德（Kant），李明輝（譯）：《道德底形上學之基礎》（台北：聯經出版社，1980 年）。

3　（英）麥金泰爾（MacIntyre）、宋繼杰（譯）：《追尋美德》（南京：譯林出版社，2003 年）。此中之討論，詳論請見李義天：〈麥金太爾何以斷言啟蒙道德籌畫是失敗的？—兼論道德哲學中的〝一〞與〝多〞〉，《倫理學研究》第 5 期（2007 年），頁 98-103。

期，西方倫理學的發展便是通過如何揚棄道德直覺而完成上述的理論任務[4]，而這正是「德性倫理學」發展的歷史背景。「德性倫理學」強調行為者德性品質、情感及生活智慧，關注德性品質的養成尤其以邁克爾・斯洛德（Michael Slote）[5]「情感論德性倫理學」（Sentiments Virtue Ethics），主張情感論的「德性」，而不是目的論的「道德」最值得注意。「情感」地位的重估，是否仍居於生命道德主體中次要地位？便躍身形成當今「情感主義」（Emotionalism）討論的焦點。

　　本章試圖論證戴震「情欲主體」道德哲學和斯洛特「情感論德性倫理學」有相通之處，即在此基礎上討論戴震為何主張「以情絜情」的情感是道德判斷的標準？「以情絜情」之「絜情」是「同情」？亦是「移情」？斯洛特「移情關懷」的「情感論德性倫理學」與戴震哲學「情欲」動力所開展「絜情關懷」情感理論是否相通？本章採以中西對比「絜情」與「移情」，探究這源自人性情感的德性動機，其做為道德判斷與道德基礎是否可能？旨在以「德性倫理學」觀點為戴震「情欲主體」道德哲學提供新釋，藉以顯豁「絜情關懷」所蘊涵的當代意涵。

4　李義天:〈斯洛持的美德倫理學及其心理學預設〉,《倫理學研究》第 3 期(2009 年），頁 81-85。

5　（美）邁克爾・斯洛特（Michael Slote）美國邁阿密大學著名倫理學教授，是西方德性倫理學的發展中一位非常重要思想者，研究主要集中在道德、政治哲學、理性選擇理論、道德心理學、教育哲學等領域，試喝建構一種不同於亞里斯多德主義的美德倫理。「情感主義德性倫理學」主張詳見（美）邁克爾・斯洛特（Michael Slote）、王楷（譯）:〈情感主義德性倫理學：一種當代的進路〉,《道德與文明》第 2 期（2011 年），頁 28-35。

二、戴震「情欲主體」的道德哲學

　　十八世紀思想家戴震主張「理存乎欲」，強調人性個體性的實存需求，「理欲合一」義理探討不只圍繞形上道德領域，更論及形下「欲」、「情」討論，「理存乎欲」的典範轉移不僅接軌了十九世紀思想現代化，亦啓蒙清代情欲倫理發展的新趨向。戴震所開展道德哲學的重構，乃是溯源程朱理學「存理滅欲」之說的蔓延，為闢宋儒雜染老釋異說，因此撰《孟子字義疏證》云：「僕生平論述，最大者為《孟子字義疏證》一書。此正人心之要。今人無論正邪，盡以意見誤名之曰『理』而禍斯民，故《疏證》不得不作。」[6]他直指統治者奉朱學為尊，置理學於官衙化權力機制下，假借理學道德超越之理做為道德規範，在「人為主觀操作」與道德超越之『理』結合，形成假合理崇高之規範，以行壓迫人民之實。視儒家所言之『理』由本有『道德超越之理』，遂異化成為『宰制性服從之理』，如此一來，根源在社會機制中的道德倫理，便在異化的過程中遂成為宰制性的服從倫理」。[7]因此，戴震抨擊「存理滅欲」混淆私欲為一，「理」淪為宰制之理，私

6　清・戴震：〈段茂堂等十一札〉第十札，《戴震全書》（六）（安徽：黃山書社，1995年），頁543。茲下戴震之引書皆同引自《戴震全書》，僅標註引文之篇名出處及頁數，茲不再贅述出版社及出版時間。

7　林安梧曾撰文討論戴震對朱子「道德超越形式性原理」的質疑，在「以理殺人」與「道德教化」的詭譎關聯，對「道德超越形式性原理」與「絕對宰制性原理」的內在邏輯關係展開深入精闢的檢討。詳參林安梧：〈『以理殺人』與『道德教化』──環繞戴東原對於朱子哲學的批評而展開對於道德教化的一些理解與檢討〉《中國近現代思想觀念史論》（台北：台灣學生書局，1995年），頁95-121。

見臆斷迫害他人，步步僵化成為「以理殺人」的壓迫工具：

> 古之言理也，就人之情欲求之，使之無疵之謂理；今之言理也，離人之情欲求之，使之忍而不顧之謂理。此理欲之辨，適以窮天下之人盡轉移為欺偽之人，為禍何可勝言也哉！[8]

> 聖人之治天下，體民之情，遂民之欲，而王道備。人知老莊釋氏異於聖人，聞其無欲之說，猶未之信也，於宋儒則信以為同於聖人。理欲之分，人人能言之，故今之治人者，視古賢聖體民之情，遂民之欲，多出於鄙細隱曲，不措諸意，不足為怪；而及其賢以理也，不難舉曠世之高節，著於義而罪之。[9]

> 不寤意見多偏之不可以理名，而持之必堅；意見所非，則謂其人自絕於理；此理欲之辨，適成忍而殘殺之具，為禍又如是也！夫堯舜之憂四海困窮，文王之視民如傷，何一非為民謀其人欲之事？推順而導之，使歸於善。今既截然分理欲為二，治己以不出於欲為理，治人亦必以不出於欲為理。舉凡民之饑寒愁怨、飲食男女常情隱曲之感，咸視為人欲之甚輕者矣。輕其所輕，乃吾重天理也，公義也，言雖美而用之治人則禍其人。至於下以欺應乎上，則曰人之不善。胡弗思聖人體之情，遂民之

8　《孟子字義疏證》卷下〈權〉，《戴震全書》（六），頁217。
9　《孟子字義疏證》卷上〈理〉，《戴震全書》（六），頁161。

欲，不待告以天理公義，而人易免於罪戾者之有道也？[10]

戴震認為古人言「理」，即就生命實存「情欲」求之，因此聖王堯舜、文王王道天下，體民之情、遂民之欲，故能歸於善。今人截然二分理欲，僅強調道德「理」的超越面，將人性本然饑寒愁怨、飲食男女、常情隱曲之感視成「欲」而捨棄。如是，假託道德「理」的超越面，僅恃胸臆識斷美言為「天理」，卻導致「以理殺人」。戴震認為這皆是「理欲之辨」所致之禍，追溯弊病源於程朱「理欲之辨」異化成為殺人之具：

> 六經、孔孟之言以及傳記群籍，理字不多見。今雖至愚之人，悖戾恣睢，其處斷一事，責詰一人，莫不曰理者，自宋以來始相習成俗，則以理為「如有物焉，得於天而具於心」，因以心之意見當之也。於是負其氣，挾其勢位，加以口給者，理伸；力弱氣懾，口不能道辭者，理屈。嗚呼，其孰謂以此制事，以此制人之非理哉！[11]

> 宋儒亦知就事物求理也，特因先入於釋氏，轉其所指為神識者以指理，故視理「如有物焉」，不徒曰「事物之理」，而曰「理散在事物」。事物之理，必就事物剖析至微而後理得；理散在事物，於是冥心求理，謂「一本萬殊」，謂「放之則彌六合，卷之則退藏於密」，實從釋氏所云「偏見俱該法界，收攝在一微塵」者比類得之。既冥心求理，

10　《孟子字義疏證》卷下〈權〉，《戴震全書》（六），頁216-217。
11　《孟子字義疏證》卷上〈理〉，《戴震全書》（六），頁154。

以為得其體之一矣；故自信無欲則謂之理，雖意見之偏，亦曰「出於理不出於欲」。[12]

宋以前，孔、孟自孔、孟，老、釋自老、釋，談老、釋者高妙其言，不依附孔孟。宋以來，孔、孟之言盡失其解，儒者雜襲老、釋之言以解之。[13]

程朱以理為如有物焉，得於天而具於心，啟天下後世人人憑在己之意見而執之曰理，以禍斯民；更淆以無欲之說，於得理益遠，於執其意見益堅，而禍斯民益烈。豈理禍斯民哉？不自知為意見也。離人情而求諸心之所具，安得不以心之意見當之？[14]

　　戴震指出六經、孔孟及傳記群籍，「理」字不多見，宋儒論「理」得於天而具於心，處斷一事，責詰一人，莫不曰「理」，以啓後人挾勢者任憑私見處斷他人，這意見之偏豈能謂為「理」？戴震認為導致誤「理」乃歸咎於宋儒駁雜老、釋之說，混淆「神識為本」、「一本萬殊」，「偏見俱該法界，收攝在一微塵」，因此冥心求理。戴震痛斥「離人情而求諸心之所具，安得不以心之意見當之？」宋儒雜襲老釋談玄說理盡失孔孟之言，以致後人憑己意見執之曰理，淆以無欲禍及斯民，負其氣挾其勢位，力弱氣懾者口不能道辭，此如同酷吏峻法「以理殺人」。

12　《孟子字義疏證》卷下〈權〉，《戴震全書》（六），頁212。
13　〈答彭進士允初書〉，《戴震全書》（六），頁353。
14　〈答彭進士允初書〉，《戴震全書》（六），頁353。

鑑於此，戴震知民生隱曲之苦[15]，揭發「以理殺人」的委由，竭盡心思探求返回孔孟聖人之道，認為真正聖人之道應是體民情、遂民欲，重視人性實然「情欲」價值，誠如是「理也者，情之不爽失也。未有情不得而理得者也。」[16]。

　　戴震道德哲學的義理建構強調「今以情之不爽失為理，是理者存乎欲者也。」[17]說明「理」不在超越形上的天理，而在饑寒愁怨、飲食男女常情隱曲之感的「欲」中體現。因此，戴震肯定「欲」同「理」同等本體性，道德哲學的建構便以「情欲主體」做為哲學核心，主張「理氣一本」；「理欲一本」；「自然必然一本」，將人性道德動機導向人倫日用事為「欲求」上去尋求倫理的共識，其謂：

> 耳目百體之所欲，血氣資之以養，所謂性之欲也，原於天地之化者也。是故在天為天道，在人，咸根於性而見於日用事為，為人道。仁義之心，原於天地之德者也，是故在人為性之德。斯二者，一也。由天道而語於無憾，是謂天德；由性之欲而語於無失，是謂性之德。性之欲，其自然之符也；性之德，其歸於必然也。歸於必然適全其自然，此之謂自然之極致。《詩》曰：「天生烝民，有

15　清・章太炎〈釋戴〉云：「戴震生雍正末，見其詔令詆人不以法律，顧鏇取洛閩儒言以相稽，覘微司隱微，罪及燕語，…震自幼為賈販，運轉千里，復具知民生隱曲，而上無一言之惠。」清・章太炎：《太炎文錄初編》，《章太炎全集》第四冊（上海：人民出版社，1985年），頁122。
16　《孟子字義疏證》卷上〈理〉，《戴震全書》（六），頁152。
17　《孟子字義疏證》卷上〈理〉，《戴震全書》（六），頁159。

物有則，民之秉彝，好是懿德。」凡動作威儀之則，自
然之極致也，民之秉也。自然者，散之普為日用事為；
必然者，秉之以協於中，達於天下。[18]

戴震以一本論闡釋「欲」與「理」的「自然／必然」從屬
關係，其義理架構無陷入主客二分的割裂，值得注意這將「性
之德」德性動機安置在日用事為「性之欲」的基礎上，從實存
層面上肯認了生命耳目百體、血氣資養之「欲」，以自然「性之
欲」的實現達至必然「性之德」的道德體證。換言之，戴震「情
欲主體」道德哲學所強調「性之欲」做為本體，在「欲求」的
「自然」實踐中歸於「必然」，由「性之欲」綰合「性之德」，
歸於必然適全其自然。事實上，這以「情欲主體」所開展的道
德哲學，迥然不同於宋明理學超越又形上「存理滅欲」，而是清
楚闡明「性之欲」應立基在人倫日用事為中體證天道「性之德」，
由人性經驗之實然，推至道德之應然，最後進行道德判斷的基
礎即在「仁」上來達至：

人之生也，莫病於無以遂其生。欲遂其生，亦遂人之生，
仁也；欲遂其生，至於戕人之生而不顧者，不仁也。不
仁，實始於欲遂其生之心；使其無此欲，必無不仁矣。[19]

君子得其仁，遂己之欲，亦思遂人之欲，而仁不可勝用

18 《原善》卷上，《戴震全書》（六），頁11。
19 《孟子字義疏證》卷上〈理〉，《戴震全書》（六），頁159。

矣；快己之欲，忘人之欲，則私而不仁。[20]

　　戴震認為君子遂己欲，亦思遂他欲，便是道德仁心的體現，從內在「性之欲」德性動機的基礎上實踐「性之德」。即如是，這以「情欲主體」所開展的道德哲學，目的即在打破「存理滅欲」的二分侷限，從「理欲之辨」課題下重新思索情欲的道德價值，「理存乎欲」展開的道德哲學不再追求形上超越又抽象的天理，而是著重形下歷史社會總體中具體的生命欲求。所以，戴震以「情欲主體」所開展的道德哲學，建立在「情欲」關懷的基礎上，道德判斷的倫理即在「仁心」，遂己欲亦思遂人之欲，推己及人，以「絜情關懷」體現「仁」，如是人人皆能同理，「情不爽失」便是合乎「理」：

　　問古人之言天理，何謂也？曰：理也者，情之不爽失也；未有情不得而理得者也。凡有所施於人，反躬而靜思之：「人以此施於我，能受之乎？」凡有所責於人，反躬而靜思之：「人以此責於我，能盡之乎？」以我絜之人，則理明。天理云者，言乎自然之分理也；自然之分理，以我之情絜人之情，而無不得其平是也。[21]

　　問：以情絜情而無爽失，於行事誠得其理矣。情與理之名何以異？曰：在己與人皆謂之情，無過情無不及情之謂理。《詩》曰：「天生烝民，有物有則；民之秉彝，好

20　《原善》卷下，《戴震全書》（六），頁 27。
21　《孟子字義疏證》卷上〈理〉，《戴震全書》（六），頁 152。

是懿德。」[22]

> 有是身，故有聲色臭味之欲；有是身，而君臣、父子、
> 夫婦、昆弟、朋友之倫具，故有喜怒哀樂之情。惟有欲
> 有情而又有知，然後欲得遂也，情得達也。天下之事，
> 使欲之得遂，情之得達，斯已矣。[23]

戴震以「情欲主體」所開展的道德哲學，以具體生命的「人」為核心，肯認實存性的「情欲」，以自然「欲求」取代了「道德」的必然動機，建構以「人」為基礎的「絜情關懷」。戴震「絜情關懷」道德哲學的義理工作，除了破除宋儒「存理滅欲」，也樹立「理存於欲」的新倫理觀，展開迥然不同宋明理學的嶄新路向，冀能達到民之秉彝好是懿德，使人欲無不遂，人情無不達的理想社會。

由是可知，戴震由人性經驗之實然走向道德之應然，著重的是生命內在的道德動機，在「欲」、「情」的基礎上論述「道德情理」的體證。誠然，戴震肯定生命聲色臭味之「欲」、喜怒哀樂之「情」的本然合理性，「以情絜情」架構起人我共通關懷倫理。這即是說，以「情欲主體」所開展的道德哲學，所著重是生命自然的實存本能，重視的是人倫日用事為必然的「情欲」踐履，從人我互動「情之不爽失」上裁決「理」，於是構成「理」的道德判斷便置在「人心同然」得其平的權衡上來追問：

22　《孟子字義疏證》卷上〈理〉，《戴震全書》（六），頁153。
23　《孟子字義疏證》卷下〈才〉，《戴震全書》（六），頁197。

> 理也者，天下之民無日不秉持為經常者也，是以云「民之秉彝」。凡言與行得理之謂懿德，得理非他，言之而是，行之而當為得理，言之而非行之而不當為失理。好其得理，惡其失理，於此見理者「人心之同然」也。[24]

> 曰：心之所同然始謂之理，謂之義；則未至於同然，存乎其人之意見，理也，非義也。凡一人以為然，天下萬世皆「是不可易也」，此之謂同然。[25]

　　戴震認知的「理」是恆常而普遍，「心之所同然始謂之理，謂之義」並非任隨私見臆斷行事，而是建立在「人心之同然」普世共識上，言行得當為「得理」；言行失當則「失理」，眾人同然之理才是天下之民普遍的道德法則。因此，戴震以「情欲」做為主體的道德哲學，一再強調「欲」、「情」在生命的實然存在，肯認「情欲」的道德價值，「性之欲」歸於「性之德」，不僅展現同然共感的德性價值，亦彰顯「情欲」對道德生命豐厚的倫理意涵，以「情欲」做為「絜情關懷」的道德動力，便可奠定在「人心同然」共識上，如是人倫日用「絜情關懷」便可達至「達情遂欲」道德之盛：

> 然後遂己之欲者，廣之能遂人之欲；達己之情者，廣之能達人之情。道德之盛，使人之欲無不遂，人之情無不

24　《緒言》卷上，《戴震全書》（六），頁89。
25　《孟子字義疏證》卷上〈理〉，《戴震全書》（六），頁153。

達，斯已矣。[26]

　　誠如所言，戴震認為「欲」、「情」是生命稟受自然之性，道德之盛應是人心同然，遂己之欲，廣之能遂人之欲；達己之情，廣之能達人之情，唯此，由「性之欲」達「性之德」建立起「以情絜情」的「絜情關懷」。事實上，依循戴震道德哲學脈絡可知，當其面臨宋明理學數百年「存理滅欲」的侷限，故重構道德哲學的首當要務必然要跳脫「理欲之辨」的對立爭辯，如何從僵化框架中開創出以「情欲」做為道德價值的新格局，而不是將「情欲」摒棄置於道德之外次要的從屬，這便是戴震以「情欲」做為主體道德哲學所必須正視的議題。因此，戴震大膽喊出「打破宋儒家中《太極圖》」[27]，顛覆執義理學牛耳的程朱官學，「破」程朱，「立」孔孟，撰《孟子字義疏證》便是義理建構的重釋任務！[28]其於卒前（西元 1777 年）四月二十四日與弟子段玉裁書云：「僕生平論述最大者為《孟子字義疏證》

26　《孟子字義疏證》卷下〈才〉，《戴震全書》（六），頁197。

27　戴震「王師館京師朱文正家，自言曩在山西方伯署中，偽病者十數日，起而語方伯：『我非真病，乃發狂打破宋儒家中太極圖耳。』蓋其時著得《孟子字義疏證》，玉裁於此乃覺了然，偽病十餘日，此正是造《緒言》耳。」參見清・段玉裁：〈答程易田丈書〉，《戴震全書》（七），頁144。

28　戴震晚年抨擊程朱之理，遭致當時學者的嚴厲批評。清・章學誠認為戴震學出於程朱，然卻又批評程朱：「戴君學術，實自朱子道問學而得之，故戒人以鑿空言理，其說深探本原，不可易矣。顧以訓詁名義，偶有出於朱子所不及者，因而醜詆朱子，至斥以悖謬，詆以妄作，且云：『自戴氏出，而朱子儻倖為世所宗，已五百年，其運亦當漸替。』此則謬妄甚矣！戴君筆於書者，其於朱子有所異同，措辭與顧氏寧人、閻氏百詩相似，未敢有所譏刺，固承朱學之法也。其異於顧、閻諸君，則於朱子間有微辭，亦未敢公然顯非之也。而口談之謬，乃至此極，害義傷教，豈淺鮮哉！」參見清・章學誠，葉瑛校注：《文史通義校注》（上）（台北：里仁書局，1984年），頁276。

一書」[29]，此書睨於當世，上接乎孟子之傳，可謂是戴震道德哲學蓋棺論定最確切的晚年定論。

　　戴震另闢蹊徑開拓新倫理的用心，由自然「欲求」取代必然「道德」，「以情絜情」達至同然彰顯了人我共通的情感價值。因此，以「情欲主體」所出發的德性動機，「以情絜情」成為絜情他人的道德實踐，不僅回應當時「以理殺人」時代之弊的問題，也樹立起「達情遂欲」的普世倫理。足以見，戴震成功地扭轉「情欲」的德性價值，以「情欲」主體即是「道德」主體走出「理／欲」對峙的兩端格局，由「天理」轉向「情理」，如此不必佐循「存理滅欲」道德規範，亦不必遙契形上「道德天理」的體證，而是導向人倫日用「道德情理」實踐上開創情欲倫理的新詮。

三、邁克爾·斯洛特「情感論德性倫理學」

　　相對戴震情欲道德哲學的討論，本節採以「西方德性倫理學」做為參照座標，在「德性倫理學」觀點下為戴震道德哲學提供另一嶄新的理解。回溯當代西方倫理學理論型態如康德式倫理學（Kantian ethics）、效益主義（Utilitarianism）、德性倫理學（Virtue Ethics）等。但仔細觀察「古代倫理學」與「現代倫理學」、「德性倫理學」與「規則倫理學」的區分，事實上這些分疏中存在著許多模稜兩可混淆之處。而「德性倫理學」

29　〈段茂堂等十一札〉第十札，《戴震全書》（六），頁543。

之所在當今異軍突起，主要是為解決近代道德傳統哲學所出現的背離矛盾，而試圖找出重振道德的良方。這樣現象，誠如（英）麥金泰爾（MacIntyre）所思索的，我們所處的這樣一個道德破碎的時代，是一個沒有了德性，處在德性時代之後的時代[30]。因此當今西方哲學界所謂「德性倫理學」的「復興」，乃是相較古希臘亞里斯多德（Aristotle）強調「德性條目」、「善」和「幸福」的倫理學而提出的「復興」之說。而在這近二十年發展中，亞里斯多德「德性倫理學」又再開疆辟土，汲取斯多葛學派（The Stoics）和休謨（Hume）的情感論，發展如當今情感主義的「德性倫理學」、「關懷（Care）倫理學」、「特殊主義（Particularism）倫理學」等。綜而言之，「德性倫理學」復興可說是從 20 世紀中葉以來，被視為對「義務論倫理學」（Deontology Ethics）和「後果論倫理學」（Consequentialism）的反動，「德性倫理學」已位鼎足而三[31]，成為西方倫理學研究版圖的新現象。

而在「德性倫理學」復興的發展中，特別值得重視的是美國著名倫理學家「邁克爾‧斯洛特（Michael Slote）」，他的研究領域涉及德性倫理學、理性選擇理論、道德心理學和政治哲

---

30 （英）麥金泰爾（MacIntyre）、白錫塹（譯）：《〈德性之後〉一書提要》，《國外社會科學》第 5 期（1985 年），頁 1。

31 本文首先簡扼分述三種倫理學型態：首先，「義務論倫理學」以「康德」為代表，主張內在人的善良意志是引導行為的最高原則，強調道德法則和道德義務的優先性；其次，「後果論倫理學」是傳統功利主義的現代形式，主張依據行為的效果來評判行為是否道德，德行便成為保證終極之善的策略。再者，「德性倫理學」則強調行為者的德性品質、情感及生活智慧，關注德性品質的養成。

學等[32]，廣獲現今西方學界的正視。邁克爾・斯洛特被公認為是「德性倫理學」的佼佼者，其倫理學主張可說是在傳統亞里斯多德主義基礎上，轉向休謨的情感主義，融合形成至今「情感論德性倫理學」。

（一）批判功利主義、康德主義，走向亞里斯多德「德性倫理學」

早期的邁克爾・斯洛特是一個「亞里斯多德」主義者，他呼應由伊莉莎白・安斯康（G.E.M.Anscombe）《現代道德哲學》發起回到亞里斯多德的德性運動。但是後期的他認為「亞里斯多德倫理學」雖然具德性倫理學特徵，但理論關注的是「人」，卻不是「行為」，因此他認為這不是純粹德性倫理學，進而創新探究一個以「行為者」做為基礎的德性倫理學，其理論備受倫理學界關注，其言：

> 我喜歡亞里斯多德的觀點，所以對德性倫理學產生了興趣。但之後我發現他的思想也有不足之處，例如他對應該探討的憐憫之心、善良以及情緒等問題很少涉及，直到後來我發現最佳的德性倫理學並非出自亞里斯多德，

32　（美）邁克爾・斯洛特（Michael Slote）倫理學著作有：（美）羅傑・克里斯普（Roger Crips）和（美）邁克爾・斯洛特（Michael Slote）編：《美德倫理學》（英國：牛津大學出版社，1997年）、（美）邁克爾・斯洛特（Michael Slote）：《源自動機的道德》（英國：牛津大學出版社，2007年）、（美）邁克爾・斯洛特（Michael Slote）：《道德情感主義》（英國：牛津大學出版社，2013年）、（美）邁克爾・斯洛特（Michael Slote）、周亮（譯）：《從道德到美德》（江蘇：譯林出版社，2017年）。

而是以休謨為代表的情感主義。作為道德倫理學家，休謨探討的是仁慈與善良，而我的思想也與休謨更相像。……在倫理學領域至少有三大主要理論。一是功利主義。我不是這一理論的追隨者，因為我不贊同功利主義〝應該對每一個人給予同等的關注〞的主張。二是以康德為代表的理性主義。我不贊同它的一點在於，我認為同情和感情也是道德的一部分，但康德卻不這樣認為。三是以亞里斯多德和休謨為代表的德性倫理學。雖然亞里斯多德對同情、仁慈和熱情鮮有論述，但他認為擁有美德之人不必聽從他人的想法，我卻相反，我贊同孟子〝一個人需要聽取他人看法〞的主張，認為同情就意味著你要站在他人的視角看待事物。與情感主義相比，謙遜也是亞里斯多德的哲學中所欠缺的，這也是我更喜歡情感主義的原因之一。[33]

我試圖從新亞里斯多德主義的視角理解德性倫理，而不是亞里斯多德傳統。這是因為，儘管亞里斯多德讚揚對他人的關愛，他的道德理論仍缺乏對人本身一般意義上的關注，也缺乏對那些探索人與世界關係的道德哲學的關注。因此，當時我提出「基於行為者的德性倫理學（Agent-Based Virtue Ethics），主張從行為者的動機（Moral Motives）、品格（Character Traits）衍生出道德

---

[33] 姜紅、張清俐：〈走向情感主義的德性倫理學—訪美國邁阿密大學倫理學教授邁克爾・斯洛特〉，《中國社會科學網》第 661 期（2014 年 10 月 7 日），頁 1。

行為，而在亞里斯多德思想中找不到這種觀點。所以，在我看來，亞里斯多德的德性倫理學過於強調理性傳統，而另一種德性倫理似乎有利於我們當前的倫理討論，那就是學者們的研究普遍忽略了18世紀蘇格蘭哲學家大衛・休謨（David Hume）、哈奇森（Hutcheson）的情感主義傳統，而這種情感主義傳統應該成為當代德性倫理的首要選擇。在休謨看來，行為者所有的道德理解都必須建立在〝同情〞（Sympathy）基礎之上，同情者立足於自身的情感體驗，著眼於〝旁觀者〞的立場，對心靈感知到的經驗材料進行處理，最終使得同情者產生一種仁慈（Benevo－lent）的情感，哈奇森則認為這是一種〝普遍的仁慈〞（Universal Benevolence）。……所謂的〝基於行為者的德性倫理〞就是建立在這種情感基礎之上，反映了對他人一種普遍意義上的關懷。我本人的德性倫理深受其影響。[34]

　　由此可知，邁克爾・斯洛特深受休謨（Hume）、哈奇森（Hutchison）傳統情感主義的影響，因此特別強調「情感主義」與「德性倫理」的關係，視「同情」和「感情」皆是道德的一部份，認為人應對他人予以同等關注。所以邁克爾・斯洛特基於「行為者」的德性倫理學，從「行為者」動機衍生道德行為劃分三類型：首先，「作為內在力量的道德（morality as inner strength）」、其次，「作為普遍仁慈的道德（morality as universal

---

34 韓玉勝：〈情感・德性・關懷・容納：反思我們的價值觀—訪邁克爾・斯洛特教授〉，《社會科學論壇》第4期（2015年），頁140。

benevolence）」、再者，「作為關懷的道德（moralit as caring）」。[35]此後，邁克爾・斯洛特在 2007 年出版《移情與關懷倫理學》（The Ethics of Care and Empathy）及 2013 年《從啓蒙到容納：反思我們的價值觀》相關論文中，即融合心理學馬丁・霍夫曼（M.Hoffman）、巴特森（C・D・Batson）「移情－利他觀點」來支持他的論點。[36]於是，邁克爾・斯洛特進而探討如何通過道德心理機制，論證人內在的情感和道德有效性，在德性倫理、情感主義及關懷倫理基礎上主張「移情」是做為自我與利他道德情感的基礎。因此這奠基在「行為者」仁慈善良關懷的德性倫理學，論證「行為者」的內在動機與品格，從人性德性動機推出利他道德行為，表達對他人情感的德性關懷實現了人我同等共感的道德關係。

邁克爾・斯洛特便由此依據人的「情感能力」分析道德理論，以「德性」替代「道德」，建構一種自我與他人平等的德性結構，稱「行為者」為基礎的「德性倫理學」。依循這思路，他進一步發現康德主義、後果論倫理的侷限，尤其指出以康德為代表的理性主義理論，只關注到「行為者」應當關懷善待他人，然而理論上與「行為者」的倫理價值無關，並沒有同等對待「關注自我」和「關注他人」。因此，他主張真正道德學說應該建立在同然關注自我與他人的基礎上：

---

35 李義天：〈斯洛特的美德倫理學及其心理學預設〉，《倫理學研究》第 3 期（2009年），頁 83。

36 邁克爾・斯洛特引用心理學馬丁・霍夫曼（M.Hoffman）、巴特森（C・D・Batson）「移情－利他觀點」融合成「移情」心理基礎。詳參陳真：〈論斯洛特的道德情感主義〉，《哲學研究》第 6 期（2013 年），頁 102-103。

　　我主張要在自我與他人利益間尋求平衡，但現在我認為是同情決定了自我與他人間的關係。如果人太過於關注自我，人們會說他冷血、對他人缺乏同情。同情可以讓你知道從何時開始不再關注自我，何時應該關注他人。如果你對他人給予足夠的關注，人們就會說你熱心腸。因此，別人說你冷血的話，就證明你對別人關注得太少，如果人們認為你不冷血，那就說明你對自我的關注是適度的，關注自我的同時也可以不冷血。比如，當一個人在幫助乞丐時遭到他人襲擊，隨即中止對乞丐的幫助轉而進行自衛。這種情況下，不會有人說他這麼做是冷血的表現，因為他要保護和捍衛自己。又比如，有的人從來不幫助他人，所有人都會認為這是冷血的表現。當然，也有的人，例如精神變態者就無法做出道德的判斷，因為這類人對道德沒有任何反應，也沒有道德情感。這些我都在《道德情感主義》一書中進行了闡述。[37]

　　即如是，邁克爾‧斯洛特強調在自我與他人利益間尋求平衡，認為「德性倫理學」所強調的「關注自己與他人」即決定人我道德判斷的平衡，「道德情感」更勝任道德規則規範，故謀求一種合乎人性訴諸日常思維的情感關懷。因此，他的理論工作便從釐清倫理學架構走向批判功利主義、康德主義，而後選擇以「亞里斯多德」所代表的「德性倫理學」。邁克爾‧斯洛特進一步指出「亞里斯多德」德性倫理學強調不是行為規則，僅

---

37 姜紅、張清俐：〈走向情感主義的德性倫理學—訪美國邁阿密大學倫理學教授邁克爾‧斯洛特〉，頁 1。

是意指人具有美德的內在品質，故能在生活情境中作出「善」的道德選擇，才能在「幸福」前提進行道德推證。然而，邁克爾・斯洛特未滿足於如此，他主張德性倫理學應該優先考慮「善」、「卓越」等美德論概念，而不是「應當」、「正確」、「錯誤」和「義務」等義務論概念。「德性倫理學」注重對「行為者」內在道德動機，而不是指對行為和選擇的評價。[38]所以，邁克爾・斯洛特為實現更純粹的德性倫理學，轉從強調人性內在的「德性」品質，建構以一種以「行為者」為基礎的「情感主義德性倫理學」。

（二）深受休謨「同情」情感主義倫理學的啓發

　　邁克爾・斯洛特「情感主義的德性倫理學」除了受「亞里斯多德倫理學」影響，也受到 18 世紀「休謨」情感主義啟發。休謨最早在《人性論》[39]中探究什麼是「道德」？其言：「道德的本質就在於產生快樂，而惡的本質就在於給人痛苦。」[40]而「能給人以快樂的，都被稱為善良的；而凡稱產生痛苦的每一種性質，也都被人稱為惡劣的。」[41]「道德」源於何處？休謨認為「道德源於情感」。他說「情感是一種原始的存在」[42]，並肯定「道德準則刺激情感，產生或制止行為。理性自身在這一點上是完全無為的。因此，道德規則並不是我們理性的結論。」

38　李義天：〈斯洛特的美德倫理學及其心理學預設〉，頁 81。
39　（英）休謨（Hume）、關文運（譯）：《人性論》上下冊（北京：商務印書館，1983 年）。
40　（英）休謨（Hume）、關文運（譯）：《人性論》上冊，頁 330-331。
41　（英）休謨（Hume）、關文運（譯）：《人性論》下冊，頁 633。
42　（英）休謨（Hume）、關文運（譯）：《人性論》上冊，頁 453。

[43]那麼，「情感」如何成為「道德」判斷根源？休謨則認為在道德形成和進行道德判斷過程中，「情感」感覺先於「道德」判斷，排除讓人痛苦的惡，而保留產生快樂的善，所以根據「情感」來實踐「道德」判斷便成為理論根本。因此，休謨認為「情感」是道德判斷的「因」；道德判斷是感覺的「果」，在《道德原則研究》書中更進一步闡述道德判斷的心理：

> 個人價值完全在於擁有一些對自己或他人有用的或令自己或他人愉悅的心理品質。[44]

> 心靈的每一種對自己或他人有用的或令自己或他人愉快的品質都傳給旁觀者一種快樂，引起他敬重，並被冠以美德或價值的美名。[45]

　　休謨由對道德原則的理解，肯認「情感」是道德判斷的「因」，是令自己心靈及他人愉快的品質，即意味著是一種「利己」也「利他」的道德關係，這做為道德發源的道德情感，是可普遍化所自然萌生的情感：

> 道德不能由理智來分辨，只能由感官來感覺，我們感到喜歡的行為是善，感到憎惡的行為是惡；這與欣賞美的

43　（英）休謨（Hume）、關文運（譯）：《人性論》上冊，頁 497。

44　（英）休謨（Hume）、曾曉平（譯）：《道德原則研究》（北京：商務印書館，2001 年），頁 121。

45　（英）休謨（Hume）、曾曉平（譯）：《道德原則研究》，頁 129。

> 道理相同，為我們所欣賞的物是美，不為我們欣賞的物
> 是醜。所以，不論我們欣賞美術也好，或者欣賞道德也
> 好，都給我們一種快樂和滿足感。[46]

　　即如是，休謨以「情感」是道德判斷的「因」；道德判斷是感覺的「果」，所以獲至道德由感官來感覺的推論。因此「道德這一概念蘊含著某種為全人類所共通的情感，這種情感將同一個物件推薦給一般的贊許，使人人或大多數人都贊同關於它的同一個已經或決定。這一概念還蘊含著某種情感，這種情感是如此普遍如此具有綜括力，以至於可以擴展至全人類，使甚至最遙遠的人們的行動和舉止按照它們是否符合那條既定的正當規則而成為讚美或責難的對象。」[47]所以，休謨主張人之所以表現美德，不是源自這看不見、摸不著卻被喻為類似味覺、觸覺的感官感覺，而是源於所有人心靈，所皆具備一種受他人苦樂影響的心理傾向，就是「同情」（Sympathy）心理。休謨解釋這由「同情」而產生「道德」的過程，正因為「同情」使我們感覺他人的快樂痛苦，心理激發影響相應情感，導致道德判斷和道德感產生，根據「情感」感覺做出道德行為。所以「『同情』是人性中一個很強有力的原則，…它產生了我們對一切人為的德的道德感。」[48]我們出於同情而能感覺到他人的痛苦，因此激發仁慈動機，想把他們從苦難中解脫出來，於是我們會根據自己的感覺而做出行為選擇。

46　王臣瑞：《倫理學》（台北：台灣學生書局，1988年），頁192。

47　（英）休謨（Hume）、曾曉平（譯）：《道德原則研究》，頁124-125。

48　（英）休謨（Hume）、關文運（譯）：《人性論》下冊，頁620。

　　休謨「同情」觀點深深影響邁克爾‧斯洛特，通過心理內在的機制，以「同情」理論論證人性何以能產生道德動機。然而他並沒有完全接受休謨「同情」理論，而是主張以與生俱來的「移情」（Empathy）觀點做為人我情感共感的道德基礎[49]。雖然，邁克爾‧斯洛特「接受休謨的解釋模式，即通過心理運行的內在機制來說明為什麼產生美德動機，為什麼這些動機會尋找特定的道德取向。然而斯洛特沒有接受的是，他認為當關懷和仁慈等情感作為動機時，其心理基礎實際是『移情』（Empathy），而不是休謨所說的『同情』。」[50]儘管休謨所論的「同情」很接近「移情」概念，但「移情」與「同情」不同，嚴格來說，「移情」乃是指「行為者」把自己放在他人處境上，把他人感受「轉移」到自己身上來，形成一種「感同身受」的感受；而「同情」則是對他人苦樂有所「感應覺察」，並因而回饋相應心理感受，如何識別「移情」與「同情」二者之不同，其言：

　　　　〝Empathy〞（移情）被理解為〝feeling somebody's feeling〞（感受他人的感受），也就是真正能夠處於他人的情境進行思考。〝Empathy〞和〝Sympathy〞是有很大的區別的，我們的確需要理解〝移情〞（Empathy）與〝同情〞（Sympathy）之間的區別。〝移情〞這個詞在 20 世紀早期才在英語詞彙中出現，它最早作為德語詞彙彙

49　（美）邁克爾‧斯洛特（Michael Slote）、王楷（譯）：〈情感主義德性倫理學：一種當代的進路〉，《道德與文明》第 2 期（2011 年），頁 29。
50　李義天：〈斯洛特的美德倫理學及其心理學預設〉，頁 84。

〝Einfuehlung〞的翻譯在英語中使用。但是，這並不意味著〝移情〞在這之前從未出現在我們的文化中。休謨在人性論中對我們後來稱之為〝移情〞的這個概念做出了重要的、開創性的工作。但是，休謨用〝同情〞這個詞來代指這一概念。休謨也用〝移情〞來代指〝同情〞，儘管這一做法使得〝移情〞這一圖景變得模糊不清（特別是在《道德原理研究》一書中）。如今這兩個詞我們都在使用，也經常討論〝移情〞這個概念。因此，此時此刻，我們有必要將〝移情〞和〝同情〞區分開來。…感覺別人的痛苦和感知那些處於痛苦中的人這兩種方式將它們輕鬆區別開來。………〝移情〞意指前者，而〝同情〞意指後者。[51]

移情的關懷倫理對個體行為評價的依據是看這樣的行為是否表達、體現或反映了主體的一種具有移情作用的關懷動機。…所以，移情關懷倫理能夠說明，如果制度、法律以及社會習俗和慣例反映了那些負責制訂和維護它們的人具有移情作用的關懷動機，那麼它們就是正義的。[52]

由此可知，「移情」心理機制比「同情」更複雜。邁克爾‧

---

51 韓玉勝：〈情感‧德性‧關懷‧容納：反思我們的價值觀—訪邁克爾‧斯洛特教授〉，頁 142。
52 （美）邁克爾‧斯洛特（Michael Slote）、黎良華（譯）、趙永剛（校）：〈關懷倫理視閾下的社會正義〉，《吉首大學學報（社會科學版）》第 4 期（2011年），頁 2。

斯洛特認為「移情關懷」通過「移情」作用獲得我與他人情感共鳴，不僅「行為者」能識別他人感受，並能同理「轉移」他人感受，對他人情境進行思考，設身處地做出關懷的道德行為：

> 移情與其他幾種道德偏好也是相關的。心理學家不但研究我們對那些直接感知到的危險和苦楚具有更為強烈的移情。也認識到，較之未來潛在的危險和苦楚，對當下的危險或苦楚相關的移情更易於被喚醒，也更為強烈。...從而對道義論的移情根源做出一種情感主義的德性倫理說明。我們也許會說，由於移情傾向，我們看到的或感知到的苦楚或危險對我們來說具有某種知覺上的直接性。換句話說，移情通過兩種我們通常與他人以及世界交互作用的形態──知覺和現時性（perception and contemporaneity）而發揮作用。現在，我想就這一交互作用提出另一種形態，即因果關係或因果關係的直接性。這種移情直接性的新形態會對道義論問題發生直接的影響。[53]

足以見，邁克爾・斯洛特認為以「移情」做為關懷的道德行為，使自我與他人「知覺和現時性」達到交互作用道德共識。即如是，邁克爾・斯洛特便奠基在此「行為者」的分析上，以「移情關懷」做為心理基礎建構「情感主義德性倫理學」，強調

---

53 （美）邁克爾・斯洛特（Michael Slote）、王楷（譯）：〈情感主義德性倫理學：一種當代的進路〉，頁32。

「移情關懷」所產生「知覺和現時性」的交互感知，使得「移情」後受到道德行為的「評價者」對「行為者」做出回饋讚許，即是「移情」作用迴向「行為者」，如此一來「行為者」同然共感「評價者」對道德行為所表達的關懷。因此，以「移情關懷」做為雙向傳遞的共鳴，肯定了「評價者」與「行為者」迴向性的移情共感。整個來說，「移情關懷」所建構的「情感主義德性倫理學」，它說明人具有「移情關懷」的情感知覺，可導向道德行為的判斷，在同等基礎上肯認「評價者」與「行為者」共通感受，此共通便是一種包容接納他人的「移情」情感：

> 我相信我所做的代表了關懷倫理學的一種型態，一種通過對他人的移情（如果我可以借用並改造一個休謨的慣用語的話）作為道德領域的粘合劑加以強調。從而強調我們與他人的聯繫而不是與他人在道德上的分離的關懷倫理學型態。然而，到現在為止，大多數的關懷倫理學並沒有如我一樣對移情現象加以關注和利用。我希望關懷倫理學將來能夠更多地關注移情。較之任何一種別的心理現象或者人類現象，移情更能讓我以一種深刻的、徹底的方式理解關懷動機。並且，移情也能夠幫助關懷倫理學理解、解釋並論證道義論……一種對規範問題和移情觀念方面的意義問題都作出說明的情感主義德性倫理學在現在具有某種可能的合理性。德性倫理學不必為了具有當代相關性和希望而一定是理性主義的亞里斯多

德學派或新亞里斯多德學派的理論型態。[54]

　　即如是，邁克爾‧斯洛特主張將道德動機訴諸人的道德情感，以「移情關懷」理解道德行為，而不是訴諸於冰冷的道德義務、道德判斷和道德規範的約束，因為這些攸關道德原則的實踐，皆是源自「行為者」德性情感所衍生，所以「行為者」的「德性」情感才是促使道德實踐的最終依據。當邁克爾‧斯洛特意識到亞里斯多德德性倫理學，是因為它建立在古代某些直覺觀念的基礎上，所以採取的倫理學進路便是訴諸在人倫日常思維的「移情關懷」，其理論建構從不贊同功利主義、不認同康德理性主義倫理學，走向亞里斯多德德性倫理學和休謨的情感主義，轉向以德性情感為基礎的德性認識論[55]，建構一套以「行為者」為分析的「情感主義德性倫理學」。邁克爾‧斯洛特重塑「情感」做為道德基礎的倫理學，為西方道德理論提供重要新釋，在「移情關懷」中建立人我共通的道德橋樑。

四、從邁克爾‧斯洛特「移情」關懷論戴震「以情絜情」

　　本章採用中西參照對比視域，針對「情感轉向」的現象展開探析，首先即探討戴震「情欲主體」的道德哲學，導引出情

54　（美）邁克爾‧斯洛特（Michael Slote）、王楷（譯）：〈情感主義德性倫理學：一種當代的進路〉，頁35。

55　（美）邁克爾‧斯洛特（Michael Slote）、李家蓮（譯）：〈從德性倫理學到德性認識論〉，載在江暢、戴茂堂《價值論與倫理學研究》2014年卷（北京：社會科學文獻出版社，2014年），頁158。

欲倫理的義理架構，如何從批判官衙化理學「以理殺人」，從而揚棄「存理滅欲」，提出「理存乎欲」、「以情絜情」情欲主體的道德哲學，從回歸原典文獻的論證分析，揭示戴震如何以「情欲」做為德性動機，彰顯「絜情關懷」的倫理價值。其次，探源邁克爾·斯洛特「情感論德性倫理學」，從回顧德性倫理學的歷史進程，從而掌握「情感論德性倫理學」理論的源起，由對亞里斯多德理論的出走及轉向休謨道德情感主義。邁克爾·斯洛特如何跳脫理性主義為主的舊傳統，以「情感論」的「移情關懷」，從人我共通的「移情」心理作為道德判斷的實踐基礎，提出「情感德性倫理學」之「移情關懷」。

然而本章不僅覆述於戴震／邁克爾·斯洛特二家倫理學的疏通，更寄望問及做為實踐道德根源的動力為何？戴震「絜情」／邁克爾·斯洛特「移情」情感論相較下是否蘊涵深意？從西方德性倫理學對「情感」地位的重估，以邁克爾·斯洛特「情感論德性倫理學」之「移情關懷」理論探析戴震「以情絜情」的「絜情關懷」，「絜情」是「同情」？還是「移情」？誠如前述所展開二家哲學的義理系統，兩相對照，戴震以「情欲主體」所開展的道德哲學，目的即在打破「存理滅欲」數百年「理欲之辨」的窠臼，重新肯定人性欲求的道德價值，因此主張在人倫日用欲求達遂上實踐道德之理，展現「情欲」德性價值，開創出一條迥然不同宋明理學的新路徑，誠如戴震所云

> 天理云者，言乎自然之分理也；自然之分理，以我之情絜人之情，而無不得其平是也。樂記曰：人生而靜，天

之性也，感於物而動，性之欲也，物至知知，然後好惡
形焉，好惡無節於內，知誘於外，不能反躬，天理滅矣，
滅者，滅沒不見也，又曰：夫物之感人無窮，而人之好
惡無節，則是物至而人化物也，人化物也者，滅天理而
窮人欲者也，於是有悖逆詐偽之心，有淫佚作亂之事，
是故強者脅弱，眾者暴寡，知者詐愚，勇者苦怯，疾病
不養，老幼孤獨不得其所，此大亂之道也。誠以弱寡愚
怯與夫疾病，老幼，孤獨，反躬而思其情，人豈異於我，
蓋方其靜也，未感於物，其血氣心知，湛然無有失，故
曰天之性，及其感而動，則欲出於性，一人之欲，天下
人之之同欲也，故曰性之欲，好惡既形，遂己之好惡，
忘人之好惡，往往賊人以逞欲，反躬者，以人之逞其欲，
思身受之之情也，情得其平，是為好惡之節，是為依乎
天理，古人所謂天理，未有如後儒之所謂天理者矣。[56]

天下之事，使欲之得遂，情之得達，斯已矣。惟人之知，
小之能盡美醜之極致，大之能盡是非之極致。然後遂己
之欲者，廣之能遂人之欲；達己之情者，廣之能達人之
情。道德之盛，使人之欲無不遂，人之情無不達，斯已
矣。[57]

即如是，戴震「絜情」說否定了宋儒道德性理的超越性，
認為道德之理即在「遂己之欲者，廣之能遂人之欲；達己之情

---

56 《孟子字義疏證》卷上〈理〉，《戴震全書》（六），頁 152-153。
57 《孟子字義疏證》卷下〈才〉，《戴震全書》（六），頁 197。

者，廣之能達人之情」，達遂自我欲望，「反躬而思其情」又希望達成別人滿足，此即是道德義理之所在。因此，即能明白理是自然生生之理，又能使人獲得同理滿足，促使自然之理成為必然之理的完備。由此可知，戴震尊重生命實存的人性欲求，由「我之情絜人之情」，擴及「天下之事，使欲之得遂，情之得達」。因此，與其說戴震哲學的建構工作是站在與舊傳統拉鋸的局面，毋寧說是要建立「絜情關懷」的情性新論，以「情欲主體」做為哲學義理轉型。事實上，戴震即是以儒學內在理路變趨之姿反映了清代思想新趨向，振臂疾呼「理存乎欲」比「存理滅欲」更貼近人倫世界道德體證，「情欲主體」道德哲學所強調是生命自然，是耳目百體、血氣資養本能之「欲」，從人性實然走向道德應然，「性之欲」便可達至「性之德」的道德體證。

相對地，邁克爾·斯洛特「情感主義德性倫理學」把「行為者」視為倫理學中心，而不是把「行為者」置於行為目標或從屬。因此，他不同以往貶抑情感地位的理性主義，反而採取一種重視「情感」的立場致力於德性倫理的追尋，導引德性倫理學朝向情感主義的理路，開闢了不同於亞里斯多德主義倫理學的復興之路。更具體地說，邁克爾·斯洛特所要建構德性倫理學的純粹性，即是以「行為者」在生活情境中的道德判斷，由內在德性情感所構成的道德動機，論證「行為者」的「移情關懷」做出利己與利他同然的道德選擇。因此，「情感主義德性倫理學」所注重是「行為者」內在德性，在亞里斯多德和休謨的理論基礎上，綜合心理學馬丁·霍夫曼、巴特森「移情－利他」觀點，通過心理機制來探索道德判斷的共通，使得「移情」

成為德性倫理學的重要核心，開展「行為者」情感動機及「移情關懷」的「情感主義德性倫理學」。相同的，戴震以「絜情關懷」建立情欲主體道德哲學，其義理建構亦是奠基在「民之秉彝，好是懿德」的心理轉移，在追求人我情感共通的目標上，以「情欲動機」展開「絜情關懷」：

> 問：以情絜情而無爽失，於行事誠得其理矣。情與理之名何以異？曰：在己與人皆謂之情，無過情無不及情之謂理。[58]

> 尊者以理責卑，長者以理責幼，貴者以理責賤，雖失謂之順；卑者賤者以理爭之，雖得謂之逆，於是下之人不能以天下之同情、天下之所同欲，達之於上。上以理責其下，而在下之罪人不勝指數，人死於法，猶有憐之者，死於理，其誰憐之？嗚呼，雜乎老釋之言以為言，其禍甚於申韓如是也，六經孔孟之書，豈嘗以理為如有物焉，外乎人之性之發為情欲者，而強制之也哉，孟子告齊梁之君，曰與民同樂，曰省刑罰，薄稅斂，曰必使仰足以事父母，俯足以畜妻子，曰居者有積倉，行者有裹糧，曰：內無怨女，外無曠夫，仁政如是，王道如是而已矣。[59]

> 烏呼，今之人其思亦弗思矣。聖人之道，使天下無不達

58　《孟子字義疏證》卷上〈理〉，《戴震全書》（六），頁153。
59　《孟子字義疏證》卷上〈理〉，《戴震全書》（六），頁161。

之情，求遂其欲而天下治。後儒不知情之至於纖微無憾
是謂理；而其所謂理者，同於酷吏之所謂法。酷吏以法
殺人；後儒以理殺人：浸浸乎舍法而論理。人各巧言理，
視民如異類焉，聞其呼號之慘而情不相通。死矣更無可
救矣！[60]

昔人異於今人；一口而曰「理」，似今人勝昔人。吾謂昔
人勝今人正在此。蓋昔人斥之為意見，今人以不出於私
即謂之理。由是以意見殺人，咸自信為理矣。[61]

　　戴震認為「今人以不出於私即謂之理。由是以意見殺人」，
尊者以理責卑，長者以理責幼，貴者以理責賤，都是「理欲之
辨」為禍所致，造成「酷吏以法殺人；後儒以理殺人：浸浸乎
舍法而論理」！很顯然，「上以理責其下，而在下之罪人不勝指
數，人死於法，猶有憐之者，死於理，其誰憐之？」所以，戴
震道德哲學所展開的「絜情關懷」核心，即是建立在「己與人
皆謂之情，無過情無不及情之謂理。」的基礎上，昭顯真正的
聖人之道是內無怨女，外無曠夫「體民之情，遂人之欲」天下
治的仁政王道。因此，戴震「絜情關懷」的「絜情」是「移情」
心理的道德表現，而非「同情」的情感，雖然「同情」類同「移
情」概念，但是「移情」與「同情」事實上截然不同。換言之，
戴震所強調「絜情關懷」是源於生命實然的「情欲」動力，是

<hr>

60　〈與某書〉，《戴東原先生之文》，《戴震全書》（六），頁496。
61　李開：〈與段玉裁書〉（一），《戴震評傳》（南京：南京大學出版社，1992年），
　　頁363。

通過「移情」感同身受來達至道德共通，而非「同情」他人苦樂回饋相應心理感受，「絜情關懷」是聯繫著「移情」知覺轉移的心理交相作用，是「移情」心理的道德體證。此意正同邁克爾・斯洛特「情感主義德性倫理學」強調「移情」心理達成道德判斷，同樣是「行為者」感受身處他人處境，轉移形成「感同身受」心理作用。戴震哲學「以情絜情」反躬思受之情，在同然基礎上尋求「理」之權衡，二者相同，所以「絜情」是「移情」而非「同情」。

戴震「理存乎欲」的情欲動機展開「以情絜情」道德理想，由「欲求」動機取代「道德」動機，在「絜情關懷」共通性上追求同然道德共識，「絜情關懷」反躬於己忖度他人，是生命本然內在「德性」的「移情」，而不是目的論的「道德」。這即是說「絜情」作為道德共通，彰顯了「情欲」動力絜情他人的道德意涵，在人我對等共識上建置「達情遂欲」理想。所以，戴震道德哲學是由生命內在「情欲動機」所出發「絜情關懷」的道德哲學。而相對地，同樣肯定「情感」地位的邁克爾・斯洛特一樣如戴震肯認人具有道德行動的德性價值，強調「行為者」內在德性動機，開創了「情感主義德性倫理學」，同時給予一向理性主義掛帥的西方倫理學界注入「情感」元素。令人關注的是，邁克爾・斯洛特「移情關懷」與戴震「絜情關懷」竟有如此相同的倫理呼應，究竟戴震「絜情關懷」動力何在？循藉邁克爾・斯洛特「移情」觀點可為戴震道德哲學做一詮解，論證「情欲」動力可以給予自我及他人幸福的道德理想。誠然，戴震以「絜情關懷」顯豁人性道德心理機制，即蘊含著生命本能

的道德動機，由「情欲動機」出發的「德性」而不是目的論的「道德」，由「絜情」反躬於己忖度他人，患難相感共達仁心。由此可知，戴震以「情欲」做為主體的哲學建構，肯認「欲」中體現「道德情理」，系統性地建立「理存乎欲」、「理欲合一」的道德哲學，以「情欲」做為「絜情關懷」實踐道德之盛便是戴震心目中「民之秉彝，好是懿德」的理想社會：

> 《詩》曰：「天生烝民，有物有則；民之秉彝，好是懿德。」孔子曰：「作此詩者，其知道乎！」孟子申之曰：「故有物必有則，民之秉彝也，故好是懿德。」以秉持為經常曰則，以各如其區分曰理，以實之於言行曰懿德。物者，事也；語其事，不出乎日用飲食而已矣；舍是而言理，非古賢聖所謂理也。[62]

足以見，戴震訴求「達情遂欲」回歸孔孟聖人之道，揭櫫生命欲求的「德性」價值，而不是把「情欲」置於道德之外次要的從屬。戴震認為真正的道德之理必須貼近人倫日用事為，道德動機應從人性內在欲求出發，以「情欲」做為道德動力，取代「存理滅欲」那宰制規範異化的「理」，由「德性」動機轉化成道德實踐，完備貫通「理存乎欲」的倫理主張。

誠如前述，從邁克爾·斯洛特「移情關懷」論戴震「絜情關懷」，二者皆同在「情感論」的立場上衡定「情感」、「情欲」

62　《孟子字義疏證》卷上〈理〉，《戴震全書》（六），頁153。

的道德價值。戴震肯定「情欲」主體即是「道德」主體，由「欲求」動機取代「道德」動機，打破「存理滅欲」理學框架，詮解出「理存乎欲」，「絜情關懷」、「達情遂欲」的道德哲學；相對地，邁克爾·斯洛特以「行為者」做為分析，跳脫亞里斯多德主義德性倫理學和休謨的同情理論，探源「行為者」內在德性動機，歸結出人我共通「移情關懷」的「情感主義德性倫理學」。從邁克爾·斯洛特「移情關懷」論戴震「絜情關懷」，兩者皆標榜以「情感」做為主體，成功扭轉「情感」、「情欲」擔任道德論證中的地位，「情感」不再淪為次要附屬。尤其邁克爾·斯洛特，以「情感動機」做為「移情關懷」的德性倫理學對比戴震「情欲動機」所開展「絜情關懷」的道德哲學，同樣以「情感」做為權衡道德的心理機制，以「移情」、「絜情」做為人我情感共通的德性共鳴，所以「絜情」即是「移情」，乃是做為道德判斷的情感論「德性」，而不是目的論的「道德」。

即就上述討論獲至二家融通之處：首先，就戴震／邁克爾·斯洛特哲學理論，分別就中西方所立足傳統「情感／理性」立場下重新思考「情感」對生命道德地位，從「應然／實然」、「理性／感性」、「形上／形下」、「主體／客體」、「自然／必然」二分架構中達至「情感與理性統一」。其次，戴震／邁克爾·斯洛特皆立足在「情感」立場創造性轉化「絜情關懷」、「移情關懷」的倫理闡釋，建構以「情欲」、「情感」主體的倫理哲學。戴震「絜情關懷」的道德哲學，「以情絜情」建立在人人「情欲動機」的普遍基礎上，樹立一個合乎人性「理存乎欲」達至「達情遂欲」道德之善的同然。不約而同，邁克爾·斯洛特「情感論德

性倫理學」也是以「移情關懷」做為道德基礎，強調「行為者」強調「行為者」內在的心理關懷，以「移情」做為心靈橋樑，在「利己」與「利他」生活世界中追求人生幸福。雖然二家互有融通，戴震「以情絜情」／邁克爾·斯洛特「移情」，道德判斷基礎是否相同？細譯分疏中也發現，戴震肯定「理存乎欲」，其義理詮釋多從人倫日用事為「欲」中言「情」，故「移情」展現的目標是達成人我「絜情關懷」。但無庸贅言，邁克爾·斯洛特「情感主義德性倫理學」不提及「欲」，而是強調是「行為者」內在德性動機引發「移情—利他」關懷心理，所以「情感主義德性倫理學」以「情感」做為論點主軸，這是截然不同於戴震「情欲」主體的道德哲學。

五、結　語

戴震肯定「情欲」主體即是道德主體，回歸道德生命本義，為人性實存欲求尋至人人皆可達至的「情欲動機」，「以情絜情」彰揚人我患難相感的「絜情關懷」。而邁克爾·斯洛特「情感主義德性倫理學」，也是以「行為者」的「情感動機」做為德性動力，以「移情關懷」做為心靈精神的共通，同樣強調道德場域即在「我—他」共同創造意義的人倫世界。二者相較，戴震「情欲主體」道德哲學主張「情欲動機」、「絜情關懷」、「達情遂欲」與邁克爾·斯洛特「情感主義德性倫理學」主張「情感動機」、「移情關懷」、「同然共通」，其在情感論及倫理目標竟有如此異曲同工之妙。本章以「情感主義德性倫理

學」視角下對戴震哲學進行後設性對比，目的即在於彰顯戴震
哲學中的「絜情」即是「移情」道德心理的展現，旨在為戴震
哲學「絜情」意涵提出另一新詮。

第六章　論戴震「絜情」—從儒簡「貴情」談起兼以對比西方情感論德性倫理學之「同情」、「移情」

一、中西方「情感」議題復興之勢

　　戴震（1724-1777）是清代重要思想家，更是反理學思想之大成[1]，反對宋明理學「存理滅欲」，以返歸孔孟[2]傳承道統為宗旨建構哲學。戴震面對數百年「理欲之辨」，深感「情」、「欲」命題長期居於附屬甚至負面地位，重新思索建構一套以身心相繫「情」、「欲」關懷基礎的道德哲學。推溯其歷史背景，從十八世紀清初樸學思想興起，理學從內聖走向外王，相伴文字、音韻、訓詁、輯佚、目錄與版本，崇實黜虛成為治學主流，鼎盛之際甚至形成「乾嘉漢學」[3]。在這學風影響下，通經致用轉

1　戴震反對當時執義理學牛耳的程朱官學，返歸儒家經典疏證孟學捍衛正統，自後投入孟學詮釋，在《緒言》、《孟子私淑錄》、《孟子字義疏證》中釐正異說。詳參羅雅純：〈論戴震遂情達欲的新孟學〉，《實踐博雅學報》第 16 期（2011年 7 月），頁 11-54。

2　戴震認為後人習聞楊、墨、老、莊、佛之學，汩亂孟子之言，面對聖賢之道隱而不彰，興起了「破後人混漫」使命，主張「求觀聖人之道，必自孟子始」。戴震：《孟子字義疏證·序》，《戴震全書》（六）（安徽：黃山書社，1995 年），頁 147-148。茲下引書皆同引自《戴震全書》，僅標註篇名出處及頁數，茲不再贅述出版社及出版時間。

3　「乾嘉漢學」是清代學術思想與流派的名稱，因以考據見長，就其治學方法而

向經史訓詁，學術思辯走向考據實學，儒者從內在心性天人之學轉向關注人倫群體社會。宋至清之際，縱有朱陸思想分歧，但整體而言理學家由形上「理」、「性」轉向形下「氣」、「欲」，不再尋求嚮壁虛構形上超越「理」，轉而重視形下人倫世界「情」、「欲」。因此，「存理滅欲」發展至清代，戴震振臂高呼「理存乎欲」，揭示另一層始終被忽略的「情本體」，樹立「以情絜情」、「達情遂欲」的倫理呼籲就不難理解了。而事實上，追溯「情本體」發軔始至先秦儒家，儒者如何看待「情」、「欲」？過去探究孔孟之際性情論脈絡轉承歷來模糊未見有力文獻辯清。所幸上世紀 90 年代至本世紀初，郭店楚墓竹簡〈性自命出〉[4]、上海博簡〈性情論〉[5]相繼出土，當可為儒家「貴情」思想予以揭示，[6]因此本章從儒簡溯源「情本體」，以迄展開戴震「性情論」思想之會通。

言又稱為「樸學」或「考據學」，發展到乾隆、嘉慶時期達到鼎盛階段，又謂為「乾嘉漢學」、「乾嘉學派」。

4　1993 年 10 月湖北荊門市郭店一號楚墓出土，根據整理者編制所見共計 16 篇。荊門博物館：《郭店楚墓竹簡》（北京：文物出版社，1998 年）。

5　2000 年 8 月 19-22 日，在北京達園賓館召開新出簡帛國際學術研討會，上海博物館的馬承源、陳佩芬、濮茅左先生在北京大學賽克勒考古與藝術博物館在香港收購的戰國竹簡《性自命出》篇的圖版。《上海博物館藏楚簡〈性情論〉圖版》（上海：北京大學賽克勒考古與藝術博物館，2000 年）。此外，經編制整理專書，詳見馬承源（主編）：《上海博物館藏戰國楚竹書（一）》（上海：上海古籍出版社，2001 年）。

6　楊儒賓認為中國哲學一直存在氣化交感主體所建構的倫際倫理學，此倫理學建構於共感迴向的氣化主體上以此建立文化哲學。反理學思潮以相偶論反體用論，以其工夫乃在倫際相偶，人倫日用間，不迴於傳統理學主靜—主敬—豁然貫通的工夫逕路，若從心性論、工夫論、倫理學等角度思考儒家哲學，則戰國時期代表著儒家主張性情論，能夠提供此爭議重要思想資源。詳參楊儒賓：《異議的意義——近代東亞的反理學思潮》（台北：國立臺灣大學出版中心，2012 年）一書。

　　此外值得注意，近年中西哲學皆不約而同有「情感」議題的討論，相較西方「情感」議題興起，尤以美國當代倫理學家「邁克爾‧斯洛德（Michael Slote）[7]」主張從英國哲學家「休謨」（Hume）[8]的情感主義「同情」觀點，尋找當代德性倫理學復興淵源，以「移情」發展「情感論德性倫理學」（Sentiments Virtue Ethics）最備受學界關注。因此，本章將進一步從西方德性倫理學之「同情」、「移情」新釋戴震「絜情」，向上追溯儒家楚簡「貴情」根源，向下推衍「以情釋性」發展脈絡，期能透過中西參照視域抉發戴震「絜情」之新意。

二、從儒簡「貴情」思想論孔孟之際「情本體」以迄戴震「性情論」

　　「情感」其所引申的道德根源、道德判斷、道德規範及道

7　（美）邁克爾‧斯洛特（Michael Slote）建構一套以「行為者」為分析，強調「移情」，著重「道德情感」的「情感主義德性倫理學」，在當代倫理學界是創新觀點，倫理學著作有：（美）羅傑‧克里斯普（Roger Crips）和（美）邁克爾‧斯洛特（Michael Slote）編：《美德倫理學》（英國：牛津大學出版社，1997 年）、（美）邁克爾‧斯洛特（Michael Slote）：《源自動機的道德》（英國：牛津大學出版社，2007 年）、（美）邁克爾‧斯洛特（Michael Slote）：《道德情感主義》（英國：牛津大學出版社，2013 年）、（美）邁克爾‧斯洛特（Michael Slote）、周亮（譯）：《從道德到美德》（江蘇：譯林出版社，2017 年）。

8　（英）休謨主張道德情感學說，在道德範疇中「情感」（sentiments）扮演關鍵角色，「情感」在道德領域中具有關鍵性的決定，而「情感」贊同乃是判定道德成立的樞紐地位，因此道德評價和動機中「情感」佔有中心地位。詳參（英）休謨（Hume）、關文運（譯）：《人性論》上下冊（北京：商務印書館，1983 年）。（英）休謨（Hume）、曾曉平（譯）：《道德原則研究》（北京：商務印書館，2001 年）。

德動力，在儒家性情論的討論上日益漸受關注。然先秦儒家情理結構究竟以「理」為主或以「情」為主？學界始終存在爭議。其中以「情」為主的說法，大有學者擁戴。誠如錢穆強調「情感」在儒家思想重要地位：「宋儒說心統性情，毋寧可以說，在全部人生中，中國儒學思想，則更著重此心之情感部份，尤勝於其著重理知的部分。我們只能說，由理知來完成性情，不能說由性情來完成理知。情失於正，則流而為欲。中國儒家，極看中情欲之分異。人生應以情為主，但不能以欲為主。儒家論人生，主張節欲寡欲以至於無欲。但絕不許人寡情、絕情乃至於無情。」[9]而李澤厚更明確提出「情感本體」說[10]，認為只有回到理欲相融，以「情本體」重構才能更接近孔孟，因此情理結構應以「情感」為本體。由此可知「情」做為道德動力，其與「理」、「欲」關係，一直是性情論重要關鍵。究竟，孔孟之際情理結構主體為何？此之間由於文獻不足歷來模糊。所幸近年大量戰國楚簡出土，整理編制成《郭店楚墓竹簡》與《上海博物館藏戰國楚竹書（一）》，根據儒簡傳抄年代應早於西元前300年，考證為孔子至孟子年代過渡之間，判定是戰國早中期[11]

9　錢穆：《孔子與論語》（台北：聯經出版社，1995年），頁198。

10　李澤厚認為「情本體」是真實情感和情感的真實之中，去體認領悟當下和藝術中的真情和天人交會為依歸，完全不再去組建構造某種超越來統治人們，它所展望的只是普通平凡的人身心健康、充分發展和自己決定命運的可能性和必要性。李澤厚：《論語今讀》（台北：允晨文化出版，2000年），頁59、頁10。

11　李學勤：〈先秦儒家著作的重大發現〉，《郭店楚簡研究》，《中國哲學》第二十輯（遼寧：教育出版社，1999年），頁13-17。王葆玹：〈試論郭店楚墓各篇的撰作時代及其背景一兼論郭店及包山楚墓的時代問題〉，《郭店楚簡研究》，《中國哲學》第二十輯（遼寧：教育出版社，1999年），頁366-390。姜廣輝：〈郭店楚簡與《子思子》－兼談郭店楚簡的思想史意義〉，《郭店楚

儒道重要佚籍，今日可從儒簡追溯孔孟之際性情論的轉承脈絡。其中，特別值得重視尤以〈性自命出〉和〈性情論〉論及心／性／情竟有大量相似之處。細譯「情」字出現 20 處，其他〈緇衣〉、〈唐虞之道〉、〈語叢〉篇也出現 7 處[12]。「情」字如此頻繁出現在儒簡格外令人關注，這劃時代的嶄新線索當可為揭明儒家「貴情」思想提供重要佐證。

　　孔子主「仁」重「禮」，罕少論「心」、言「性」、說「情」，何以孔子之後，儒簡竟顯見「貴情」？孔子而後，孟子大論心性「乃若其情，則可以為善矣，乃所謂善也。」[13]由「情」引發良知四端道德本體。究竟，孔孟之際性情論脈絡為何？根據上博簡〈性情論〉及郭店簡〈性自命出〉性情論所探討範疇相近[14]，仔細檢覽「性」字出現 25 次，甚至「性」的概念界限了儒簡性情論的重要核心。「性」字在上博簡中多作「生」或「眚」；郭店簡中也多為「眚」，二者皆不從「心」字旁，雖是如此，但依文字通假字義或哲學脈絡探究，無論通假或從心字旁與否，

簡研究》，《中國哲學》第二十輯（遼寧：教育出版社，1999 年），頁 81-92。三篇作者皆主張楚簡年代在戰國中期前。

12　龐樸：〈孔孟之間─郭店楚簡中的儒家心性說〉，《郭店楚簡研究》，《中國哲學》第二十輯（遼寧：教育出版社，1999 年），頁 22。

13　史次耘：〈孟子・告子篇〉，《孟子今註今譯》（台北：臺灣商務印書館，1984 年），頁 289。

14　上海簡〈性情論〉篇的內容與郭店〈性自命出〉簡本編次結構上有不同，其不同集中在簡 21 以下，以郭店簡本來說，就是所謂上篇的編次結構基本相同，而下篇的編次結構不同。除了書寫的異文，簡書的編次上不同，其思想基本上相同。對於簡本之異處，已有學者探原考證，詳見於廖名春（著）、丁原植（主編）：《新出楚簡試論─出土思想文物與文獻研究叢書（三）》（台北：臺灣古籍出版公司，2001 年），頁 251-256。

「生」納入「心」相融成「性」，儒簡所示的年代統論為「性」：

> 牛生而長，鴈生而伸，其性使然，人而學或使之也。[15]

> 四海之內，其性一也，其用心各異，教使然也。[16]

　　儒簡指謂的「性」是自然本質之性。「四海之內，其性一也」，「性」是本然，是一種「類」的特徵。然「牛生而長，鴈生而伸」萬物各自本性，人異別牛、鴈而言差異於用「心」各異，經後天「學」與「教」取擇，遂有「情」好惡之分：

> 好惡，性也；所好惡，物也。善不善，性也；所善所不善，勢也。[17]

> 凡性為主，物取之也。金石之有聲也，弗扣不鳴。[18]

> 凡性，或動之，或逆之，或交之，或屬之，或黜之，或養之，或長之。[19]

> 凡動性者，物也；逆性者，悅也；交性者，故也；屬性者，義也；絀性者，勢也；養性者，習也；長性者，道

15　上博楚簡簡3相當郭店本的第三〝凡〞，《上博楚簡三篇校讀記》，頁67。
16　上博楚簡簡3相當郭店本的第三〝凡〞，《上博楚簡三篇校讀記》，頁68。
17　上博楚簡簡2相當郭店本的第一〝凡〞，《上博楚簡三篇校讀記》，頁66。
18　上博楚簡簡3相當郭店本的第二〝凡〞，《上博楚簡三篇校讀記》，頁66。
19　上博楚簡簡4相當郭店本的第五〝凡〞，《上博楚簡三篇校讀記》，頁68。

也。[20]

　　依儒簡所示，「性」是自然本質之性，人具先天本然之「性」，如同金石「有待」後天「動之」、「逆之」、「交之」、「厲之」、「黜之」、「養之」、「長之」。因此，「性」受到「物」影響產生「悅也」、「故也」、「義也」、「勢也」、「習也」、「道也」的各種「情」的呈顯。「性」透過「物」相應產生「情」，這發顯於外之「情」遂有好惡、善與不善展現，如同金石「有待」敲擊產生鳴聲。即如是，儒簡展現「性」與「情」分辨的哲學意涵，強調「性」、「情」的習養，透過「物」的調節涵養產生「情」。儒簡除了章序編排差異[21]，特別突顯「情」：

　　喜怒哀悲之氣，性也。及其見于外，則物取之。[22]

　　性自命出，命自天降。道始於情，情生於性。始者近情，終者近義，知情者能出之，知義者能納之。[23]

　　即如儒簡「喜怒哀悲之氣，性也。」所示，喜怒哀悲之氣以成「性」，故「性」是「氣稟之性」，喜怒哀悲之「情」當

---

20 上博楚簡簡 5 相當郭店本的第六〝凡〞，《上博楚簡三篇校讀記》，頁 69。
21 上博簡與郭店簡文章序編排之異，參見丁原植：《楚簡儒家性情說研究》（台北：萬卷樓出版，2002 年），頁 264-265。馬承源主編：《上海博物館藏戰國楚竹書（一）》（上海：上海古籍出版社，2001 年）。《性情論》竹簡與《性自命出》的竹簡在文本上基本相同，只有個別文句有差別。
22 上博楚簡簡 1 相當郭店本的第一〝凡〞。簡文可參見李零：《上博楚簡三篇校讀記》（台北：萬卷樓出版，2002 年），頁 66。
23 上博楚簡簡 2 相當郭店本的第一〝凡〞，《上博楚簡三篇校讀記》，頁 66。

為「性」的內容。儒簡以喜怒哀悲以界定「情氣」，「喜怒哀悲之氣，性也」，「道始於情，情生於性。始者近情，終者近義」，「氣」與性、情的次序與邏輯結構，由「性」呈現「情」，由「情」顯現成「道」終結為「義」皆是人性自然的顯發。然儒簡意涵不僅如此，更蘊涵「性情」與「人道」明晰的脈絡關係：「性自命出，命自天降。道始於情，情生於性。」天→命→性→情→道，構成了「降」與「所降」相應關係。「性情」銜接承降了天道並呈顯「性情」人道，「情」在倫理關係中扣緊天道與人道。從天的角度判別，「性」稟受命出，命乃源自天降，「性」是一種不可改變給定；從人角度觀之，「性」乃具無限延展的變體，所以流佈於外在經驗世界，遂有「情」之所生，因此「道始於情，情生於性」。「情」有好惡善與不善，那麼「性」可有好惡之分？眾所皆知，儒簡年代之前的孔子罕言性與天道，在《論語》中僅見〈公治長〉、〈陽貨〉：「夫子之言性與天道，不可得而聞也。」[24]、「性相近也，習相遠也。」[25]由此可見，孔子言性只彰顯自然本質之性，不言「性」的善惡判斷，在儒簡中亦見同於孔子本質之性的描述：

> 凡人雖有性，心亡定志，待物而後作，待悅而後行，待習而後定。[26]

---

24 宋・朱熹：《論語・公治長》，《四書章句集註》（台北：鵝湖出版社，1984年），頁79。

25 《論語・陽貨》，《四書章句集註》，頁175。

26 上博楚簡簡1相當郭店本的第一〝凡〞，《上博楚簡三篇校讀記》，頁66。

> 凡至樂必悲，哭亦悲，皆至其情也。哀、樂，其性相近也，
> 是故其心不遠。[27]

> 凡人情為可悅也。苟以其情，雖過不惡；不以其情，雖
> 難不貴。未言而信，有美情者也。未教而民恆，性善者
> 也。[28]

即可知，儒簡「凡人情為可悅」將「情」地位高揚，「情」
成為人心靈溝通中介。「性」是自然實存，「情」依「性」顯示
真實情感，可謂「情生於性」，「情」做為生命情感抒發是一切
情感根源的顯現，也是喜怒哀悲之情實本身。「性」不言而教，
不教而恆，因美「情」善「性」展現情態，真「情」流露就是
率「性」的表現。從此可發現，儒簡「以情釋性」，釋「情」訓
為「實」，依字義脈絡皆指向「情實」。所以，「性」與「情」二
者意義即相互重疊具有互通涵意。甚至，在儒簡文獻發現，「悅」
成為儒簡年代論「性」的重要標準，凡人情為可「悅」也，「悅」
是真實情感表達，在互信下達至人情可悅。「待物而後作，待悅
而後行」之「作」、「行」是身體實踐；「物」、「悅」是性、心、
志在實踐力行的必要條件，「性」是自然實存，「情」乃依「性」
乃依「性」顯示的「真實情感」，「性」、「情」同源，足以證儒
簡「以情釋性」貴情思想清晰可見。那麼，「以情釋性」內容為
何？根據儒簡以「喜怒哀悲之氣」和「好惡」界定「性」，「性」
展現好惡之「情」乃是與生俱來的本能，也是「性」蘊涵的「情

---

27 上博楚簡簡 17 相當郭店本的第十一〝凡〞，《上博楚簡三篇校讀記》，頁 73。
28 上博楚簡簡 21 相當郭店本的第十六〝凡〞，《上博楚簡三篇校讀記》，頁 75。

氣」，氣存於內，形發於外，「性」與「情」僅在未發／已發上區別。換言之，「性」是先天自然氣稟之性，仍待後天習以養性，即就同孔子所言「性相近也，習相遠也。」[29]儒家性情教養輪廓隱約在儒簡中，「性」、「情」不在理性認知上，而在真實人倫世界中實踐便可由此顯豁。

　　誠如上述，儒簡昭示了儒家性情論更早的源頭，「性」、「情」同源相輔而成，「性」與「情」本是人性的一體兩面，言性不言情，則心性流於枯槁死灰；言情不言性，則情流荒蕩無向，所以真情流露就是誠心率性的覿面相呈。「道始於情，情生於性。始者近情，終者近義，知情者能出之，知義者能納之。」[30]儒簡「以情釋性」貴情思想不僅具「情實」，亦蘊含道德情感，因為合乎「情」的「道」是道德情感群體倫理的展現，這具有道德共識「義」的「情」，不離人「情」而說「道」，因此「道」必須建立在人「情」合「義」的倫理基礎上。由此以見，儒簡「以情釋性」，「始者近情，終者近義，知情者能出之，知義者能納之」，「性」無善惡區分，情氣附於本性內，不僅有自然情欲，也本具合情宜義的道德情感，「貴情」思想不僅為儒簡年代所傳承，情性一體的論述也影響其後的孟子。儒家心性體系至孟子成其大。南宋・陸象山言：「夫子以仁發明斯道，其言渾無罅縫，孟子十字打開，更無隱遁。」[31]孟子〈言性章〉言：

29　《論語・陽貨》，《四書章句集註》，頁175。
30　上博楚簡簡2相當郭店本的第一〝凡〞，《上博楚簡三篇校讀記》，頁66。
31　宋・陸象山：〈語錄上〉，《陸象山集》卷三十四（北京：中華書局，1980年），頁398。

天下之言性也，則故而已矣。故者，以利為本。所惡於智者，為其鑿也。如智者，若禹之行水也，則無惡於智矣。禹之行水也，行其所無事也；如智者，亦行其所無事，則智亦大矣也！天之高也，星辰之遠也，苟求其故，千歲之日至，可坐而致也。[32]

　　孟子認為天下論性，推其所以然，必須以自然為本。小智之人乃違反自然，陷於穿鑿附會，出自私意戕害事物之本性，假若效法大禹治水之智，因勢利導，順應事物本性才是用智關鍵。但孟子並未指出「性」內涵為何，而是摒棄現世時俗智巧論性。究竟，孟子如何看待「性」？關於孟子論心性文獻不少，然正面發表言「性」卻僅見〈言性章〉。其中，「天下之言性也，則故而已矣」，「故」字難訓釋，此章含義也就混淆不清。「故」字在儒簡中也出現，更明確表示「故」：「交性者，故也」[33]。究竟，「交性」與「故」二者關連為何？意涵又為何？依此進一步探析，後儒東漢・趙歧、南宋・朱熹又如何註言：

　　孟子於此以為智之美，又非所謂惡之者也，且天之最高者也，星辰最遠者也，然而誠能但推求其故常，雖千歲之後，其日至之日亦可坐而計之也。孟子於此以故為美，所以又執是而言之耳，以其恐人不知已，前所謂則故而已矣。為事之故，遂引天與星辰而言，故常之故，故於此為美也，謂人之言性者，但本乎故常自然之性，而為

32　〈離婁篇〉，《孟子今註今譯》，頁223。
33　上博楚簡簡5相當郭店本的第六〝凡〞，《上博楚簡三篇校讀記》，頁69。

性不以妄自穿鑿改作，則身之修亦若天與星之故常，而
千歲日至之日但可坐而致也，此所以明其前，所謂故為
事故之故，終於此云故乃故常之故。蓋故義亦訓常，所
謂必循其故之故同。[34]

故者，其已然之迹，若所謂天下之故者也。利猶順也，
語其自然之勢也，言事物之理，雖若無形而難知。然其
發見之已然，則必有迹而易見，故天下之言性者，但言
其故而理自明，猶所謂善言天者必有驗於人也，然其所
言故者，又必本其自然之勢。如人之善水之下，非有所
矯揉造作而然者也，若人之為惡；水之在山，則非自然
之故矣。[35]

　　趙歧註釋「故」字為「故常之故」，指人本來之性，順循自
然本性故有其利，穿鑿妄作性則失其利。相對地，朱熹註釋則
認為「故」是「已然之迹」舊有之義。朱熹認為「天下之言性
者，但言其故而理自明」，就過往舊有已然之迹，是發見已然，
循其舊迹，依其「本其自然之勢」順自然之勢推求。這就如水
性如下，循自然為本的人性發展，非有所矯揉造作，因此依朱
熹註釋「故」字寓有「溫故」「循其舊迹」的意味，這意涵在儒
簡脈絡中也可尋得其跡：

---

34 唐・孔穎達（疏）、清・阮元（校勘）：〈離婁章句下〉，《十三經注疏・孟子
　　注疏》（台北：藝文印書館，1997年），頁152。
35 宋・朱熹：《四書集注》（台北：世界書局，1956年），頁323。

> 凡見者之謂物，快於已者之謂悅，物之設者之謂勢，有
> 為也者之謂故。義也者，群善之蕝也。習也者，有以習
> 其性也。道也者，群物之道也。[36]

> 凡道，心為主。道四術也，唯人道為可道也。其三術者，
> 道之而已。詩書禮樂，其始出也，皆生於人。[37]

凡有形色可見者謂「物」；能使感到愉悅者謂「悅」；舊交中有為也者之謂「故」；對善人善事的標誌之謂「義」；能使性得以養就是「習」。依此釋詮解「有為也者之謂故」，訓「故」為「有為也」，「故」乃舊識舊交，如是「故」就是故常之故的本性，無怪乎孟子言「天下之言性也，則故已矣」。因此，故常之本性需要詩書禮樂不斷習養，「習也者，有以習其性也」，唯人道為可道也，人道之「性」必須陶冶省察習養。

其後，孟子承續儒簡向內求索趨向，以四端之心論證性善，「即心言性」界定仁義禮智的道德理性。「惻隱」、「羞惡」、「辭讓」是道德情感，「是非」是道德判斷，此四端之心融合道德情感和道德理性可謂是「情理」。四端之心不僅論斷善惡，並進而引發道德行為故為善：

> 乃若其情，則可以為善矣；乃所謂善也。若夫為不善，
> 非才之罪也。惻隱之心，人皆有之。羞惡之心，人皆有

---

36 上博楚簡簡6相當郭店本的第七〝凡〞，《上博楚簡三篇校讀記》，頁69。
37 上博楚簡簡8相當郭店本的第八〝凡〞，《上博楚簡三篇校讀記》，頁70。

之。恭敬之心，人皆有之。是非之心人皆有之。惻隱之
心，仁也。羞惡之心，義也。恭敬之心，禮也。是非之
心，智也。仁義禮智，非由外鑠我也。我固有之也；弗
思耳矣。故曰，求則得之，舍則失之。[38]

惻隱之心，仁之端也；羞惡之心，義之端也；辭讓之心，
禮之端也；是非之心，智之端也。人之有是四端也，猶
其有四體也。[39]

　　孟子認為四端之心人皆有之，乃若其情為善是生而本具稟
賦，善是生命固然不需外鑠，在「情」、「才」、「心」中故為善。
「情」其善之自然，「才」求本然之善，「心」善「情」善「才」
亦善，故「乃若其情，則可以為善矣」即心善言性善。但事實
上，依儒簡「以情釋性」來詮解孟子性善，「乃若其情」此「情」
應訓為「實」，如此與儒簡釋「情」是情感根源的脈絡才是一脈
相承。[40]誠如儒簡年代，「性」是「氣稟之性」，並無應然／實

---

38 〈告子篇〉，《孟子今註今譯》，頁 289。
39 〈公孫丑篇〉，《孟子今註今譯》，頁 74。
40 本文認為先秦楚簡釋「情」，此「情」應訓為「實」，從楚簡內容字義來說皆
　是「情實」意思。（英）葛瑞漢（A.C.Graham）也主張先秦文獻「情」定義
　為「質實」（essential）或「情實」（genuine）之義，而做為情感（passions）
　解釋的「情」到宋代以後才出現。葛瑞漢之觀點詳見 A.C.Graham, *Studies in
　Chinese philosophy & philosophical Literature*,（Singapore：The Institute of East
　Asian Philosophies, c1986）p.59ff.另外，根據信廣來（Kwong-loiShun）的研
　究，在中國早期文獻中「情」不會僅有一種說法。在《孟子·告子上》第六
　章關於「情」，他認為至少三種不同的解釋已經被提到。首先，朱熹把「情」
　理解成與「性」的活動（activation）有關，這種活動採用了情感的形式，從
　這種活動中「性」能夠被認識。其次，戴震把「情」看做「實」，是物真正
　所是的東西。把「情」作為真正所示的東西（what is genuine）。第三，在早

然分判,「情」是道德實踐的關鍵,因喜怒哀悲「情氣」感動生成道德情感。因此兩相對照,孟子性說並不強調儒簡「以情釋性」,也不以「情」做為道德情感,而是強調道德判斷根據意義之「心」,「即心言性」開啓道德理性。由此顯見,孟子「即心言性」已與孔子「性相近」相異,也與儒簡「以情釋性」截然不同。再者,孟子言「情」更耐人尋味,趙歧認為孟子「乃若其情,則可以為善」,其註曰:「若,順也。能順其情使之善者,真所謂善也。」[41]其後,朱熹註孟依趙歧註發揮:「乃若,發語辭。情者,性之動也。人之情,本可以為善,而不可以為惡,則性之本善可知矣。」[42]然依朱熹「理本體」進路理解,「性」是善,是未發;「情」是性之動,是已發,未發之「性」不可見,於已發「情」見之,所以「情」便有善惡。綜上以觀,趙歧論「性」是位於漢代氣化宇宙論背景下發言;而朱熹論「性」則在宋代理氣二分的理學背景下註釋,但是,清・戴震對二者註釋的理解提出了疑義,認為孟子語境中的「情」,並非是後世詮解與「性」對應概念,「性靜/情動」二分更不同於孟子性情原意。戴震否認趙歧註、朱熹註的合理性,認為「情」之感物同時牽動「性」的血氣心知,行於內「性」、「情」是一體呈顯不相離故,故以返歸孔孟之道為職志,在清代考證學背景下[43],

---

期文獻中,「情」與「性」常常是可以互換的。在《告子上》第六章中,「情」與「性」有相同含義。詳見(美)本杰明・史華茲(Benjamin I.Schwartz)(著)、程鋼(譯)、劉東(校):《古代中國的思想世界》(南京:江蘇人民出版社,2004年),頁208。

41 〈告子篇〉,《孟子今註今譯》,頁290。

42 〈告子篇〉,《孟子今註今譯》,頁290。

43 戴震立處的時代,「理本論」已然轉移至「氣本論」,重視起形器的考證訓詁,士子們不再重視虛懸之理,轉而強調氣與外物的客觀性,投身事物的經史、

重新以字義疏證孟學，建構屬於他心目中的孟學「性情論」：

> 孟子以閑先聖之道為己任，其要在言性善，使天下後世曉然於人無有不善斯不為異說所淆惑。[44]

> 孟子辯楊、墨；後人習聞楊、墨、老、莊、佛之言，且以其言汩亂孟子之言，是又後乎孟子者之不可已也。苟吾不能知之亦已矣，吾知之而不言，是不忠也，是對古聖人賢人而自負其學，對天下後世之仁人而自遠於仁也。吾用是懼，述《孟子字義疏證》三卷。韓退之氏曰：『道於楊、墨、老、莊、佛之學而欲之聖人之道，猶航斷港絕潢以望至於海也。故求觀聖人之道，必自孟子始。』嗚呼，不可易矣！[45]

形器、史事、字辭的考證。原宋明儒首重道德自覺「德性之知」的追求，遂而轉進「聞見之知」事物的考究，士子們趨之若鶩，興起清代考據學大盛，發展至康熙、乾隆達至鼎盛，實可謂為十八世紀之顯學－「乾嘉漢學」。從此，儒者致力經史考證訓詁，理氣論上的從屬關係，「氣」不再是邊緣反位為核心，從「理本論」到「氣本論」的脈絡演變，戴震雖非異軍突起，然依其思想脈絡按圖索驥，對時代思潮的演變繼承也謂是有跡可尋。戴震在《孟子字義疏證》中以「理」為首綱，分就旁及「天道」、「性」、「才」、「道」、「仁義禮智」、「誠」、「權」範疇，彰顯理在不同分際上作用，所以釐清宋儒異說辯「理」，可謂是戴震孟學最首要的工作。戴震主要義理著作有：《法象論》、《原善》三卷、《緒言》三卷、《孟子私淑錄》三卷、《孟子字義疏證》三卷，據段玉裁所編《戴東原集》、尚有《原善》上中下三篇、《讀易繫辭論性》、《讀孟子論性》。而討論義理和治學方法則散見戴震與友人論學的書信中，見《答彭進士允初書》、《與是仲明論學書》、《與姚孝廉姬傳書》、《與某書》、《與方希原書》及戴震與段玉裁討論《孟子字義疏證》的兩封信《與段玉裁書（一）》、《與段玉裁書（二）》。

44 《孟子私淑錄》卷上，《戴震全書》（六），頁37。
45 《孟子字義疏證・序》，《戴震全書》（六），頁147-148。

　　戴震認為聖人之道為異說淆惑，乃因後人習聞楊、墨、老、莊、釋以致孟子之言為所汩亂，面對世人異說，興起摧破僵化的勇氣，肩擔起捍衛孟子思想為己任，旨在「返歸孔孟之道」。無論自述「吾用是懼，述《孟子字義疏證》三卷」，或是寫給弟子段玉裁信中皆一再強調孟學詮釋立場，「今人無論正邪，盡以意見誤名之曰理，而禍而斯民，故疏證不得不作」[46]所以「求觀聖人之道，必自孟子始」，取法孟子辯楊墨以自勉廓清儒學[47]，畢生投入《原善》、《緒言》、《孟子私淑錄》、《孟子字義疏證》著作中，釐正程朱雜老釋異說，建立新釋孟學詮釋。

三、戴震「情欲釋性」一本自然「性情論」

　　戴震返歸孟學哲學詮釋，重新以「血氣心知」架構「情欲釋性」，其言「血氣心知者，性之實體也」[48]，主張「性」、「情」、「欲」氣化感通自然生發：「人生而後有欲，有情，有知，三者，血氣心知之自然也。」[49]由對朱熹註的「性即理」論述進行主體論解構，重新給予「性」樹立一個新分判：

46　清・段玉裁：〈東原年譜訂補〉，《戴震全書》（六），頁652。

47　事實上，戴震重建孟學，並非循藉孟子原意、趙歧註、朱熹註對孟子義理的認知，而是以「字　義疏證」的方式重新抉發經典中的義理，針砭「存理滅欲」僵化的道德教條。其弟子段玉裁所編《戴東原年譜》中記：「蓋先生《原善》三篇、《論性》二篇既成，又以宋儒言性、言理、言道、言才、言誠、言明、言權、言仁義禮智、言智仁勇，皆非六經、孔、孟之言，而以異學之言糅之。故就《孟子》字義開示，使人知『人欲淨盡，天理流行』之語病」。見於《孟子私淑錄》卷上，《戴震全書》（六），頁186。

48　《孟子字義疏證・中》，《戴震全書》（六），頁175。

49　《孟子字義疏證・下》，《戴震全書》（六），頁197。

性者，分於陰陽五行以為血氣、心知、品物，區以別焉，
舉凡既生以後所有之事，所具之能，所全之德，咸以是
為其本，故《易》曰「成之者性也」。氣化生人生物以後，
各以類滋生久矣；然類之區別，千古如是也，循其故而
已矣。在氣化曰陰陽，曰五行，而陰陽五行之成化也，
雜糅萬變，是以及其流形，不特品物不同，雖一類之中
又復不同。凡分形氣於父母，即為分於陰陽五行，人物
以類滋生，皆氣化之自然。[50]

　　戴震從氣化角度論「性」，「性」稟賦陰陽五行所生，因此
血氣心知循氣化自然，受陰陽五行流行氣化成性，故此性是「氣
稟之性」。「性」在氣化生成過程中雜糅萬物，萬物品類不同因
此成性各殊，「性」不僅是事物「類」的本質，亦蘊涵陰陽五行
質性，同時也是人與物得以分判的根據。戴震依此對「性」進
行詮解：

人與百物，各以類滋生，皆氣化之自然。《大戴禮記》
曰：「分於道謂之命，形於一謂之性。」分於道者，分於
陰陽五行也。一言乎分，則其限之於始，有偏全、厚薄、
清濁、昏明之不齊，各隨所分而形於一，各成其性也。
然性雖不同，大致以類為之區別。故《論語》曰：「性相
近也」，此就人與人相近言之也。[51]

50　《孟子字義疏證》卷中〈性〉，《戴震全書》（六），頁179-180。
51　《孟子字義疏證》卷中〈性〉，《戴震全書》（六），頁180。

> 言分於陰陽五行以有人物，而人物各限於所分以成其
> 性。陰陽五行，道之實體也；血氣心知，性之實體也。
> 有實體，故可分；惟分也，故不齊。[52]

　　戴震認為「性」源自陰陽五行之血氣心知，「分於道謂之命，形於一謂之性。」遂有偏全、厚薄、清濁、昏明之不齊，因「類」不同，其「性」亦不同，雖分殊各自成性，然統歸於一。鑑於此，戴震以「性」做為「類」的本質，以「類」為分，[53]「性」成為「類」的共同性，同類性相近，異類性必異，此意亦同孔子「性相近」的概念。在此理解下，戴震肯認「血氣心知」做為人性實體，「人之血氣心知本乎陰陽五行者，性也。」[54]，「性」經由陰陽二氣相生變化，處氣化流行時是「道」的實體，做為區別人物類別是「性」的實體，如是「道體」安置在陰陽氣化上，「性體」奠基在血氣心知上完成「人性」與「天道」二層架構。從此架構清楚地發現，戴震試圖扭轉程朱論「性」，不再探求「性即理」、「天命之性」超越義必然之「理」，而是轉向形下血氣心知實事實物上來論「性」。除此，戴震重「氣」的詮釋也針對「理本體」做了根本性翻轉，將陰陽五行「道體」與血氣心知「性體」納為同一層次，破除理學家「形上之理／形下之氣」的二分界限，將「性」落在經驗界氣化論上立說，建構起

52　《孟子字義疏證》卷中〈天道〉，《戴震全書》（六），頁175。
53　勞思光先生認為宋儒以來，用「性」字本有「共同義」及「殊別義」，而戴震論性特別傾向於「殊別義」。勞氏此謂「殊別義」與筆者此按「類概念」其意相近。請參見勞思光：《新編中國哲學史》（三下）（台北：三民書局，1995年），頁833。
54　《孟子字義疏證》卷上〈理〉，《戴震全書》（六），頁159。

「氣」－「性」－「物」造化關係，進而詮釋孟子「性」說：

> 孟子曰：「凡同類者舉相似也，何獨至於人而疑也！聖人
> 與我同類者」，言同類之相似，則異類之不相似明矣；故
> 詰告子「生之謂性」曰：「然則犬之性猶牛之性，牛之性
> 猶人之性與」，明乎其必不可混同言之也。天道，陰陽五
> 行而已矣；人物之性，咸分於道，成其各殊者而已矣。[55]

從此段文獻足以知，戴震認為孟子反對告子「生之謂性」，
是因為人與犬、牛性是不同類的「性」，雖同源陰陽五行，然因
氣稟不同，秉性自是不同。人所具血氣心知，不只是生物層次
亦蘊含仁義禮智，仁義禮智不是超越天理，而是蘊涵在人性，
因此性善自可實踐道德。換言之，戴震以「類」的本質為孟子
界定性說，就氣稟殊異做為人與犬牛性的區分，進而闡述孟子
言「性」的內容：

> 孟子所謂性，所謂才，皆言乎氣稟而已矣。其稟受之全，
> 則性也；其體質之全，則才也。[56]

> 孟子曰：「心之所同然者，謂理也，義也；聖人先得我心
> 之所同然耳。」於義外之說必致其辨，言理義之為性，
> 非言性之為理。性者，血氣心知本乎陰陽五行，人物莫
> 不區以別是也，而理義者，人之心知，有思輒通，能不

55　《孟子字義疏證》卷中〈性〉，《戴震全書》（六），頁180。
56　《孟子字義疏證》卷下〈才〉，《戴震全書》（六），頁196。

惑乎所行也。[57]

> 孟子之所謂性，即口之於味、目之於色、耳之於聲、鼻
> 之於臭、四肢於安佚之為性；所謂人無有不善，即能知
> 其限而不踰之為善，即血氣心知能底於無失之為善；所
> 謂仁義禮智，即以名其血氣心知，所謂原於天地之化者
> 之能協於天地之德也。[58]

戴震詮釋孟子性說是歸源天地之化、協天地之德的「氣稟
之性」，以「血氣心知」做為依據，將道德心「知」與感官耳目
食色「欲」列為同一層次，血氣心知不僅是本能表現，亦具辨
別思通的能力，所以理義悅我心猶同芻豢於我口，「血氣／心知」
皆為「性」的實涵。由此可知，戴震論「性」採取不同宋儒二
分進路，先界說「性」的類別，其次廓清孟子「性」說，再依
此評議程朱誤「性」：

> 至孟子時，異說紛起，以理義為聖人治天下（之）具，
> 設此一法以強之從，害道之言皆由外理義而生；人徒知
> 耳之於聲，目之於色，鼻之於臭，口之於味之為性，而
> 不知心之於理義，亦猶耳目鼻口之於聲色味也，故曰「至
> 於心獨無所同然乎」，蓋就其所知以證明其所不知，舉聲
> 色臭味之欲歸之耳目鼻口，舉理義之好歸之心，皆內也，
> 非外也，比而合之以解天下之惑，俾曉然無疑於理義之

---

57 《孟子字義疏證》卷中〈性〉，《戴震全書》（六），頁183。
58 《孟子字義疏證》卷中〈性〉，《戴震全書》（六），頁194。

為性，害道之言庶幾可以息矣。孟子明人心之通於理義，與耳目鼻口之通於聲色臭味，咸根諸性，非由後起。後儒見孟子言性，則曰理義，則曰仁義禮智，不得其說，遂於氣稟之外增一理義之性，歸之孟子矣。[59]

《論語》言性相近，孟子言性善，自程朱、朱子始別之，以為截然各言一性，反取告子「生之謂性」之說為合於孔子，創立名目曰「氣質之性」，而以理當孟子所謂善者為生物之本，人與禽獸得之也同，而致疑於孟子。是謂性理，於孟子且不可通矣，其不能通於《易》、《論語》固宜。孟子聞告子言「生之謂性」，則致詰之；程、朱之說，不幾助告子而議孟子歟？[60]

孟子曰：「如使口之於味也，其性與人殊，若犬馬之與我不同類也，則天下何者皆從易牙之於味也！」又言「動心忍性」，是孟子矢口言之，無非血氣心知之性。孟子言性，曷嘗自岐為二哉！二之者，宋儒也。[61]

　　戴震認為孟子言性是血氣心知「氣稟之性」，如耳之於聲，目之於色，鼻之於臭，口之於味，心知理義皆是「氣稟之性」本然所具。然宋儒程朱截然二分性說，徒增理義之性歸諸孟子，背離孟子性善，二分性理未能辨別人之異於犬馬，感慨「古聖

59　《孟子字義疏證》卷上〈理〉，《戴震全書》（六），頁157。
60　《孟子字義疏證》卷中〈性〉，《戴震全書》（六），頁180-181。
61　《孟子字義疏證》卷中〈性〉，《戴震全書》（六），頁185-186。

賢所謂仁義禮智，不求於所謂欲之外，不離乎血氣心知，而後儒以為別如有物湊泊附著以為性，由雜乎老莊釋氏之言，終昧於六經孔孟之言故也。」[62]因此，戴震以捍衛孔孟道統為己任，由解構宋儒、廓清性論發展出「一本論」詮釋。

而事實上，「一本」源自於《孟子・滕文公・墨者章》：「天之生物也，使之一本」。[63]而戴震在第一部義理著作《原善》中早已初露端倪：

> 人生而靜，天之性也；感於物而動，性之欲也；物至知知，然後好惡形焉。好惡無節於內，知誘於外，不能反躬，天理滅矣。」人之得於天也一本。既曰「血氣心知之性」，又曰「天之性」，何也？本陰陽、五行以為血氣心知，方其未感，湛然無失，是謂天之性，非有殊於血氣心知也。[64]

戴震認為「人之得於天也一本」，血氣心知發乎自然，天下惟一本無外。而在其後《緒言》、《孟子私淑錄》中漸漸展開：

> 「孟子道性善，言必稱堯、舜」，以「人皆可以為堯、舜」，

---

62 《孟子字義疏證》卷中〈性〉，《戴震全書》（六），頁184。

63 《孟子・滕文公・墨者章》：「天之生物也，使之一本；而夷子二本故也。」此章言研究墨學的夷子，由徐辟介紹而求見孟子，孟子以闡明儒家一本，以闢墨兼愛流弊。參見：《孟子注疏解經卷》第五下〈滕文公章句上〉，《十三經注疏》（台北：藝文印書館，1997年），頁102。

64 《原善》卷上，《戴震全書》（六），頁10-11。

謂之性善。合《易》、《論語》、《孟子》之書言性者如是，咸就其分於陰陽五行以成性為言，奈何別求一「湊泊附著」者為性，豈人、物之生莫非二本哉？返而求之，知其一本，或庶幾焉。[65]

天之生物也，使之一本，荀子以禮義與性為二本，宋儒以理與氣質為二本，老聃、莊周、釋氏以神與形體為二本。然而荀子推崇禮義、宋儒推崇理，於聖人之教不害也，不知性耳。[66]

戴震批判宋儒二本論性，在義理學晚年定論《孟子字義疏證》[67]中更表露無遺：

出於天與出於聖人豈有異乎！天下惟一本，無所外。有血氣，則有心知；有心知，則學以進於神明，一本然也；有血氣心知，則發乎血氣之知自然者，明之盡，使無幾

---

65 《緒言》卷上，《戴震全書》（六），頁 91。《緒言》卷上：「合《易》、《論語》、《孟子》之書言性者如是，咸就其分於陰陽五行以成性為言，奈何別求一「湊泊附著」者為性，豈人、物之生莫非二本哉？返而求之，知其一本，或庶幾焉。」而在《孟子私淑錄》卷中亦可發現同文，見《孟子私淑錄》卷中，《戴震全書》（六），頁 51。故於此可推測《孟子私淑錄》的內容也與《緒言》內容部份相同，所以《緒言》與《孟子私淑錄》二書之成書先後，筆者認為戴震撰《孟子私淑錄》之時間約在《緒言》後。

66 《緒言》卷下，《戴震全書》（六），頁 135-136。而《孟子私淑錄》卷下也再次出現同樣文句。亦參見《孟子私淑錄》卷下，《戴震全書》（六），頁 72。

67 戴震給段玉裁的書信言：「僕生平著述最大者，為《孟子字義疏證》一書，此正人心之要。今人無論正邪，盡以意見誤名之曰理，而禍斯民，故《疏證》不得不作。」參見〈與段懋堂等十一札之十〉，《戴震全書》（六），頁 543。

微之失，斯無往非仁義，一本然也。苟歧而二之，未有不外其一者。六經、孔、孟而下，有荀子矣，有老、莊、釋氏矣，然六經、孔、孟之道猶在也。自宋儒雜荀子及老、莊、釋氏以入六經、孔、孟之書，學者莫知其非，而六經、孔、孟之道亡矣。[68]

　　戴震強調宋儒莫知其非，雜老、莊、釋以入六經非孔孟正統，故在義理建構上提出一本自然人性論，以「人之性」架接「天之性」，在一本論基礎上詮釋「理氣一本」;「天理人欲一本」;「自然必然一本」，綰合天道與人道詮解「性」在存有論與宇宙論間的一本豐富意涵:

　　　　耳目百體之所欲，血氣資之以養，所謂性之欲也，原於天地之化者也。是故在天為天道，在人，咸根於性而見於日用事為，為人道。仁義之心，原於天地之德者也，是故在人為性之德。斯二者，一也。由天道而語於無憾，是謂天德;由性之欲而語於無失，是謂性之德。性之欲，其自然之符也;性之德，其歸於必然也。歸於必然適全其自然，此之謂自然之極致。《詩》曰:「天生烝民，有物有則，民之秉彝，好是懿德。」凡動作威儀之則，自然之極致也，民之秉也。自然者，散之普為日用事為;必然者，秉之以協於中，達於天下。[69]

68　《孟子字義疏證》卷上〈理〉，《戴震全書》（六），頁172。
69　《原善》卷上，《戴震全書》（六），頁11。

　　戴震闡釋「性之欲」即「欲」,「性之德」即「仁義」,「欲」
是自然,「仁義」是必然,將「欲」發展為「仁義」乃是「適全
其自然,此之謂自然之極致」過程。換言之,「性之欲」是生命
血氣資養耳目百體所欲,「性之德」是民之秉彝天下禮義規範,
是日用事為仁義原則,以「性之德」做為「性之欲」的充分實
現,如此「歸於必然適全其自然」。即如是,戴震以「必然」禮
義做為「自然」極則,強調禮義中體現人道與天道,以「一本
論」做為「性善論」形式,以仁義做為「性善論」的體現開啓
一本「性情論」意涵。

　　戴震「一本論」的「性情論」詮釋,「氣稟之性」已無形上
性理之玄奧,可謂對宋儒進行主體論批判,不再依循宋儒建立
在道德超越的形上天理,而是採取氣化言性論述立場,從而解
構理學中道／性／命／理的二元結構,重新界定「性情論」的
道德意涵。除此,戴震也為「欲」、「情」、「知」安置實存的根
源依據成為「性情論」另一個重要命題:

> 人之血氣心知,原於天地之化者也。有血氣,則所資以
> 養其血氣者,聲、色、臭、味也。有心知,則知有父子,
> 有昆弟,有夫婦,而下止於一家親也,於是又知有君臣、
> 有朋友;五者之倫,相親相治,則隨感而應為喜、怒、
> 哀、樂。合聲、色、臭、味之欲,喜、怒、哀、樂之情,
> 而人道備。「欲」根於血氣,故曰性也,而有限而不可踰,

則命之謂也。[70]

　　戴震從氣化立場論證「血氣心知」，人源於天地之化故能擴充「血氣」體現「心知」，心知涵賅仁義禮智，由形上之「理」轉向形下之「氣」就是心知道德本體的情感化，「血氣」萌生「欲」；「心知」感應「情」，「欲」、「情」、「知」皆安頓在「氣稟之性」中。顯然可見，相較之下，戴震「氣稟之性」血氣心知已不同於兩漢氣化宇宙論，「氣稟之性」如同先秦儒簡〈性情論〉之情性，是先天自然氣稟之情性。然所異之處在於戴震所主張的「氣稟之性」因反宋明理學，直承兩漢氣化宇宙論，以救理學重本體輕實然之病，經過宋明理本論、心本論、氣本論互動過程後，雖仍主張「氣稟之性」，然此氣性內蘊，已因彼此辯證，氣性在本體、道德意涵相較儒簡〈性情論〉已深化擴大許多。因此，戴震建構一本自然「性情論」，由形下「氣稟之性」成功地解構了理學形上「天命之性」，「情欲釋性」的進路不需如宋儒懸想「理」附著以為「性」，聲色臭味之「欲」、喜怒哀樂之「情」、美醜是非之「知」，在人性「欲」、「情」基礎上便可由人道通乎天道。換言之，戴震跳脫程朱「存理滅欲」限制義，不再以道德理性框架生命，關心的是生命實然欲求的問題，標舉「欲」、「情」的合理性，正視「道德情理」的真實踐履，這正是戴震「情欲釋性」不同宋儒「以理釋性」的最大別異處。

70　《孟子字義疏證》卷中〈性〉，《戴震全書》（六），頁193。

　　戴震由「情欲釋性」取代宋儒「以理釋性」，與儒簡「以情釋性」之「貴情」地位在本質上有何異同？二者相較，戴震氣化言性的「情欲釋性」同於儒簡「以情釋性」皆重視「情實」，所異之處，戴震更進而主張「欲」、「情」的「情實」優先於「理」，在「欲」、「情」基礎上證成「理」，「情欲釋性」不僅肯定「欲」、「情」的合理性，更建立「以情絜情」的關懷倫理。戴震「情欲釋性」採取氣化言性論述立場，主張「人生而後有欲，有情，有知，三者，血氣心知之自然也。」[71]，「人之血氣心知本乎陰陽五行者，性也。」[72]不再依循宋儒建立在道德超越的形上「道德天理」，而是重視人倫世界的「道德情理」。此外，戴震「情欲釋性」在理欲關係上也貫徹一本論立場，主張「理者存乎欲者也。」[73]特別重視「理」，在《孟子字義疏證》中〈理〉便有十五條[74]：「理者，察之而幾微必區以別之名也。是故謂之分理。在物之質曰肌理，曰腠理，曰文理。得其分，則有條而不紊，謂之條理。」[75]值得注意，戴震重視的「理」是通達人情客觀之「情理」，並不在超越形上追求，而是著重形下世界互為主體共通的「道德情理」。戴震認為「理也者，情之不爽失也，未有情不得而理得者也。」[76]顯見「情」比「理」更具優先。當代學者楊儒賓也認同此觀點，認為「情

71　《孟子字義疏證》卷下〈才〉，《戴震全書》（六），頁 197。
72　《孟子字義疏證》卷上〈理〉，《戴震全書》（六），頁 159。
73　《孟子字義疏證》卷上〈理〉，《戴震全書》（六），頁 159。
74　在戴震《孟子字義疏證》一書中，〈理〉的疏證有十五條，〈天道〉四條，〈性〉九條，〈才〉三條，〈道〉四條，〈仁義禮智〉兩條，〈誠〉兩條，〈權〉五條。
75　《孟子字義疏證》卷上〈理〉，《戴震全書》（六），頁 151。
76　《孟子字義疏證》卷上〈理〉，《戴震全書》（六），頁 152。

理」是戴震「理」思想第一義，這是確切無疑的。[77]戴震道德哲學中不僅具有理智的邏輯，也具有情感的邏輯，「理」也有兩種面向，一是認知性的，一是情理的，而情感的邏輯在其體系中更具有優越性。[78]因此，不必冥心遙想形上之「天理」，在形下經驗世界中便可證成「情理」，「未有情不得而理得者也」，即在「不爽失」合理性的「欲」、「情」上，建置通往道德實踐的進路，然何謂「情之不爽失之理」？戴震言：

> 欲之失為私，私則貪邪隨之矣；情之失為偏，偏則乖戾隨之矣；知之失為蔽，蔽則差謬隨之矣。不私，則其欲皆仁也，皆禮義也；不偏，則其情必和易而平恕也；不蔽，則其知乃所謂聰明聖智也。[79]

> 欲遂其生，亦遂人之生，仁也；欲遂其生，至於戕人之生而不顧者，不仁也。不仁，實始於欲遂其生之心；使其無此欲，必無不仁矣。[80]

> 天理者，節其欲而不窮人欲也。是故欲不可窮，非不可有。有而節之，便無過情，無不及情，可謂之非天理乎？[81]

戴震認為君子遂己欲亦思遂他欲便是「道德仁心」的體現，從「性之欲」基礎上實踐「性之德」，「欲」不失於私，「情」不

---

77 楊儒賓：《異議的意義—近代東亞的反理學思潮》，頁187-188。
78 楊儒賓：《異議的意義—近代東亞的反理學思潮》，頁69。
79 《孟子字義疏證》卷下〈才〉，《戴震全書》（六），頁197。
80 《孟子字義疏證》卷上〈理〉，《戴震全書》（六），頁159。
81 《孟子字義疏證》卷上〈理〉，《戴震全書》（六），頁162。

失為偏，「知」亦也不失於蔽，和易平恕臻可達「情之不爽失」仁義禮。「理存乎欲」連繫著「欲」、「情」、「知」相依相生，「知」不能脫離「情」、「欲」，所以「理」在「欲」中生，「欲」在「理」中實踐，如是理欲合一。

　　顯然，戴震「情欲釋性」將「欲」立基在生命實存基礎上，「欲」得遂「情」得達，「情之不爽失」道德理義即在推己及人的「情」中證成「仁」的道德展現。即如是，戴震從理欲觀推致「仁」的道德標準，肯認人欲不可窮非不可有，但如何裁量「欲」中節至當？戴震也意識到此問題，提出「以情絜情」做為道德情感的調制，在「絜情」道德判斷上建立「情理」達致「同然」：

> 凡有所施於人，反躬而靜思之：「人以此施於我，能受之乎？」凡有所責於人，反躬而靜思之：「人以此責於我，能盡之乎？」以我絜之人，則理明。天理云者，言乎自然之分理也；自然之分理，以我之情絜人之情，而無不得其平是也。[82]

> 問：以情絜情而無爽失，於行事誠得其理矣。情與理之名何以異？曰：在己與人皆謂之情，無過情無不及情之謂理。[83]

82　《孟子字義疏證》卷上〈理〉，《戴震全書》（六），頁152。
83　《孟子字義疏證》卷上〈理〉，《戴震全書》（六），頁153。

> 曰：心之所同然始謂之理，謂之義；則未至於同然，存乎其人之意見，理也，非義也。凡一人以為然，天下萬世皆「是不可易也」，此之謂同然。[84]

　　由是可知，戴震詮釋「欲」、「情」優先於「理」，由人性經驗實然走向道德應然，強調「情之不爽失」所重視是建立在人我「以情絜情」得平共識的「道德情理」，所以「以情絜情而無爽失」的「絜情」道德判斷就在於「在己與人皆謂之情，無過情無不及情之謂理。」特別以「情」為核心，以「絜」做為推度的裁量判斷，透過「絜情」反躬靜思的心靈反省，推己及人，以己之情欲推度天下人情欲，尋求同然的合理性。換言之，戴震肯認生命實存性「情欲」，將「理」、「欲」、「情」導向人倫日用「絜情」的實踐上，「以情絜情」達至同然共識，彰顯人我共通的「道德情理」，從「情欲」道德動力出發，「以情絜情」達及天下人普世倫理，如是「道德情理」取代形上「道德天理」，跳脫宋明數百年「存理滅欲」窠臼成功化「理」為「情」。[85]

---

84 《孟子字義疏證》卷上〈理〉，《戴震全書》（六），頁153。
85 梁啟超深感欽佩戴震獨重「情感主義」可謂是二千年來一大翻案，其發揮科學求真求是精神，為中國文化開創新方向，正是以一種平等觀的視野重新看待人性。其言：《疏證》一書，字字精粹，右所錄者未盡其什一也。綜其內容，不外欲以「情感哲學」代「理性哲學」；就此點論之，乃與歐洲文藝復興時代之思潮之本質絕相類。蓋當時人心，為基督教絕對禁慾主義所束縛，痛苦無藝，既反乎人理而又不敢違，乃相與作偽，而道德反掃地已盡。文藝復興之運動，乃採久闕室之「希臘的情感主義」以藥之。一旦解放，文化轉一新方向以進行，則蓬勃而莫能禦。戴震蓋確有見於此，其志願確欲為中國文化轉一新方向；其哲學之立腳點，真可稱二千年一大翻案；其論尊卑順逆一段，實以平等精神，作倫理學上一大革命。其斥宋儒之糅合儒佛，雖辭帶含蓄，而意極嚴正，隨處發揮科學求真求是之精神；實三百年間最有價值之奇書也。震亦極以此自負，嘗曰：「僕生平著述之大，以《孟子字義疏証》

戴震化「理」為「情」展開道德哲學建構，從「理欲之辨」重新思索「情」、「欲」的道德價值，標榜「情欲主體」即是道德主體，以人倫日用「情感」統攝「情欲」，不再追求那「存理滅欲」的抽象天理，而是強調「理存乎欲」具體的生命欲求。更進一步說，戴震「性情論」思考不僅涉及生命本能與道德理性相合，更著意人倫「情」、「理」的相融，「理」的普遍性即建立在「情之不爽失」人心共識，道德判斷即在「絜情」中體現「仁」，由「絜情」達至「同然」便是「道德情理」的實踐。綜上所述，戴震「理存乎欲」、「以情絜情」的義理貢獻解決了「理／欲」的衝突，在「情／理」、「理／欲」的平衡下建置一個「達情遂欲」的倫理理想，此即是戴震道德哲學所欲彰顯「絜情」關懷的最終目標。

四、「同情」？「移情」？從西方情感論德性倫理學新釋戴震「絜情」

戴震道德哲學重視身心相互連結，標舉「情欲」在道德範疇中的道德價值，以道德情感建立人我「絜情」的道德判斷。值得探究，戴震「情欲釋性」與西方情感主義道德論有相似處，皆不

為第一。「宋明以來之主觀的理智哲學，到清初而發生大反動，但東原以前大師所做的不過破壞工夫，卻未能有所新建設，到東原之提出自己獨重情感主義，卓然成一家言。」前文詳見梁啟超：《清代學術概論》（台北：臺灣商務印書館，1994年1月），頁68。後文詳見梁啟超：〈戴東原生日二百年紀念會緣起〉，《飲冰室文集》之四十，收入《飲冰室合集》（五）（北京：中華書局，1989年），頁40。

約而同關注「情感」主體，把「情感」視為道德實踐的重要因素。嚴格來說，西方哲學開啟對「情感」探討必須追溯至十八世紀英國哲學家「休謨」（Hume），其主張「道德源於情感（sentiments）」，「情感」是道德範疇中最重要的樞紐。雖然，休謨抉發「情感」在道德實踐中佔有中心地位，然在過去西方倫理史上理性主義始終居於主導，「在西方傳統哲學知、情、意三分的格局內，行動的動力基本上是由情感或情緒所發動，而促使我們行動的情感通常即指情欲或意欲（desire）。但西方傳統倫理學家總以情感或意欲是有待對治的對象，直到十七世紀英國的「道德情操論」（sentimentalism）才真正由情感建立道德規範。休謨的倫理學基本上源自英國古典的道德情操論，這是一種規範倫理學，即道德的根源來自人類的道德情感（moral feeling），並不是出於理性的決定。但道德情操論是對人類行為有所指引的：即依我們的道德情感的要求而行。我們的道德情感所贊許的即是——道德行為。」[86]隨著近年「道德情操論」發酵，理性主義在道德領域的式微，長久被忽略的「情感」議題再度被興起討論。

　　休謨將「情感」做了道德哲學的表述，被視為是「情感主義倫理學」代表，其在《人性論》[87]、《道德原則研究》[88]中運用龐大的哲學體系論證「情感」才是道德根源基礎，從心理角度分析人的行為發生動機，認為「理性」是對應觀念世界中的抽象關係，

---

86 李瑞全：《儒家道德規範根源論》（台北：鵝湖月刊社，2014年），頁9。
87 （英）休謨（Hume）、關文運（譯）：《人性論》上下冊（北京：商務印書館，1983年）。
88 （英）休謨（Hume）、曾曉平（譯）：《道德原則研究》（北京：商務印書館，2001年）。

雖然「理性」能辨清真偽，但不能為道德行為動機提供理由，而
真正啓發行動是內在心理的「情感」欲求。休謨清楚地寫道：

> 道德上的善惡確實是被我們的情緒，而不是被我們的理
> 性區別出來的。[89]

> 個人價值完全在於擁有一些對自己或他人有用的或令自
> 己或他人愉悅的心理品質。[90]

> 心靈的每一種對自己或他人有用的或令自己或他人愉快
> 的品質都傳給旁觀者一種快樂，引起他敬重，並被冠以
> 美德或價值的美名。[91]

「道德」源於「情感」，「情感」如何成為「道德」的判斷根源？
休謨認為「情感是一種原始的存在」[92]，在道德形成和進行道德
判斷中，「情感」判斷先於「道德」判斷，「情感」是道德判斷「因」；
道德判斷是「情感」感覺的「果」，道德判斷是由「情感」感官
來感覺。事實上，休謨對「情感」的重視，乃是源自於對理性主
義的批評，「道德準則刺激情感，產生或制止行為。理性自身在
這一點上是完全無為的。因此，道德規則並不是我們理性的結
論。」[93]那麼「道德」源於何處？休謨認為「道德的本質就在於

---

89 （英）休謨（Hume）、關文運（譯）：《人性論》上冊，頁632。
90 （英）休謨（Hume）、曾曉平（譯）：《道德原則研究》，頁121。
91 （英）休謨（Hume）、曾曉平（譯）：《道德原則研究》，頁129。
92 （英）休謨（Hume）、關文運（譯）：《人性論》上冊，頁453。
93 （英）休謨（Hume）、關文運（譯）：《人性論》上冊，頁497。

產生快樂，而惡的本質就在於給人痛苦。」[94]而「能給人以快樂的，都被稱為善良的；而凡稱產生痛苦的每一種性質，也都被人稱為惡劣的。」[95]換言之，當「情感」判斷感受令自己或他人愉悅情緒，根據「情感」判斷便是「道德」的根本，只有「情感」可清楚解釋「道德」行為動機何以產生：

> 道德這一概念蘊含著某種為全人類所共通的情感，這種情感將同一個物件推薦給一般的贊許，使人或大多數人都贊同關於它的同一個已經或決定。這一概念還蘊含著某種情感，這種情感是如此普遍如此具有綜括力，以至於可以擴展至全人類，使甚至最遙遠的人們的行動和舉止按照它們是否符合那條既定的正當規則而成為讚美或責難的對象。[96]

> 我們最初的，最自然的道德感既然建立在我們情感的本性上，並且使我們先照顧到自己和親友，然後照顧到陌生人。[97]

綜上即可理解，休謨認為「道德」是全人類共通情感，道德感是出自情感的本性結構，道德概念蘊含全人類所共通的情感，是普遍並具有綜括力。休謨在人性道德領域中，肯認最初、最自然道

94　（英）休謨（Hume）、關文運（譯）：《人性論》上冊，頁330-331。
95　（英）休謨（Hume）、關文運（譯）：《人性論》下冊，頁633。
96　（英）休謨（Hume）、曾曉平（譯）：《道德原則研究》，頁124-125。
97　（英）休謨（Hume）、曾曉平（譯）：《道德原則研究》，頁531。

德感是來自人的「情感本性」，其所關心的哲學問題便是人性問題，人性建立在「情感」基礎上，當然「道德」亦不離人性，因此「情感」優先於「理性」。即如是，休謨從人性根源基礎上，歸根究底為人類開拓道德情感的解釋，論證人之所以表現「道德情感」，不是源自這看不見、摸不著卻被喻為味覺、觸覺感官的感覺，而是源於人心靈具備一種受他人苦樂影響的心理傾向「情感」，即是──「同情」（Sympathy）：

> 人性中任何性質在它的本身和它的結果兩方面都最為人引人注目的，就是我們所有的同情別人的那種傾向，這種傾向使我們經過傳遞而接受他們的心理傾向和情緒，不論這些心理傾向和情緒同我們的是怎樣不同，或者甚至相反。[98]

> 「同情」是人性中一個很強有力的原則，…它產生了我們對一切人為的德的道德感。…同情是我們對一切人為德性（artificial virtue）表示尊重的根源。[99]

> 我們對社會所以發生那樣廣泛的關切，只是由於同情；因而正是那個同情使我們脫出了自我的圈子。[100]

98　（英）休謨（Hume）、關文運（譯）：《人性論》下冊，頁352。
99　（英）休謨（Hume）、關文運（譯）：《人性論》下冊，頁620。
100　（英）休謨（Hume）、關文運（譯）：《人性論》下冊，頁621。

> 廣泛的同情是我們的道德情感所依靠的根據。[101]

　　依照休謨的理解，「同情」是道德情感所依靠的根據，「同情」產生我們對一切的道德感，人類因有「同情」道德感，因能設身處地感受他人心理情感，因「同情」道德情感的傳遞便能產生和他人情感共鳴。休謨由對「同情」的理解，從而形成普遍的道德原則，認為道德感也可依此傳遞，因為它是存在人的道德本性之中，本性因有「同情」自能尊重接受他人情感。因此這基於本性存在的類似關係、接近關係和因果關係，即受制聯想原則，所以我們對於接近我們的人比對於遠離我們的人較為容易同情。[102]由此來看，「同情」他人情緒的心理傾向，因「同情」感受他人心理情感獲至共鳴，因此一切道德行為的理解都應以「同情」做為道德情感根據。鑑於此，休謨建構的道德情感論是基於「情感」產生「同情」的心理機制，形成同感他人「同情」的道德感。所以，休謨認為道德情感源自內在情感的「同情」，「同情」是道德情感的根據，由「同情」產生「道德」的過程，是基於「情感」感覺他人情緒痛苦而產生憐憫「同情」，因而激發道德動機做出道德判斷、道德行為。即如是，休謨論證「同情」是源自人性心理運行機制，因此道德情感論基礎不是德行規範，而是與生俱來共通普遍的道德情感，這同時也肯定了人才是真正同感的道德存在者。

101　（英）休謨（Hume）、關文運（譯）：《人性論》下冊，頁 628。
102　（英）休謨（Hume）、關文運（譯）：《人性論》下冊，頁 623。

　　十八世紀休謨成為西方第一個建構「同情」觀點為道德理論目標的哲學家，以「同情」情感解釋道德起源深深影響廿一世紀邁克爾‧斯洛特（Michael Slote）。他被公認為是當今「德性倫理學」的佼佼者，開啟當代德性倫理學的復興，其主張情感論「德性」，而不是目的論的「道德」，強調「行為者」德性品質及情感，建構一套以「情感」為主體「情感論德性倫理學」（Sentiments Virtue Ethics）[103]。斯洛特的理論由傳統亞里斯多德理性主義出發，而後融合休謨的道德情感主義，接連出版《源自德性的道德》、《關懷倫理學與移情》、《道德情感主義》等著作，依據「情感」構建道德理論，雖然，斯洛特「接受休謨的解釋模式，即，通過心理運行的內在機制來說明為什麼產生美德動機，為什麼這些動機會尋找特定的道德取向。然而斯洛特沒有接受的是，他認為當關懷和仁慈等情感作為動機時，其心理基礎實際是『移情』（Empathy），而不是休謨所說的『同情』。」[104]。縱使，斯洛特「情感論德性倫理學」受到休謨「同情」觀點啟發，但他認為心理基礎是「移情」，並不是「同情」。[105]但二者如何區分？斯洛特言：

---

103 邁克爾‧斯洛特主張情感論的「德性」，而不是目的論的「道德」。早期的斯洛特原初是一個「亞里斯多德」主義者，他也呼應由伊莉莎白‧安斯康（G.E.M.Anscombe）《現代道德哲學》發起回到亞里斯多德的德性運動。但是後期的他認為「亞里斯多德倫理學」雖然具德性倫理學特徵，但關注的是「人」，卻不是「行為」，因此他認為這不是純粹德性倫理學，進而探究一個以「行為者」做為基礎的德性倫理學。斯洛特「情感論德性倫理學」已於另一專文探討，詳參羅雅純：〈從邁克爾‧斯洛特「移情」關懷論戴震「以情絜情」〉，《東亞漢學研究》第 6 期（2016 年 4 月），頁 316-326。

104 李category天：〈斯洛持的美德倫理學及其心理學預設〉，《倫理學研究》第 3 期（2009 年），頁 84。

105 （美）邁克爾‧斯洛特（Michael Slote）、李高陽（譯）：〈關懷倫理對自由

〝Empathy〞（移情）被理解為〝feeling somebody's feeling〞
（感受他人的感受），也就是真正能夠處於他人的情境進
行思考。〝Empathy〞和〝Sympathy〞是有很大的區別的，
我們的確需要理解〝移情〞（Empathy）與〝同情〞
（Sympathy）之間的區別。〝移情〞這個詞在 20 世紀早
期才在英語詞彙中出現，它最早作為德語詞彙
〝Einfuehlung〞的翻譯在英語中使用。但是，這並不意
味著〝移情〞在這之前從未出現在我們的文化中。休謨
在人性論中對我們後來稱之為〝移情〞的這個概念做出
了重要的、開創性的工作。但是，休謨用〝同情〞這個
詞來代指這一概念。休謨也用〝移情〞來代指〝同情〞，
儘管這一做法使得〝移情〞這一圖景變得模糊不清（特
別是在《道德原理研究》一書中）。如今這兩個詞我們都
在使用，也經常討論〝移情〞這個概念。因此，此時此
刻，我們有必要將〝移情〞和〝同情〞區分開來。……
感覺別人的痛苦和感知那些處於痛苦中的人這兩種方式
將它們輕鬆區別開來。……〝移情〞意指前者，而〝同
情〞意指後者。[106]

　　兩相對照，休謨的道德情感論所言的「同情」是設身處地
「感知覺察」處於痛苦中的人，並憐憫希望他人走出痛苦；而
斯洛特「移情」則是指當感覺到別人痛苦，不由自主「轉移」

至自身產生的「感同身受」，二者涇渭分明。換言之，「移情」
是指置於他人的處境進行思考，將他人情緒轉移自身形成「移
情」的感同身受；而「同情」則是對他人苦樂有所感知覺察，
傳遞他人情緒產生「相應心理感受」，相顯之下，「移情」心理
機制比「同情」更為複雜。事實上，斯洛特「移情」觀點不僅
融入休謨的「同情」理論，也吸收美國心理學家「馬丁・霍夫
曼」（Martin Hoffman）「移情」觀點，從心理學界定「移情」
意涵：「一種認為是一個人對另一人內心活動狀態的感知與覺
察」。另一則是「移情是對另一個人產生同感的情感反應」稱為
「情感移情」。[107]因此，斯洛特「情感論德性倫理學」之「移情」
即融合二者，強調「移情」是知覺上的直接性，是對他人痛苦
感同身受「知覺和現時性」的交互作用：

> 移情的關懷倫理對個體行為評價的依據是看這樣的行為
> 是否表達、體現或反映了主體的一種具有移情作用的關
> 懷動機。⋯所以，移情關懷倫理能夠說明，如果制度、
> 法律以及社會習俗和慣例反映了那些負責制訂和維護它
> 們的人具有移情作用的關懷動機，那麼它們就是正義
> 的。[108]

---

107 （（美）馬丁・霍夫曼（M.Hoffman），楊韶剛、萬明（合譯）：《移情與道
　　德發展：關愛和公正的內涵》（哈爾濱：黑龍江人民出版社，2003 年 1 月），
　　頁 34。
108 （美）邁克爾・斯洛特（Michael Slote）、黎良華（譯）、趙永剛（校）：〈關
　　懷倫理視閾下的社會正義〉，《吉首大學學報（社會科學版）》第 4 期（2011
　　年 7 月），頁 2。

移情與其他幾種道德偏好也是相關的。心理學家不但研究我們對那些直接感知到的危險和苦楚具有更為強烈的移情。也認識到，較之未來潛在的危險和苦楚，對當下的危險或苦楚相關的移情更易於被喚醒，也更為強烈。…從而對道義論的移情根源做出一種情感主義的德性倫理說明。我們也許會說，由於移情傾向，我們看到的或感知到的苦楚或危險對我們來說具有某種知覺上的直接性。換句話說，移情通過兩種我們通常與他人以及世界交互作用的形態─知覺和現時性（perception and contemporaneity）而發揮作用。[109]

顯然，斯洛特認為情感主義的德性倫理，通過「移情」做為道德關懷，使我與他人「知覺和現時性」達及交互作用，「移情」做為心理道德根源，故能移情他人苦楚達至雙向同感。因此「移情」關懷形成一種交互作用，即當我們識別「知覺」他人感受便能同理「現時性」感同身受「移情」關懷他人。相較於休謨「同情」，「同情」是「感知覺察他人苦樂」，因而憐憫難過產生「相應心理感受」，這前提必須是心靈感知上是類似接近，因制聯想原則，受情緒傳遞產生「同情」共鳴。然而斯洛特「移情」不同於「同情」，最主要特質是「知覺上的直接性」交互作用而達至「感同身受」，是「知覺」到他人痛苦不由自主「轉移」至自身，「直接性」感到同感，二者大為不同。即如是，斯洛特以「移情」做為道德情感的核心概念，更視「移情」是

109　（美）邁克爾・斯洛特（Michael Slote）、王楷（譯）:〈情感主義德性倫理學：一種當代的進路〉，頁32。

人我之間道德領域的粘合劑，強調道德實踐即通過我與他人及
世界交互「知覺和現時性」即能產生「移情」的正義道德：

> 我相信我所做的代表了關懷倫理學的一種型態，一種通
> 過對他人的移情（如果我可以借用並改造一個休謨的慣
> 用語的話）作為道德領域的粘合劑加以強調。從而強調
> 我們與他人的聯繫而不是與他人在道德上的分離的關懷
> 倫理學型態。然而，到現在為止，大多數的關懷倫理學
> 並沒有如我一樣對移情現象加以關注和利用。我希望關
> 懷倫理學將來能夠更多地關注移情。較之任何一種別的
> 心理現象或者人類現象，移情更能讓我以一種深刻的、
> 徹底的方式理解關懷動機。並且，移情也能夠幫助關懷
> 倫理學理解、解釋並論證道義論……一種對規範問題和
> 移情觀念方面的意義問題都作出說明的情感主義德性倫
> 理學在現在具有某種可能的合理性。德性倫理學不必為
> 了具有當代相關性和希望而一定是理性主義的亞里斯多
> 德學派或新亞里斯多德學派的理論型態。[110]

　　斯洛特以「移情」理論深刻掌握人性關懷動機，將關懷動
機訴諸在道德情感，以「移情」做道德判斷的關懷動機，而不
是訴諸於冰冷道德義務和道德規範。「移情」是人我道德的聯
繫，是道德行為和道德情感的基礎，即在我與他人道德關懷中
相互感通實踐道德。斯洛特以「移情」做為道德情感復興，建

110　（美）邁克爾・斯洛特（Michael Slote）、王楷（譯）:〈情感主義德性倫理
　　學：一種當代的進路〉，頁35。

構以「行為者」為基礎「情感論德性倫理學」，這基於「行為者」的「移情」關懷道德情感論，實現了傳統亞里斯多德學派「德性倫理」，又轉向休謨「道德情感理論」，再借鑒霍夫曼心理學「移情」觀點，開啓了德性倫理學復興之路。事實上，斯洛特「情感主義德性倫理學」即表明對十八世紀道德主義的揚棄，因而採取德性情感為基礎的德性認識論[111]，為西方理性掛帥的哲學界鑄入「情感」元素，強調倫理學不必僅有理性主義亞里斯多德學派，以「情感」做為道德基礎的道德哲學即能展現「移情」關懷建立道德情感橋樑。

　　正因西方當代「情感」議題再興之勢，也使得中西哲學產生新的對話，事實上，西方「情感論德性倫理學」與中國哲學「情本體」有異曲同工之妙，尤其在本章探究下發現，從先秦儒簡推溯至孔孟之際「情本體」以迄戴震「絜情」，皆證明中國哲學「貴情」思想濃厚；而西方休謨「同情」、邁克爾・斯洛特「移情」主張也皆以「情感」做為主體的道德情感論，中西方竟然有如此相似之趣。即如是，再進而以休謨「同情」、斯洛特「移情」對照戴震「絜情」，探問戴震何以「絜情」做為道德情感？「絜情」是「同情」？或是「移情」？「以情絜情」道德判斷是否可能？可想而知，戴震關懷所致勢必與「存理滅欲」歷史背景相關，當身處在「理」與「欲」衝突一觸即發，道德

111　（美）邁克爾・斯洛特（Michael Slote）、李家蓮（譯）：〈從德性倫理學到德性認識論〉，收入在江暢、戴茂堂、（美）阿爾巴諾（G.John M.Abbarno）、（美）麥格勒爾（Thomas Magnell）（主編）：《價值論與倫理學研究》2014年卷（北京：社會科學文獻出版社，2014年），頁158。

動力與道德判斷扞挌的時代，統治者假借官衙化理學的道德超越理做為行使壓迫人民的規範。[112]戴震「感同身受」道德規範「以理殺人」[113]的宰制，感慨言：「僕生平論述，最大者為《孟子字義疏證》一書。此正人心之要。今人無論正邪，盡以意見誤名之曰『理』而禍斯民，故《疏證》不得不作。」[114]因此重新釐清「理」與「欲」，力辯道德自主必須體現在道德判斷上：

> 聖人之道，使天下無不達之情，求遂其欲而天下治。後儒不知情之至於纖微無憾是謂理；而其所謂理者，同於酷吏之所謂法。酷吏以法殺人；後儒以理殺人：浸浸乎舍法而論理。人各巧言理，視民如異類焉，聞其呼號之慘而情不相通。死矣更無可救矣！[115]

> 今雖至愚之人，悖戾恣睢，其處斷一事，責詰一人，莫不曰理者，自宋以來始相習成俗，則以理為「如有物焉，得於天而具於心」，因以心之意見當之也。於是負其氣，

---

112 清·江藩《國朝宋學淵源記》記載康熙以大儒為名臣「或登台輔，或居卿貳」將其政術「施於朝廷，達於倫物。」學者上策與康熙崇儒重道文化相合，為凝聚士人認同所致，促成獨尊程朱官學為哲學，高踞廟堂成為維護政權統一的統治思想。清·江藩：《國朝宋學淵源記》卷上（上海：三聯書店，1998年），頁187。

113 清·顏習齋曾言：「故僕妄論宋儒，謂是集漢、晉釋、老之大成則可，謂是集堯、舜、周、孔之正派則不可。然宋儒今之堯、舜、周、孔也；韓愈闢佛，幾至殺身，況敢議今世之堯、舜、周、孔者乎！季友著書駁程朱之說，發州決杖，況敢議及宋儒之學術品詣乎！此言一出，身命之虞所必至也。」參見清·顏元：〈存學編·上倉陸桴亭先生書〉《四存編》卷一（台北：廣文書局，1975年），頁8。

114 清·戴震：〈段茂堂等十一札〉第十札，《戴震全書》（六），頁543。

115 〈與某書〉，《戴東原先生之文》，《戴震全書》（六），頁496。

挾其勢位，加以口給者，理伸；力弱氣慴，口不能道辭者，理屈。嗚呼，其孰謂以此制事，以此制人之非理哉！[116]
聖人之治天下，體民之情，遂民之欲，而王道備。人知老莊釋氏異於聖人，聞其無欲之說，猶未之信也，於宋儒則信以為同於聖人。理欲之分，人人能言之，故今之治人者，視古賢聖體民之情，遂民之欲。[117]

此理欲之辨，適成忍而殘殺之具，為禍又如是也！夫堯舜之憂四海困窮，文王之視民如傷，何一非為民謀其人欲之事？推順而導之，使歸於善。今既截然分理欲為二，治己以不出於欲為理，治人亦必以不出於欲為理。舉凡民之饑寒愁怨、飲食男女常情隱曲之感，咸視為人欲之甚輕者矣。[118]

古之言理也，就人之情欲求之，使之無疵之謂理；今之言理也，離人之情欲求之，使之忍而不顧之謂理。此理欲之辨，適以窮天下之人盡轉移為欺偽之人，為禍何可勝言也哉！[119]

　　戴震批判統治者形式上崇儒尊朱，然事實上卻假理學之名行統治之舉，[120]以道德「理」超越面負氣挾勢臆斷他人，就同

---

116 《孟子字義疏證》卷上〈理〉，《戴震全書》（六），頁154。
117 《孟子字義疏證》卷上〈理〉，《戴震全書》（六），頁161。
118 《孟子字義疏證》卷下〈權〉，《戴震全書》（六），頁216-217。
119 《孟子字義疏證》卷下〈權〉，《戴震全書》（六），頁217。
120 徐復觀先生亦言：「清從康熙起，需要假借理學作統治的工具；也需要假借

酷吏峻法「以理殺人」。戴震認為原因在於後儒「理欲之辨」適
成殘殺之具，感慨古人言「理」即就「情欲」求之，所以堯舜、
文王王道天下，今人卻離「情欲」求之，截然分理欲為二，將
人性本然饑寒愁怨、飲食男女、常「情」之「欲」而捨棄。戴
震深知庶民民生隱曲之苦[121]，「感同身受」力弱氣懾口不能道辭
的痛苦，認為唯有使人成為道德自主者，「體民之情，遂民之欲」
才能獲得真正道德理義。因此主張「理也者，情之不爽失也。
未有情不得而理得者也。」[122]所以，戴震「絜情」正如斯洛特
「移情」他人痛苦「轉移」至自身，而不是休謨的道德情感論
所言的「同情」，故建構道德哲學將「道德情理」建立在人人皆
具的血氣心知「情」、「欲」基礎上，將「移情」道德動機落在
「反躬靜思」的「絜情」上來權衡道德共識：

> 凡有所施於人，反躬而靜思之：「人以此施於我，能受之
> 乎？」凡有所責於人，反躬而靜思之：「人以此責於我，
> 能盡之乎？以我絜之人，則理明。天理云者，言乎自然
> 之分理也；自然之分理，以我之情絜人之情，而無不得
> 其平是也。[123]

理學之名，行阿諛 之實（如李光地等），為粉飾之資；但他們決不願臣民
中有真正的理學家。」參見徐復觀：〈「清代漢學」衡論〉，《兩漢思想史》
卷三，附錄二（台北：台灣學生書局，1984 年 2 月），頁 585。
121 清・章太炎〈釋戴〉云：「戴震生雍正末，見其詔令詆人不以法律，顧鏦取
洛閩儒言以相稽，覘微司隱微，罪及燕語，…震自幼為賈販，運轉千里，
復具知民生隱曲，而上無一言之惠。」清・章太炎：《太炎文錄初編》，《章
太炎全集》第四冊（上海：人民出版社，1985 年），頁 122。
122 《孟子字義疏證》卷上〈理〉，《戴震全書》（六），頁 152。
123 《孟子字義疏證》卷上〈理〉，《戴震全書》（六），頁 152。

　　戴震將「絜情」道德判斷建立人是「行為者」的基礎上，正因為「行為者」本具血氣心知的「道德情氣」，所以「情」不僅包含自然情欲，也蘊含道德情感，自能發揮在「欲」、「情」基礎上，以「情」為核心，以「絜」做為推度的裁量判斷，透過「絜情」反躬靜思，推己及人，便可達至「以我之情絜人之情，而無不得其平是也。」很顯然，戴震同斯洛特將「移情」道德判斷建立人為「行為者」的基礎上，以自身「移情」之轉移建立「絜情」，「凡有所施於人，反躬而靜思之」即蘊寓著主體互換的關係，就如同斯洛特「情感主義德性倫理學」主張「移情」對他人痛苦交互作用的「轉移」是知覺直接形成的「感同身受」，這種「感同身受」就是「絜情」所達至的「反躬而靜思」。所以，依此觀點來看，戴震主張「以情絜情」就是人我「知覺上的直接性」，即是「行為者」血氣心知的「道德情氣」知覺交互作用的展現，因此「絜情」就是「移情」的情感體現。

　　換言之，戴震的「絜情」是立基在人成為實踐道德「行為者」的基礎上，以「絜情」達至道德共識，由自然之「欲」體證必然之「理」，由「性之欲」趨向「性之德」，歸於必然適完其自然，因此「道德情理」便是肯認人做為「行為者」的道德自主性。即如是，戴震「絜情」關懷體現了人我「感同身受」的「道德情理」，「反躬靜思」就同斯洛特「移情」主張的情感交互同理心的作用，透過「絜情」移情共感，人以此施於我，能受之乎？人以此責於我，能盡之乎？在「反躬靜思」基礎上達至「以情絜情」道德共識。換言之，戴震「絜情」關懷建立在「道德情理」基礎上，通過「絜情」他人痛苦交互轉移形成

「感同身受」達至共通，而非同休謨「同情」他人苦樂，因而
憐憫產生心理感受。所以「絜情」就是「移情」道德情感的心
理轉移，在推己及人「知覺上的直接性」互動中獲至情理共感，
因此「絜情」是「移情」而非「同情」，「絜情」的道德判斷使
人實踐「行為者」真正的道德自主：

> 天下之事，使欲之得遂，情之得達，斯已矣。惟人之知，
> 小之能盡美醜之極致，大之能盡是非之極致。然後遂己
> 之欲者，廣之能遂人之欲；達己之情者，廣之能達人之
> 情。道德之盛，使人之欲無不遂，人之情無不達，斯
> 已矣。[124]

　　誠然，戴震「情欲釋性」已將道德動機建置在「以情絜情」
的道德判斷上，肯認人人皆具道德自主，因此可由「理存乎欲」、
「以情絜情」獲至「道德情理」群體共享，「絜情」就是「移情」
心理機制的展現。所以，戴震「情欲釋性」的道德哲學，「情」、
「欲」即是道德動力，以「絜情」構築著人倫世界的道德實踐，
亦如同斯洛特「移情」是人我道德領域的粘合劑，是我與他人
世界交互「知覺和現時性」的道德體現。因此，斯洛特「移情」
關懷「情感論德性倫理學」對比戴震「絜情」關懷的「情欲主
體道德哲學」，皆同樣以「人」做為道德「行為者」，以「情感」
做為道德動力，成功扭轉「情感」、「情欲」擔任道德論證的地
位，二者有不謀而合之處。尤以進者，戴震「絜情」關懷建立

124　《孟子字義疏證》卷下〈才〉，《戴震全書》（六），頁197。

在「以我絜之人，則理明」反躬靜思基礎上，以「移情」推己及人展現「仁心」，遂己之欲者，廣之能遂人之欲；達己之情者，廣之能達人之情，因此「情欲」主體就是「道德」主體，化「理」歸「情」，由「天理」趨向「情理」，將「情」、「欲」導向「以情絜情」道德實踐，開創清代「理乎於欲」、「達情遂欲」的新倫理價值。

五、結 語

本章以戴震道德哲學「性情論」為中心探討，從儒簡「貴情」論戴震「絜情」，向上追溯「貴情」淵源，向下推衍「情欲釋性」，透過儒簡「道始於情，情生於性」得以釐清孔孟之際性情論思想的脈絡轉承，進能揭明先秦「貴情」思想的豐富意涵。經由上述討論，戴震「情欲釋性」展開對理學「以理釋性」主體論批判，由「情欲釋性」與「人倫日用」雙重普遍性構成道德自主與群體倫理的道德共享，如是「情欲」不再淪為次要附屬，人人皆成道德實踐者，在「絜情」共識上共譜「達情遂欲」的道德理想。所以獲至理解，戴震「情欲釋性」相較孟子「即心言性」、朱熹「以理釋性」更逼近儒簡「以情釋性」的意涵。再者，借鑒西方休謨「同情」、斯洛特「移情」對比戴震「絜情」，證成「絜情」是一種知覺轉移的交互作用，即是感同身受道德情感的體現，所以「絜情」是「移情」而非「同情」。因此，戴震「情欲釋性」的「絜情」道德關懷，是對先秦「貴情」思想的繼承，也是對孔孟之際儒簡年代「情本體」的回歸。

第七章 結 論

一、從「道德天理」至「道德情理」 義理轉型之完臻

　　回顧宋明清義理發展脈絡，宋明理學建構一套形上抽象思辨的道德理論，開啟了儒家理性思維的探索，迨至清儒以經學之「實」治理學之「虛」，治經訓詁無稽者不信，逐漸走向訂偽考證，直到考據學盛行扭轉了數百年空談心性的玄虛抽象性，轉向人倫經驗世界體證道德。學術典範由「宋學」轉移至「漢學」；由「理學」演變到「考據學」，清儒在通經致用學風下轉向經籍的疏解。清代實學可謂是繼宋明理學後另一波學術高潮，有繼承、有蛻變，亦有思辨批判。乾嘉時期「漢學」興盛，反「宋學」宗「漢學」勢不可阻，宗「漢學」必詆「宋學」，於訓詁考據中實事求事即事言，於日用事為中即「情」言「理」、「欲」，「情」、「欲」覺醒[1]，孕育了「道德情理」的誕生。

1　張壽安也認為：「十七世紀以降情欲覺醒最直接促成的就是新情理觀的出現，它的特點在：即事言理、即人我之情言理。『理』之所以能擔任『物則』、『規範』的作用，不是因為『理本諸天』，而是因為『理原於情』。此一從『天理』到『情理』的轉向，或可謂是近世思想文化的一大走勢。」張壽安：〈禮教與情欲：近代早期中國社會文化的內在衝突〉，收入在張以仁先生七秩壽慶論文集編輯委員會（編）：《張以仁先生七秩壽慶論文集》（台北：台灣學

　　事實上，回溯先秦儒家自始以「道德」為核心價值，以「情」為禮樂之源，尊重「人」的「情性」，重視人的「情理」，孔子講仁心、孟子論性善，均在強調道德根源實存於人性。孔子言「五十而知天命」，孟子言「盡心知性以知天」，究竟「天」與「人性」有何關係？宋明理學即通過對先秦儒家經典的闡述，體證儒家所倡導的心性修養道德做為復興儒學的一種表述。所以理學在繼漢代經學、魏晉玄學、隋唐佛學的衝擊下，對逐漸走向沒落的儒家做強而有力的義理建構。做為先秦儒學繼承者的宋明理學，即就孔孟思想再詮釋，推置「人性」道德本體，立基在形上至高的「天」做為超越根源，排拒佛、道的同時，也融合佛、道思想，將儒家倫理提升至宇宙本源思辨高度展開「天理」的道德闡述：

> 《繫辭》曰：「形而上者謂之道，形而下者為之器」，又曰：「立天之道曰陰與陽，立地之道曰柔與剛，立人之道曰仁與義」。又曰：「一陰一陽之謂道。」陰陽亦形而下者也。而曰道者，惟此語截得上下最分明，原來只是此道，要在人默而識之也。[2]

　　北宋大儒程顥依據《周易・繫辭》「形而上者謂之道，形而下者為之器」觀點，二分「道」與「器」世界。此後宋明儒者便依此認定「天道」、「天理」是形上的實體，它是既超越一切

生書局，1999 年），頁 752。
2　宋・程顥、程頤（著）、王孝魚（點校）：《二程集》上，《河南程氏遺書》卷十一（北京：中華書局，1981 年），頁 118。

又可生生不息創生萬物。所以，「天道」是形上世界又可超越內化陰陽氣化形下世界，是既超越又內在的關係，即如是，宋儒便用此形上形下二分架構以理解天道與人道關係是「天道性命相貫通」。依此兩進路展開，人的心性是道德產出的根據，而心性的根源又來自天命，人道即是天道所命予人，而由天道「生化創造」的本質，引申出人道「道德創造」的本質。即就形上本體而言，稱之為天道（天理）；就道德實踐而言，則稱為人道，二者具有相似意義，且彼此相互貫通，因此道德的本體即是此道體。無怪乎程顥言「原來只是此道，要在人默而識之也」。[3]此後，宋明儒依循「形而上者謂之道，形而下者為之器」解釋「天道」與「人道」關係，將道德根源「人道」的心性全部歸諸於至高玄奧的「天道」、「天理」，人能證得德性的自覺是來自「天道」、「天理」的形上本體。鑑此，形上「天道」、「天理」被高舉為純然至善的無上地位，形下氣化成形的「人欲」被視為良知之蔽造惡之端，因此「存理滅欲」便成為宋明理學家成德的道德規範。然而，冥心求理於超越界的形上，卻忽略了形下民於庶務察於人倫有「情」有「欲」的真實世界，將道德體證建立在仰之彌高玄妙的「天道」、「天理」的形上義理，人如何體證道德？

於是，道德體證的討論至明代，王陽明提出「心即理」、「致良知」心意知物一體主張，試圖解消宋儒理氣二分的困結，「識天理即良知」亦設法打通形上形下斷層，然王學末流強弩之末，

3　汪惠娟：〈清代儒學價值體系之嬗變〉，《哲學與文化》第 43 卷第 6 期（2016 年 6 月），頁 79。

束書不觀玄虛而蕩，導致滿街皆是聖人情識而肆的流弊。然而正當儒家道德核心遭致質疑，明末清初「情欲覺醒」悄然開啟了「性情解放」的思想突破，清儒試圖解決形上與形下世界的脫鉤現象，將形上之「理」往形下之「氣」踐履，促使道德價值核心漸漸轉型。清初的劉宗周可謂是先驅者，從形上天道的「理」世界朝向形下「氣」世界來論理氣關係：

> 或曰天地之間先有此理乃生氣否？曰理只是氣之理，有是氣方有是理，非理能生氣也，但既有是理，則此理尊而無上，遂足以為氣之主宰，氣若其所從出者。[4]

> 或問理為氣之理，乃先儒謂理生氣何居？曰有是氣方有是理，無是氣則理於何麗，但既有是理，則此理尊而無上，遂足以為氣之主宰，氣若其所從出者，非理能生氣也。[5]

　　劉宗周反對宋明儒將理與氣、心性截然二分，認為「理」不為獨立存在之物，「理」必在「氣」中顯見，以「氣」為主宰，有「氣」才有「理」之生。「氣」之所從出，非「理」能生「氣」，故「理」即在「氣」之流行活動中顯現，有「氣」方才有「理」圓融為一。因此，心性關係是「心只有人心，道心者，人心之

4　明・劉宗周：〈遺編學言〉，《劉子全書及遺編》卷二（台北：中文出版社，1981年），頁986。

5　明・劉宗周：〈學言中〉，《劉子全書及遺編》卷十一，頁164。

所以為心。」[6]、「性只有氣質，義理者，氣質之所以為性。」[7]
即是，劉宗周為了消融形上與形下世界的割裂，提出「理氣相
融」本體不離工夫的「慎獨」修養：

> 獨是虛位，從性體看來，則曰：「莫見莫顯，是思慮未起，
> 鬼神莫知之時也」；從心體看，則曰：「十目十手，思慮
> 既起，吾心獨知時也」，然性體即在心體中看出。[8]

劉宗周論「慎獨」意指獨體，此獨體即是心性之體，亦是
本心，「以心著性」做為心性關係的詮釋，主張透過道德實踐的
修養把握本心即是獨體，將修養工夫提升至形上本體。劉宗周
強調工夫即是本體，本體即是工夫，將形上世界拉落於形下世
界，「理氣相融」消弭了宋明理學形上形下的對立關係。其後，
弟子黃宗羲亦謂延續此論述，主張「天地間祇有一氣，其升降
往來即理」：

> 不知天地間祇有一氣，其升降往來即理也。人得之以為
> 心，亦氣也。氣若不能自宰，何以春而必夏、必秋、必
> 冬哉！草木之榮枯，寒暑之運行，地理之剛柔，象緯之
> 順逆，人物之生化，夫孰使之哉？皆氣之自為主宰也。
> 以其能主宰，故名之曰理。[9]

6　明・劉宗周：〈會錄〉《劉子全書》卷十三（台北：京華出版社，1968 年），
　　頁 206。
7　明・劉宗周：〈學言下〉，《劉子全書》卷十二，頁 187。
8　明・劉宗周：〈學言上〉，《劉子全書》卷十，頁 152。
9　清・黃宗羲：〈恭簡魏莊渠先生校〉，《明儒學案》卷三，收入在《黃宗羲全

　　黃宗羲提出「人得之以為心，亦氣也」、「以氣能主宰，故名之曰理」主張，已然轉變宋明理學形上超越義，徹底將「理」變成「氣」之主宰。黃宗羲認為以「氣之自為主宰」，如是天地萬物安頓，春夏秋冬運轉，草木自然榮枯，寒暑自然可更迭，地理之剛柔、象緯之順逆、人物之生化皆能自生自長，以「氣」做為宇宙自宰的主張，已然大幅度超越劉宗周「理氣相融」的立場，特別以「氣」論做主宰的意圖非常鮮明。其後，陳確亦受到劉宗周「理氣相融」、黃宗羲「氣之主宰」氣論影響，在心性論上提出「天理皆從人欲中見」：

> 一性也，推本言之曰天命，推廣言之曰氣、情、才，豈有二哉！由性之流露而言謂之情，由性之運用而言謂之才，由性之充周而言謂之氣，一而已矣！[10]

> 飲食男女皆義理所從出，功名富貴即道德之攸歸，而佛氏一切空之，故可曰無，奈何儒者而亦云耳哉！確嘗謂人心本無天理，天理正從人欲中見，人欲恰到好處即天理也，向無人欲，則亦無天理之可言矣。[11]

　　陳確認為「氣」、「情」、「才」皆在「性」中，此「性」即是由氣所充實的「氣質之性」，故沒有別於「氣」、「情」、「才」

集》第七冊（台北：里仁書局，1987年），頁46。

10　清・陳確：《別集》卷四，《瞽言三》，《陳確集》下冊（台北：中華書局，1979年），頁451-452。

11　清・陳確：《別集》卷五，《瞽言四》，《陳確集》下冊，頁461。

以外懸空的另一個性體。鑑於此，陳確認為「天理」並不客觀
存在，只有當「人欲」表現恰當才堪稱「天理」，因此打破理欲
對立，以「人欲」為首出，主張「天理皆從人欲中見」，無「人
欲」亦無「天理」可言。事實上，陳確「天理皆從人欲中見」
不僅受到氣論影響，亦是在胡五峰「天理人欲，同體異用」的
基礎上所闡發[12]。自此以降，清儒多延此命題再探「理」、「欲」、
「氣」關係，如王夫之、顏元所言：

> 天理充周，原不與人欲相為對壘。理至處，則欲無非理；
> 欲盡處，理尚不得流行，如鑿池而無水，其不足以畜魚
> 者，與無池同。[13]

> 若謂氣惡，則理亦惡；若謂理善，則氣亦善。蓋氣即理
> 之氣，理即氣之理，焉得謂理純一善，而氣質偏有惡哉！
> [14]

---

12 宋・胡五峰曾言：「天理人欲同體而異用，同行而異情。進修君子，宜深別
   焉。」此段據牟宗三先生所釋：「此段乃胡五峰警策之語，其根據是在首段：
   『道充乎身，塞乎天地，而拘于墟者不見其大；存乎飲食男女之事，而溺于
   流者不知其精』。同一『飲食男女之事』，『溺于流』者，謂之『人欲』，不溺
   于流者，謂之『天理』。此即所謂『天理人欲同體而異用，同行而異情』。『同
   體』者『同一事體』之謂，非同一本體也。『異用』是異其表現之用，非體
   用之用。『同行而異情』與上句為同意語。『同行』者，同一事行也。『異情』
   者，異其情實也。」詳參牟宗三：《心體與性體》（二）（台北：正中書局，
   1993 年），頁 454。
13 清・王夫之：《讀四書大全說》卷六（台北：中國船山學會、自由出版社，
   1972 年），頁 27。
14 清・顏元：〈存性編・駁氣質之性〉卷一，《四存編》（台北：廣文書局，1975
   年），頁 1。

　　王夫之指出「天理與人欲不相對壘」,「欲」若滅盡,「理」
不得流行;顏元亦言「氣即理之氣,理即氣之理」,談「氣」論
「欲」的發展脈絡越顯明確。從明末清初劉蕺山、黃宗羲、陳
確至顏元的思想主張,這「重氣輕理」、「重情揚欲」的詮釋已
然別異於宋明儒形上義理建構,勾勒出清代情性倫理新輪廓,
在一片瀰漫重「氣」、輕「理」、揚「情」、倡「欲」的聲浪中,
戴震「達情遂欲」的「道德情理」呼籲正式從「存理滅欲」邁
向「理存乎欲」。

　　誠如是,在「情理論」演變中,道德核心在歷經宋明理學
六百多年發展,原標舉至高的天道性體已臻完成,由形上「性」、
「理」轉向形下「氣」、「欲」,就經驗實然層面轉而重視道德規
範應然層面。明清儒學思想「坐標轉移」,從「滅人欲的天理」
到「存人欲的天理」。[15]清儒紛紛循藉形上之「理」往形下之「氣」
建構理論,提出「理氣相融」、「離氣無理」、「天理皆從人欲中
見」、「天理與人欲不相對壘」、「理即氣之理」主張,這發展軌
跡即是對宋明儒空疏玄談的反省,將道德價值從形上「道德天
理」轉向形下氣化世界體證「道德情理」。其後,戴震「道德情
理」哲學建構即順著這思潮邁入轉型之途,揮舞儒家道德大旗
吶喊「理存乎欲」、「以情絜情」、「達情遂欲」倫理主張。戴震
不同於宋明理學家對「情欲」貶抑看法,反而重視「情欲」為
人性本然之理,強調德性之美必須通過「情欲」來呈現,「情之
不爽失,謂之理」正是「道德情理」價值所在。因此,戴震哲

15　(日)溝口雄三(著)、林右崇(譯):《中國前近代思想的演變》)(台北:
　　國立編譯館,1994 年),頁 3。

學的義理突破即在於擺脫宋明理學形上思辨的桎梏，肯定「情欲」價值，以「情感」涵攝「情欲」，以「理存乎欲」衝破「存理滅欲」成規，從追求個人道德修為走向公共領域群體關懷的「達情遂欲」。戴震繼承「情理論」脈絡，重建人倫世界「達情遂欲」的「道德情理」，不僅彰顯了「理欲對立」到「情欲道德」的轉型，也證成了「道德情理」的倫理新價值。

二、戴震「情理論」道德哲學之倫理定位

綜觀儒學思想「情理論」的發展，從先秦孔孟論「情」以明性善，《禮記》、《中庸》、《樂記》是「即情以見性德」，兩漢「性善情惡」至「尊性賤情」，魏晉玄化「貴性絀情」，隋唐「滅情復性」，直至宋明「存理滅欲」革盡人欲、復盡天理。明末清初「情理論」有了重大轉折，「氣本論」思想抬頭，不再追求形上「理」的超越義，開始重視形下「氣」世界經驗義的情理達遂，從「即情言性」、「踐形復性」、「天理皆從人欲中見」到「天理與人欲不相對壘」，以「情欲」為「性」逐漸成為道德探討核心。迨至戴震，即對道德意涵重省，重新將孔孟道德根源問題從歷代儒學詮解中解放出來，返歸聖賢經典尋求心性根源何能產生道德論證。

戴震反思當「存理滅欲」淪為枉顧人情的教條，人不再至「情」至「性」，道德理學淪為僵化假道學，揚棄真「情」實「欲」，冥心仗理戕丕他人，無怪乎「以理殺人」。因此，立足在返歸聖

人之道上繼承孔孟性情理路，不僅建立了「理存乎欲」、「以情絜情」、「達情遂欲」新道德，亦轉化漢至宋明以來「貴性賤情」、「揚理抑欲」、「存理滅欲」的空疏之偏。「情理論」發展至戴震釋放了被壓抑數百年的「情理」、「情欲」，不再關注仰之彌高形上「天理」的探索，而是重視人倫世界中道德踐履的合情合理，人同此心、心同此理，將心比心、將情比情，「以情絜情」達至「心所同然」普遍共識的「道德情理」。

　　戴震「情理論」的繼承與轉化，由對程朱官學的批判中發揚「道德情理」，不僅以「情欲」論述成為清代思潮新典範，融合考據與義理的治學方法也開啓了清代智識主義向度。[16]戴震一方面提倡「情欲道德」，正視「情欲」價值；另一方面也察覺情欲之失的絜矩之道，以「情之不爽失」確立公正共識之「理」，「理」以「情欲」做為基礎，順著自然欲求方能養生全德，在「以情絜情」中體現人情事理的道德和諧。戴震將道德標準建立在客觀事物、心之同然的「情欲」感受基礎上，使「情欲」成為「德性」修持的道德動力，化「理」為「情」、「欲」，如此「天理」在「人欲」中體現，因此顧全「人欲」方能「天理」彰顯，從「道德天理」轉向「道德情理」完成形上形下兼備全幅的道德領域[17]。戴震跳脫了「存理滅欲」道德框架轉向「我─

---

16 戴震治學的工夫論開啓清代智識主義精神，在劉述先與鄭宗義合撰文章中也表示戴震智識主義一路實屬必然。詳見劉述先、鄭宗義：〈從道德形上學到達情遂欲清初儒學新典範論析〉，收入在劉述先、梁元生（編）：《文化傳統的延續與轉化》（香港：中文大學出版社，1999年），頁99-100。

17 張麗珠認為「將儒學長期以來至高無上的『天理』，落實在有血有肉、有情有欲的現實人生上，真正實現了道德活動是可以在日用之間、平凡人事上實

你」場域中詮釋道德的共通性，把「理」落實在客觀事物上，如此一來「理」成為人倫日用中的道德規範，在「氣」的經驗世界中實踐「道德情理」據以證成道德動力不在那形上超越的天道實體，而是源自生命「情」、「欲」道德動力。事實上也證明戴震「道德情理」的闡揚影響其後甚大，不僅使得封建專制的中國走向自由人權之路，也啓蒙十九世紀邁入科學民主的現代化。此意誠如張壽安所觀察：

> 蓋明清間的「情欲覺醒」，不僅呈現在大眾文化上，如馮夢龍倡導的「情教」，主張用情字抒解禮教，或《金瓶梅》、《牡丹亭》一類言情論欲小說戲曲的大量出現；也反映在上層思想界。清儒自戴震（1723-1777）揭示理學「以理殺人」，主張「達情遂欲」，其後之思想界即一直向著這個方向發展。這表現在一方面思想界對「人性」內涵之重新界定，另方面對「規範」必須與「情欲」配合。正如焦循（1763-1820）、程瑤田所言：「理」絕非「此亦一是非，彼亦一是非」的「公說公有理，婆說婆有理」，而應該是合眾人之情理的「公是」和「公非」。[18]

戴震重新界定「情」、「欲」的道德價值，以「理存乎欲」

踐的道德理想。如此一來，道德學就不再只是遠離現實，一味追求『仰之彌高』的形上義理了。」張麗珠：〈自序〉，《清代義理學新貌》（台北：里仁書局，1999 年），頁 2-3。

18 張壽安：〈嫂叔無服，情何以堪？─清代禮制與人情之衝突〉，收入熊秉真、呂妙芬（編）：《禮教與情慾：前近代中國文化中的後／現代性》（台北：中央研究院近代史研究所，1999 年），頁 171。

力圖化解「存理滅欲」的割裂，重新肯定「情欲」道德動力。因為，戴震認為「情欲」動力來自「氣」，有血氣而有情欲，血氣心知是自然，所以人能依據心知認知理義，身心非二元，而是一體同根源於生命之「氣」。戴震即在此基礎上論證一本自然人性，詮釋「理氣一本」；「天理人欲一本」；「自然與必然一本」，詮解藉於存有論與社會道德範疇間的一本意涵，樹立一個迥然別異宋明儒二分論性的途徑：

> 耳目百體之所欲，血氣資之以養，所謂性之欲也，原於天地之化者也。是故在天為天道，在人，咸根於性而見於日用事為，為人道。仁義之心，原於天地之德者也，是故在人為性之德。斯二者，一也。由天道而語於無憾，是謂天德；由性之欲而語於無失，是謂性之德。性之欲，其自然之符也；性之德，其歸於必然也。歸於必然適全其自然，此之謂自然之極致。《詩》曰：「天生烝民，有物有則，民之秉彝，好是懿德。」凡動作威儀之則，自然之極致也，民之秉也。自然者，散之普為日用事為；必然者，秉之以協於中，達於天下。[19]

　　戴震以一本論闡釋「性之欲」是自然，「性之德」是民之秉彝於天下的禮義規範，為日用事為實踐的「必然」原則，由「性之欲」做為「性之德」道德價值的充分實現，一切發乎人性歸於必然適全其自然。戴震從「理學」到「氣學」的繼承論述[20]，

---

19 《原善》卷上，《戴震全書》（六），頁11。
20 劉又銘認為氣本論應跟理本論、心本論一樣被視為「理學」的一環，因此他

由「人欲」通乎「天理」為理氣二分形上架構開創形下世界的一本論述，從「事」、「情」實然層面闡釋道德應然層面，證得聲色嗅味之「欲」、喜怒哀樂之「情」、美醜是非之「知」皆是道德動力根源所在。因為，戴震肯認生發「情欲」的氣化主體即是道德主體，道德創造來自「情欲」道德動力的充分實現，在人倫經驗世界中踐履「情理」。「天理」不離「人欲」，「欲」得遂、「情」得達，「知」理義，生命獲至情感與理性的「情理」平衡，實踐自然情欲與必然理義，融通社群倫理的「道德情理」。

戴震「達情遂欲」的「道德情理」深深影響其後，後來十九世紀末西學東傳，傳統封建網羅幾被衝決，一條中西哲學交融的新路徑逐漸打開，以「乾嘉新義理學」為主軸的「清代新義理學」可謂對現代化思維開啓導揚先路的貢獻。[21]理學歷經宋明六百多年「理本體」發展，原標舉至高形上「道德天理」證體至清代已完成。戴震以「理存乎欲」、「以情絜情」重建人倫世界「遂情達欲」的「道德情理」，其義理建構步步從「道德天理」至「道德情理」義理轉型，以「情」、「欲」道德向度重新揭示了「情本體」新倫理價值，情理論述再度被繼承轉化，

將宋明清儒學看成是連續發展的思想，主張戴震是「本色派氣本論」的代表，提出「程朱—陸王—顧戴」三期三派的觀點，其言：「清中葉的戴震則是繼顧炎武之後的又一個有力的發展。比對起來，顧炎武和戴震兩人氣本論的理論相似，兩人在思想之外其他方面的學術表現（經史學、考據學、音韻學等等）也都相似，這條傳承的路徑就清楚了。」詳參劉又銘：《理在氣中：羅欽順、王廷相、顧炎武、戴震氣本論研究》（台北：五南圖書，2000 年），頁 125-172 及頁 182。另外，山井涌也認為戴震是氣本論哲學的集大成者。詳參（日）山井涌（編著）、李慶（譯）：《氣的思想—中國自然觀和人的觀念的發展》（上海：上海人民出版社，1992 年），頁 359 及頁 453。

21 張麗珠：《清代的義理學轉型》（台北：里仁書局，2006 年），頁 397。

正是戴震返歸孔孟接軌性情之教理路的自然演變。

本書以《戴震道德情理倫理新詮》為題，援引「西方倫理學」為參照系，展開中西對比下戴震學研究。全書宗旨圍繞「戴震情欲倫理」主軸，形成「系統性」及「關聯性」的結合論述。研究論題外部「系統性」旨在探討戴震「道德情理」意涵及西方倫理學型態歸判；內部各章論題「關聯性」則是貫穿傳統戴震學、當代戴震學及中西「情感」視域下戴震哲學與「道德規範根源論」、「德性倫理學」的比較研究。首先，研究論題外部「系統性」，從溯源戴震「情理論」，探析「道德情理」義涵，透過各章環繞核心議題的探析，獲悉如何從「道德天理」至「道德情理」的轉型。從「情理論」系譜顯豁戴震「情理論」脈絡與義理突破，「情欲」主體即是「道德」主體的義理價值，同時也證成「理存乎欲」、「以情絜情」道德動力是來自「行動者－人」的「德性」展現，君子得其仁，遂己之欲亦思遂人之欲，「以情絜情」實踐「達情遂欲」即是戴震建構「道德情理」的苦心。其次，內部各章論題「關聯性」，即立足在清代近三百年學術史、新儒家當代倫理學、歌絲嘉「道德規範根源論」、邁克爾·斯洛特「情感主義德性倫理學」視域重新揭示戴震「道德情理」倫理意涵，透過「當代戴震學」、「當代倫理學」、「道德規範根源論」、「規則倫理學」、「德性倫理學」進路獲得探析，得以對戴震「道德情理」哲學的觀察收攝研究成果。第壹章，探討戴震何以控訴「以理殺人」，奠基在歷史背景上提出建構道德哲學的問題源起，研究動機及目的。其次，溯源儒家思想「情理論」，進而在第貳章定義戴震「道

德情理」義理內涵，隨之在參、肆、伍、陸各章環繞著「戴震情欲論」逐步開展中西倫理學的對比，以「道德規範根源論」及「德性倫理學型態」證成戴震哲學義理內容，根源於人性「情」、「理」、「欲」的「道德動力」、「道德判斷」與「道德行動者」內在結構是合理有效的道德論證。

因此本書獲得結論，從儒簡「貴情」探究戴震「絜情」，對比西方情感論德性倫理學之「同情」、「移情」，得證戴震「情欲釋性」的「絜情」關懷是對先秦「貴情」思想的繼承，也是對儒簡年代「情本體」思想的回歸，「絜情」是「反躬靜思」的移情共感，正是儒家感同身受「道德情理」的展現，因此「絜情」是邁克爾‧斯洛特的「移情」而非休謨的「同情」。戴震「道德情理」的義理建構是符合克莉絲汀‧歌絲嘉「道德規範根源論」之「第一人身」、「自我透明」、「自我認同」三條件，道德規範型態是「道德內在論」，道德判斷及道德行動之間關聯性是「德性倫理學」型態。本書以戴震經典文獻為依據，選取中西倫理學做參照對比，以西方倫理學展開別異會通，足以證得戴震「返本」聖人之道「開新」的情理詮釋，從「理學」脈絡轉至「氣學」發展，由重視「內聖」轉向「外王」公共領域，完備建立起「道德情理」的倫理新詮釋。

參考書目

凡例說明

一、「古籍文獻資料」排列方式：首先依文獻年代時間為序。其次，再依文獻作者年代時間為序。

二、「近世研究論著」排列方式：區分「現代論著」、「博碩士學位論文」與「期刊及研討會會議論文」三部分。

（一）「現代論著」，依作者姓名筆劃為序。同一作者之書目再依出版年代為序。再依中文、譯本、西文分類為序。

（二）「博碩士學位論文」，依論文時間為序。

（三）「期刊及研討會會議論文」，區分「期刊論文」、「會議論文」、「報紙論文」三部分。

1.「期刊論文」，依論文發表時間為序。再依中文、譯本、西文分類為序。

2.「會議論文」，舉凡學術會議論文、研討會議論文皆歸於此，排列方式依其會議舉辦時間為序。

3.「報紙論文」，依論文發表時間為序。

一、古籍文獻資料

《上海博物館藏楚簡〈性情論〉圖版》（上海：北京大學賽克勒考古與藝術博物館，2000 年）。

荊門博物館：《郭店楚墓竹簡》（北京：文物出版社，1998 年）。

漢‧董仲舒：《春秋繁露‧深察名號》（上海：上海古籍出版社，1989 年）。

魏‧何晏等（注）、宋‧邢昺（疏）：《論語注疏》，《十三經注疏》（台北：藝文印書館，1997 年）。

唐‧李翱：《李文唐李文公集》（東京：古典研究會，1977 年）。

宋‧程顥、程頤：《河南程氏遺書》（台北：漢京文化，1983 年）。

宋‧程顥、程頤：《二程遺書》（上海：古籍出版社，2000 年）。

宋‧朱熹：《四書集注》（台北：世界書局，1956 年）。

宋‧朱熹：《四書章句集註》（台北：鵝湖出版社，1984 年）。

宋‧朱熹：《朱子語類》（北京：中華書局，1986 年）。

宋‧朱熹：《朱子全書》（上海：古籍出版社，2002 年）。

宋‧陸象山：《陸象山集》（北京：中華書局，1980 年）。

明‧王陽明：《陽明全集‧傳習錄》上下冊（上海：古籍出版社，1992 年）。

明‧劉宗周：《劉子全書》（台北：京華出版社，1968 年）。

明‧劉宗周：《劉子全書及遺編》（京都：中文出版社，1981 年）。

明‧劉宗周、戴璉璋、吳光（主編）：《劉宗周全書》（台北：中央研究院中國文哲研究所，1996 年）。

清‧江藩：《國朝宋學淵源記》（上海：三聯書店，1998 年）。

清・聖祖：《清聖祖實錄選輯》（台北：台灣銀行經濟研究室，1963 年）。

清・聖祖：《康熙起居注》（北京：中華書局，1984 年）。

清・世宗：《雍正硃批奏摺選輯》（台北：台灣銀行經濟研究室，1972 年）。

清・趙爾巽等撰：《清史稿》（台北：洪氏出版社，1981 年）。

清・黃宗羲：《黃宗羲全集》（台北：里仁書局，1987 年）。

清・陳確：《陳確集》（台北：中華書局，1979 年）。

清・陳確：《陳確集》（台北：漢京文化，1984 年）。

清・王夫之：《讀四書大全說》（台北：中國船山學會、自由出版社，1972 年）。

清・王夫之：《船山全書》（長沙：嶽麓書社，2000 年）。

清・王夫之：《張子正蒙注》（台北：世界書局，1970 年）。

清・顏元：《四存編》（台北：世界書局，1984 年）。

清・戴震：《戴震文集原善孟子字義疏證》（台北：河洛圖書出版社，1975 年）。

清・戴震：《戴震全書》（安徽：黃山書社，1995 年）。

清・章學誠、葉瑛校注：《文史通義校注》（台北：里仁書局，1984 年）。

清・章太炎：《章太炎全集》（上海：古籍出版社，1984 年）。

清・余嘉錫：《四庫提要辨證》（台北：中華書局，1974 年）。

清・魏源：《魏源集》（北京：中華書局，1976 年）。

清・徐世昌：《清儒學案》（北京：中國書店，1990 年）。

二、近世研究論著

（一）現代論著

1、中文

丁文江、趙豐田：《梁啟超先生年譜長編（初稿）》（北京：中華書局，2010 年）。

丁原植：《楚簡儒家性情說研究》（台北：萬卷樓出版，2002 年）。

方利山、杜英賢：《戴學縱橫》（北京：中國文聯出版社，1999 年）。

王臣瑞：《倫理學》（台北：台灣學生書局，1988 年）。

王邦雄等（著）、陳德和（主編）：《當代新儒學的關懷與超越》（台北：文津出版社，1997 年）。

王茂、蔣國保、余秉頤、陶清：《清代哲學》（安徽：人民出版社，1992 年）。

王國維：《王國維遺書》（上海：商務印書館，1940 年）。

王慶節：《解釋學、海德格與儒道今釋》（北京：中國人民大學出版社，2004 年）。

史次耘：《孟子今註今譯》（台北：臺灣商務印書館，1984 年）。

石元康：《從中國文化到現代性：典範轉移？》（台北：東大圖書出版，1998 年）。

丘為君：《戴震學的形成—知識論述在近代中國的誕生》（台北：聯經出版，2004 年）。

向玉喬：《後現代西方倫理學研究》（北京：中國社會科學出版

社，2011 年）。

安平秋、章培恒：《中國禁書大觀》（上海：文化出版社，1990年）。

成中英：《知識與價值—和諧、真理與正義的探索》（台北：聯經出版社，1989 年）。

朱維錚：《求索真文明—晚清學術史論》（上海：古籍出版社，1996 年）。

江暢、戴茂堂、（美）阿爾巴諾（G.John M.Abbarno）、（美）麥格勒爾（Thomas Magnell）（主編）：《價值論與倫理學研究》2014 年卷（北京：社會科學文獻出版社，2014 年）。

牟宗三：《中國哲學十九講》（台北：台灣學生書局，1989 年）。

牟宗三：《心體與性體》（一）—（三）（台北：正中書局，1993年）。

牟宗三等（著）：《當代新儒學論文集·總論篇》（台北：文津出版社，1991 年）。

余英時：《歷史與思想》（台北：聯經出版社，1977 年）。

余英時：《猶記風吹水上鱗》（台北：三民書局，1995 年）。

余英時：《論戴東原與章學誠——清代中期學術思想史研究》（台北：東大圖書出版，1996 年）。

李明輝：《儒家與康德》（台北：聯經出版社，1990 年）。

李明輝：《康德倫理學與孟子道德思考之重建》（台北：中央研究院中國文哲研究所，1994 年）。

李明輝：《當代儒學之自我轉化》（台北：中央研究院中國文哲研究所，1994 年）。

李明輝：《四端與七情：關於道德情感的比較哲學探討》（台北：

國立臺灣大學出版中心，2005 年）。

李晨陽：《道與西方的相遇》（北京：中國人民大學出版社，2005
　　年）。

李開：《戴震評傳》（南京：南京大學出版社，1992 年）

李瑞全：《儒家生命倫理學》（台北：鵝湖出版社，1999 年）。

李瑞全：《儒家道德規範根源論》（台北：鵝湖出版社，2013 年）。

李零：《上博楚簡三篇校讀記》（台北：萬卷樓出版，2002 年）。

李澤厚：《論語今讀》（台北：允晨文化出版，2000 年）。

杜維明（編）：《儒學發展的宏觀透視：新加坡 1988 年儒學群英
　　會紀實》（台北：正中書局，1997 年）。

汪文聖（主編）：《漢語哲學新視域》（台北：台灣學生書局，2011
　　年）。

沈清松：《現代哲學論衡》（台北：黎明文化出版，1990 年）。

周兆茂：《戴震哲學新探》（安徽：人民出版社，1997 年）。

林安梧：《中國近現代思想觀念史論》（台北：台灣學生書局，
　　1995 年）。

林啟屏：《儒家思想中的具體性思維》（台北：台灣學生書局，
　　2004 年）。

林啟屏：《從古典到正典：中國古代儒學意識之形成》（台北：
　　國立臺灣大學出版中心，2007 年）。

胡適：《胡適文存》（台北：遠東圖書出版，1979 年）。

胡適：《胡適作品集》（台北：遠流出版社，1986 年）。

胡適：《清章實齋先生學誠年譜》（台北：臺灣商務印書館，1987
　　年）。

胡適：《戴東原的哲學》（台北：臺灣商務印書館，1996 年）。

范文瀾：《中國通史簡編》（上海：上海書店，1989 年）。

唐文明：《隱秘的顛覆：牟宗三、康德與原始儒家》（北京：三聯書店，2012 年）。

唐君毅：《中國哲學原論——原道篇（二）》（台北：台灣學生書局，1978 年）。

唐君毅：《中國哲學原論——導論篇》（台北：台灣學生書局，1980 年）。

唐君毅：《中國哲學原論——原教篇》（台北：台灣學生書局，1990 年）。

唐凱麟、舒遠招、向玉喬：《西方倫理學流派概論》（湖南：師範大學出版社，2006 年）。

徐復觀：《兩漢思想史》（台北：台灣學生書局，1984 年）。

袁保新：《老子哲學之詮釋與重建》（台北：文津出版社，1991 年）。

袁保新：《從海德格、老子、孟子到當代新儒學》（台北：台灣學生書局，2008 年）。

馬承源（主編）：《上海博物館藏戰國楚竹書（一）》（上海：上海古籍出版社，2001 年）。

高柏園：《中庸形上思想》（台北：東大圖書出版，1988 年）。

亞里斯多德（Aristotle）、苗力田（譯）：《尼可馬克倫理學》（北京：中國社會科學出版社，1990 年）。

張以仁先生七秩壽慶論文集編輯委員會（編）：《張以仁先生七秩壽慶論文集》，（台北：台灣學生書局，1999 年）。

張祥龍：《海德格爾思想與中國天道》（北京：三聯書店，2007 年）。

張祥龍：《從現象學到孔夫子》（北京：商務印書館，2011 年）。

張壽安：《以禮代理─凌廷堪與清代中葉儒學思想之轉變》（台北：中央研究院近代史研究所，1994 年）。

張壽安：《十八世紀禮學考證的思想活力──禮教論爭與禮秩重省》（北京：北京大學出版社，2005 年）。

張麗珠：《清代義理學新貌》（台北：里仁書局，1999 年）。

張麗珠：《清代的義理學轉型》（台北：里仁書局，2006 年）。

梁啟超：《戴東原》（台北：中華書局，1979 年）。

梁啟超（著）、朱維錚（校注）：《梁啓超論清學史二種》（上海：復旦大學出版，1985 年）。

梁啟超：《飲冰室合集》（北京：中華書局，1989 年）。

梁啟超：《中國近三百年學術史》（台北：華正書局，1994 年）。

梁啟超：《清代學術概論》（台北：臺灣商務印書館，1994 年）。

陳榮華：《海德格哲學：思考與存有》（台北：輔仁大學出版社，1992 年）。

陳榮華：《葛達瑪詮釋學與中國哲學的詮釋》（台北：明文書局，1998 年）。

陳榮華：《海德格〈存有與時間〉闡釋》（台北：國立臺灣大學出版中心，2003 年）。

陸寶千：《清代思想史》（台北：廣文書局，1978 年）。

勞思光：《新編中國哲學史》（一）──（三下）（台北：三民書局，1995 年）。

程兆雄：《儒家思想─性情之教》（台北：明文書局，1986 年）。

黃俊傑（編）：《孟子思想的歷史發展》（台北：中央研究院中國文哲研究所籌備處，1995 年）。

黃俊傑：《孟學思想史論》卷二（台北：中央研究院中國文哲研究所籌備處，1997年）。

黃愛平：《四庫全書纂修研究》（北京：中國人民大學出版社，1989年）。

黃慧英：《儒家倫理：體與用》（上海：三聯書局，2005年）。

黃慧英：《從人道到天道：儒家倫理與當代新儒家》（台北：鵝湖出版社，2013年）。

黃鴻壽：《清史紀事本末》（上）（台北：三民書局，1973年）。

楊祖漢：《儒家與康德的道德哲學》（台北：文津出版社，1987年）。

楊儒賓：《儒家的身體觀》（台北：中央研究院中國文哲研究所，1996年）。

楊儒賓：《異議的意義：近世東亞的反理學思潮》（台北：國立臺灣大學出版中心，2012年）。

楊儒賓：《從《五經》到《新五經》》（台北：國立臺灣大學出版中心，2013年）。

楊儒賓、祝平次（合編）：《儒學的氣論與工夫論》（台北：國立臺灣大學出版中心，2005年）。

楊儒賓、祝平次（合編）：《天體、身體與國體：迴向世界的漢學》（台北：國立臺灣大學出版中心，2005年）。

葛懋春、李興芝（編輯）：《胡適哲學思想資料選》（上）（上海：華東師範大學出版社，1981年）。

廖名春（著）、丁原植（主編）：《新出楚簡試論－出土思想文物與文獻研究叢書（三）》（台北：臺灣古籍出版公司，2001年）。

熊十力：《讀經示要》（台北：樂天出版社，1973 年）。

熊秉真、呂妙芬（編）：《禮教與情慾：前近代中國文化中的後／現代性》（台北：中央研究院近代史研究所，1999 年）。

熊秉真、張壽安（編）：《情欲明清—達情篇》（台北：麥田出版，2004 年）。

蒙培元：《中國心性論》（台北：台灣學生書局，1990 年）。

蒙培元：《情感與理性》（北京：中國社會科學出版社，2002 年）。

劉又銘：《理在氣中：羅欽順、王廷相、顧炎武、戴震氣本論研究》（台北：五南圖書出版，2000 年）。

劉又銘：《儒學的氣論與工夫論》（台北：國立臺灣大學出版中心，2005 年）。

劉述先、梁元生（編）：《文化傳統的延續與轉化》（香港：中文大學出版社，1999 年）。

劉笑敢：《詮釋與定向》（北京：商務印書館，2009 年）。

歐陽哲生（編）：《胡適文集》（北京：北京大學出版社，1998 年）。

歐陽禎人：《先秦儒家性情思想研究》（武漢：武漢大學出版社，2005 年）。

潘小慧：《四德行論：以多瑪斯哲學與儒家哲學為對比的研究》（台北：哲學與文化月刊雜誌社，2007 年）。

鄭吉雄：《戴東原經典詮釋的思想史探索》，（台北：國立臺灣大學出版中心，2008 年）。

鄭宗義：《儒學的氣論與工夫論》（台北：國立臺灣大學出版中心，2005 年）。

鄭宗義：《明清儒學轉型探析：從劉蕺山到戴東原》（香港：中

文大學出版社，2009 年）。

魯迅、容肇祖、湯用彤：《魏晉思想》乙編三種（台北：里仁書局，1995 年）。

賴賢宗：《體用與心性：當代新儒家哲學新論》（台北：台灣學生書局，2001 年）。

錢穆：《中國學術思想史論叢》（台北：東大圖書出版，1980 年）。

錢穆：《中國思想史》（台北：台灣學生書局，1985 年）。

錢穆：《孔子與論語》（台北：聯經出版社，1995 年）。

錢穆：《中國近三百年學術史》（台北：臺灣商務印書館，1996 年）。

錢穆：《國學概論》（北京：商務印書館，1997 年）。

謝世民（主編）：《理由轉向──規範性之哲學研究》（台北：國立臺灣大學出版中心，2015 年）。

顏炳罡：《牟宗三學術思想評傳》（北京：北京圖書館出版社，1998 年）。

顏炳罡：《當代新儒學引論》（北京：北京圖書館出版社，1998 年）。

羅雅純：《朱熹與戴震孟子學之比較研究──以西方詮釋學所展開的反思》（台北：秀威資訊科技出版，2012 年）。

2、譯本

（日）小野澤精一、福永光司、山井湧等（著）、李慶（譯）：《氣的思想》（上海：人民出版社，1980 年）。

（日）山井湧（編著）、李慶（譯）：《氣的思想──中國自然觀和人的觀念的發展》（上海：上海人民出版社，1992 年）。

（日）溝口雄三（著）、林右崇（譯）：《中國前近代思想的演變》（台北：國立編譯館，1994 年）。

（美）孔恩（Thomas Kuhn）（著）、王道還（編譯）：《科學革命的結構》（台北：允晨出版社，1985 年）。

（美）史蒂芬‧達沃爾（Stephen darvor）（編）：《美德倫理學》（倫敦：布萊克威爾出版公司，2003 年）。

（美）本杰明‧史華茲（Benjamin I.Schwartz）（著）、程鋼（譯）、劉東（校）：《古代中國的思想世界》（南京：江蘇人民出版社，2004 年）。

（美）安樂哲（Roger T. Ames）、羅思文（Henry Rosemont, Jr.）（合著）、余瑾（譯）：《《論語》的哲學詮釋：比較哲學的視域》（北京：中國社會科學出版社，2003 年）。

（美）安樂哲（Roger T. Ames）（著）、彭國翔（譯）：《自我的圓成：中西互鏡下的古典儒家與道家》（石家莊：河北人民出版社，2006 年）。

（美）安靖如（Stephen C. Angle）（著）、黃金榮、黃斌（譯）：《人權與中國思想：一種跨文化的探索》（北京：中國人民大學出版社，2012 年）。

（美）安靖如（Stephen C. Angle）（著）、韓華（譯）：《當代儒家政治哲學》（江西：人民出版社，2015 年）。

（美）安靖如（Stephen C. Angle）（著）、吳萬偉（譯）：《聖境：宋明理學的現代意義》（北京：中國社會科學院出版社，2017 年）。

（美）余紀元（著）、林航（譯）：《德性之鏡：孔子與亞里斯多德的倫理學》（北京：中國人民大學出版社，2009 年）。

（美）李亦理（Lee H・Yearley）（著）、施忠連（譯）：《孟子與阿奎那美德理論與勇敢概念》（北京：中國社會科學出版社，2011年）。

（美）克里斯蒂娜・M・科爾斯戈德（Korsgaard，C.M.）、向玉喬／李倩（譯）：《創造目的王國》（北京：中國人民大學出版社，2013年）。

（美）克里斯蒂娜・M・科爾斯戈德（Korsgaard，C.M.）、楊順利（譯）：《規範性的來源》（上海：上海譯文出版社，2010年）。

（美）艾爾曼（Benjamin A. Elman）（著）、趙剛（譯）：《經學、政治和宗族——中華帝國晚期常州今文學派研究》（南京：江蘇人民出版社，1998年）。

（美）艾爾曼（Benjamin A Elman）（著）、趙剛（譯）：《從理學到樸學—中華帝國晚期思想與社會變化面面觀》（南京：江蘇人民出版社，2013年）。

（美）哈佛燕京學社（主編）：《波士頓的儒家》（南京：江蘇教育出版社，2009年）。

（美）倪德衛（Nivison, David S.）、萬白安（Bryan W. Van Norden）（編）、周熾成（譯）：《儒家之道：中國哲學之探討》（南京：江蘇人民出版社，2006年）。

（美）郝大維（David L. Hall）、安樂哲（Roger T. Ames）（著）、蔣弋為、李志林（譯）：《孔子哲學思微》（南京：江蘇人民出版社，2012年）。

（美）郝大維（David L.Hall）、安樂哲（Roger T. Ames）（合著）、何金俐（譯）：《透過孔子而思》（北京：北京大學出版社，2005 年）。

（美）馬丁・霍夫曼（M.Hoffman）、楊韶剛、萬明（合譯）：《移情與道德發展：關愛和公正的內涵》（黑龍江：人民出版社，2003 年）。

（美）赫伯特・芬格萊特（Herbert Fingarette）（著）、彭國翔、張華（譯）：《孔子：即凡而聖》（江蘇：人民出版社出版，2006 年）。

（美）邁克爾・斯洛特（Michael Slote）：《源自動機的道德》（英國：牛津大學出版社，2007 年）

（美）邁克爾・斯洛特（Michael Slote）：《道德情感主義》（英國：牛津大學出版社，2013 年）。

（美）邁克爾・斯洛特（Michael Slote）、李家蓮（譯）：〈從德性倫理學到德性認識論〉，載在江暢、戴茂堂《價值論與倫理學研究》2014 年卷（北京：社會科學文獻出版社，2014 年）。

（美）邁克爾・斯洛特（Michael Slote）、周亮（譯）：《從道德到美德》（江蘇：譯林出版社，2017 年）。

（美）羅傑・克里斯普（Roger Crips）、邁克爾・斯洛特（Michael Slote）（編）：《美德倫理學》（英國：牛津大學出版社，1997 年）。

（英）休謨（Hume）、關文運（譯）：《人性論》上下冊（北京：商務印書館，1983 年）。

（英）休謨（Hume）、曾曉平（譯）：《道德原則研究》（北京：商務印書館，2001 年）。

（英）麥金泰爾（MacIntyre）、宋繼杰（譯）：《追尋美德》（南京：譯林出版社，2003 年）。

（英）麥金泰爾（MacIntyre）、龔群（譯）：《倫理學簡史》（北京：商務印書館，2004 年）。

（英）葛瑞漢（Angus C. Graham）（著）、張海晏（譯）：《論道者－中國古代哲學論辯》（北京：中國社會科學出版社，2013 年）。

（英）羅薩琳德・赫斯特豪斯（Rosalind Hutshouse）、李義天（譯）：《美德倫理學》（江蘇：譯林出版社，2016 年）。

（奧）馬丁・布伯（Martin Buber）（著）、陳維剛（譯）：《我與你》（台北：桂冠圖書公司，2002 年）。

（德）康德（Kant）、李明輝（譯）：《道德底形上學之基礎》（台北：聯經出版社，1980 年）。

3、西文

A. C. Graham, *Studies in Chinese philosophy & philosophical Literature* （Singapore：The Institute of East Asian Philosophies, 1986）.

Christine Korsgaard, *The sources of Normativity* （Cambridg：Camgridge University Press, 1996）.

（美）克里斯蒂娜・M・科爾斯戈德（Korsgaard,C.M.）：《自我構成：行動者、身份與誠實》（*Self-Constitution: Agency, Identity, and Integrity* Oxford:OxfordUniversity Press,2009）.

（美）克里斯蒂娜‧M‧科爾斯戈德（Korsgaard,C.M.）：《能動性的構成》（*The Constitution of Agency,*Oxford: Oxford University Press,2008）.

（美）西姆（MaySim）:《重塑道德：以亞里斯多德和孔子為借鏡》（*May Sim. Remastering Morals with Aristotle and Confucius.*Cambridge: Cambridge University Press,2007）.

（美）艾文賀（P. J. Ivanhoe）：《儒家傳統中的倫理學：孟子和王陽明的思想》（*Ethics in the Confucian Tradition：The Thought of Mencius and Wang Yang-ming.* Atlanta： Scholars Press,1990）.

（二）博碩士學位論文

黃緒中：《責任如何產生―論 Christine M‧Korsgaard 之創造目的王國》（台北：東吳大學碩士論文，2009 年）。

賈琳：《科爾斯戈德規範性問題研究》（濟南：山東大學哲學與社會學院碩士論文，2012 年）。

管成鷹：《我們為什麼要尊重他人的人性―論科爾斯戈德早期規範性理論中的公共理由問題》（長春：吉林大學哲學與社會學院碩士論文，2013 年）。

賴柯助：《朱子道德哲學重定位：如何回答「道德規範性」問題？》（桃園：中央大學博士論文，2014 年）。

李麗：《科斯嘉新康得式建構主義倫理思想研究》（南京：南京師範大學公共管理學院碩士論文，2015 年）。

（三）期刊及研討會會議論文

1、期刊論文

（1）中文

黃俊傑：〈戴東原、伊藤仁齋、丁茶山的孟學解釋—中日韓近世儒學史比較研究〉，《韓國學報》第 1 期（1981 年 4 月）。

鮑國順：〈戴東原著作考述〉上，《孔孟學報》第 59 期（1990 年 3 月）。

鮑國順：〈戴東原著作考述〉下，《孔孟學報》第 60 期（1990 年 9 月）。

潘小慧：〈德行與原則——孔、孟、荀儒家道德哲學基型之研究〉，《哲學與文化》第 12 期（1992 年 12 月）。

高柏園：〈論勞思光先生之基源問題研究法〉，《鵝湖學誌》第 12 期（1994 年）。

周昌龍：〈戴東原哲學與胡適的智識主義〉，《漢學研究》第 12 卷第 1 期 （1994 年 6 月）。

羅義俊：〈在批評與內省中拓展新天地——第三屆當代新儒學國際學術會議評介〉，原載《學術月刊》1995 年第 9 期，轉自北京大學圖書館人大光碟網：http://162.105.138.2187/cgi-bin/。

沈清松：〈德行倫理學與儒家倫理思想的現代意義〉，《哲學與文化》第 11 期（1995 年 11 月）。

沈清松：〈倫理學理論與倫理教育〉，《通識教育季刊》第 3 卷第 2 期（1996 年 6 月）。

楊海文：〈戴東原重構孟子的性善論〉，《漢學研究》第 74
　　期（1997 年 9 月）。

林文華：〈戴東原哲學析論〉，《中國文化月刊》第 220 期（1998
　　年 7 月）。

王葆玹：〈試論郭店楚墓各篇的撰作時代及其背景——兼論郭店
　　及包山楚墓的時代問題〉，《郭店楚簡研究》，《中國哲學》
　　第二十輯（遼寧：教育出版社，1999 年）。

李學勤：〈先秦儒家著作的重大發現〉，《郭店楚簡研究》，《中國
　　哲學》第二十輯（遼寧：教育出版社，1999 年）。

姜廣輝：〈郭店楚簡與《子思子》——兼談郭店楚簡的思想史意
　　義〉，《郭店楚簡研究》，《中國哲學》第二十輯（遼寧：教
　　育出版社，1999 年）。

龐樸：〈孔孟之間—郭店楚簡中的儒家心性說〉，《郭店楚簡研
　　究》，《中國哲學》第二十輯（遼寧：教育出版社，1999 年）。

周國棟：〈兩種不同的學術史範式——梁啓超、錢穆《中國近三
　　百年學術史》之比較〉，《史學月刊》第 4 期（2000 年）。

岡田武彥：〈戴震與日本古學派的思想——唯氣論與理學批判論
　　的展開〉，《中國文哲研究通訊》第 10 卷，第 2 期（2000
　　年）。

姜廣輝：〈郭店楚簡與道統攸系——儒學傳統重新詮釋論綱〉，《中
　　國哲學》編委會編：《郭簡與儒學研究》《中國哲學》第二
　　十一輯（瀋陽：遼寧教育出版社，2000 年 1 月）。

黃藿：〈德行倫理學的復興與當代道德教育〉，《哲學與文化》
　　第 6 期（2000 年 6 月）。

劉余莉：〈西方美德倫理的當代復興〉，《玉溪師範學院學報》第

19 卷第 1 期（2003 年）。

黃藿：〈從德行倫理學看道德動機〉，《哲學與文化》第 8 期（2003 年 8 月）。

潘小慧：〈中西「智德」思想比較研究：以先秦孔、孟、荀儒家與多瑪斯哲學為據〉，《哲學與文化》第 8 期（2003 年 8 月）。

林月惠：〈從宋明理學的「性情論」考察劉蕺山對《中庸》「喜怒哀樂」的詮釋〉，《中國文哲研究集刊》第 25 期（2004 年 9 月）。

鄭吉雄：〈戴東原氣論與漢儒元氣論的歧異〉，《台大中文學報》第 21 期（2004 年 12 月）。

陳昭瑛：〈「情」概念從孔孟到荀子的轉化〉，《法鼓人文學報》第 2 期（台北：法鼓人文社會學院，2005 年）。

李義天：〈麥金太爾何以斷言啟蒙道德籌畫是失敗的？——兼論道德哲學中的〝一〞與〝多〞〉，《倫理學研究》第 5 期（2007 年）。

余紀元：〈新儒學的《宣言》與德性倫理學的復興〉，《山東大學學報》第 1 期 （2007 年）。

劉又銘：〈明清自然氣本論者的論語詮釋〉，《臺灣東亞文明研究學刊》第 4 卷第 2 期（2007 年 12 月）。

陳德中：〈當代英美道德哲學和政治哲學中建構論〉，《哲學研究》第 2 期（2008 年）。

劉滄龍：〈文化的自我轉型——戴震與尼采〉，《清華學報》第 38 卷 2 期（2008 年 6 月）。

張麗珠：〈戴震與荀子之思想歧異〉，《儒林》第 4 期（2008 年 7 月）。

劉滄龍：〈血氣心知與身體理性——論戴震與尼采的修身哲學與文化批判〉，《漢學研究》26 卷 4 期（2008 年 12 月）

蔡家和：〈戴震哲學的倫理義涵——從自然到必然如何可能〉，《鵝湖學誌》第 41 期（2008 年 12 月）。

劉滄龍：〈戴震氣學論述的儒學重構〉，《國文學報》第 44 卷 2 期（2008 年 12 月）。

李義天：〈斯洛持的美德倫理學及其心理學預設〉，《倫理學研究》第 3 期（2009 年）。

張穎：〈儒教的「救世神學」：論波儒對「禮」符號的「理」性解讀〉，收於盧國龍（編）：《儒教研究》總卷第一輯（北京：社會科學文獻出版社，2009 年）。

李瑞全：〈朱子之道德規範根源問題〉，《當代儒學研究》第 4 期（2009 年 7 月）。

鄭吉雄：〈戴東原「群」「欲」觀念的思想史的淵源〉，《中國哲學》第 37 期（日本札幌：中國哲學會，2009 年 11 月）。

張麗珠：〈清儒結合經典與經世的禮學發揚—以戴震、淩廷堪為線索〉，《齊魯文化研究》第 8 期（2009 年 12 月）。

蔡家和：〈戴震對於程朱論性的質疑與批評〉，《華梵人文學報》第 13 期（2010 年 1 月）。

英冠球：〈《孟子》反映的倫理學型態——從德性倫理學的觀點看〉，《哲學與文化》第 5 期（2010 年 5 月）。

張麗珠：〈戴震「由詞通道」的學術思想體系——以經驗取向的新義理學為論述主軸〉，《東海中文學報》第 22 期（2010 年 7 月）。

張麗珠：〈戴震人性論與孟、荀之異同〉，《台灣師大國文學報》第 47 期（2010 年 7 月）。

余安邦：〈情義論述：晚近人為社會科學的若干觀察〉，《漢學研究通訊》第 78 期（2011 年）。

蔡家和：〈漢宋之爭——方東樹批評戴震之省察〉，《東海哲學研究集刊》第 16 期（2011 年 7 月）。

羅雅純：〈論戴震遂情達欲的新孟學〉，《實踐博雅學報》第 16 期（2011 年 7 月）。

方德志：〈走向情感主義：邁克爾・斯洛特德性倫理思想述評〉，《道德與文明》第 6 期（2012 年）。

李明輝：〈儒家、康德與德行倫理學〉，《哲學研究》第 10 期（北京：中國社會科學院哲學研究所，2012 年）。

米建國、朱建民：〈導言：「德性的轉向：德性理論與中國哲學」〉，《哲學與文化》第 39 卷第 2 期（2012 年 2 月）。

米建國、馬愷之：〈專題報導〉，《哲學與文化》第 39 卷第 2 期（2012 年 2 月）。

韓振華：〈早期儒家與德性倫理學：儒學研究中的相對主義話題——兼與安樂哲、羅思文商榷〉，《倫理學研究》第 5 期（2012 年 5 月）。

文賢慶：〈三種人稱立場對道德規範性問題的回答〉，《道德與文明》第 4 期（2013 年）。

陳真：〈論斯洛特的道德情感主義〉，《哲學研究》第 6 期（2013

年）。

馬愷之、何乏筆：〈導論：在義務與德行之間反省宋明理學研究〉，《中國文哲研究通訊》第 23 卷第 3 期（2013 年 9 月）。

劉滄龍：〈荻生徂徠與戴震的語文學方法〉，《師大學報》第 59 卷第 1 期（2014 年 3 月）。

蔡家和：〈戴震以血氣心知詮釋《孟子》的生命哲學〉，《當代儒學研究》第 16 期（2014 年 6 月）。

姜紅、張清俐：〈走向情感主義的德性倫理學——訪美國邁阿密大學倫理學教授邁克爾‧斯洛特〉，《中國社會科學網》第 661 期（2014 年 10 月 7 日）。

韓玉勝：〈情感‧德性‧關懷‧容納：反思我們的價值觀—訪邁克爾‧斯洛特教授〉，《社會科學論壇》（2015 年）。

汪惠娟：〈清代儒學價值體系之嬗變〉，《哲學與文化》第 43 卷第 6 期（2016 年 6 月）。

（2）譯文

（英）麥金泰爾（MacIntyre）、白錫堃（譯）：《〈德性之後〉一書提要》，《國外社會科學》第 5 期（1985 年）。

（美）安樂哲（Roger T. Ames）、羅思文（Henry Rosemont,Jr.）（合著）、謝陽舉（譯）〈早期儒家是德性論的嗎？〉，《國學學刊》總第 1 期（2010 年）。

（美）邁克爾‧斯洛特（Michael Slote）、王楷（譯）：〈情感主義德性倫理學：一種當代的進路〉，《道德與文明》第 2 期（2011 年）。

（美）邁克爾・斯洛特（Michael Slote）、黎良華（譯）、趙永剛（校）：〈關懷倫理視閾下的社會正義〉,《吉首大學學報（社會科學版）》第 4 期（2011 年）。

（美）邁克爾・斯洛特（Michael Slote）、李家蓮（譯）：〈從德性倫理學到德性認識論〉,收入在江暢、戴茂堂、（美）阿爾巴諾（G.John M.Abbarno）、（美）麥格勒爾（Thomas Magnell）（主編）：《價值論與倫理學研究》2014 年卷（北京：社會科學文獻出版社，2014 年）。

（美）邁克爾・斯洛特（Michael Slote）、李高陽（譯）：〈關懷倫理對自由主義的挑戰〉,《社會科學》第 5 期（2014 年）。

（3）西文

（英）伊莉莎白・安斯康,（G.E.M.Anscombe）《現代道德哲學》*Modern Moral Philosophy,* Vo1.33,No.124,Jan,1958.

（美）李亦理（Lee H・Yearley）：《思想上的荀子：他嘗試綜合的儒家思想和道家思想》（*Hsün Tzu on the Mind:His Attempted Synthesis of Confucianism and Taoism*）,《亞洲研究雜誌》（Journal of Asian Studies）第 39：3 期（1980 年）。

（英）葛瑞漢（A.C.Graham）, *Studies in Chinese philosophy & philosophical Literature*,（Singapore：The Institute of East Asian Philosophies, 1986.）

（美）艾文賀（P・J・Ivanhoe）《儒家傳統中的倫理學：孟子和王陽明的思想》（*Ethics in the Confucian Tradition: The Thought of Mencius and Wang Yang-ming.* Atlanta: Scholars Press,1990.）

2、會議論文

黃懿梅：〈王船山與戴東原哲學之異同〉，《國際中國哲學研討會論文集》（台北：國立台灣大學哲學系，1985 年 11 月 3-7日）。

張壽安：〈禮教與情欲：近代早期中國社會文化的內在衝突〉，《張以仁先生七秩壽慶論文集》（台北：台灣學生書局，1999年）。

林安梧：〈後新儒學的思考：「存有三態論」與廿一世紀的中國哲學之可能發展—環繞當代新儒學所做的一個思考〉，第12 屆國際中國哲學大會論文（北京：2001 年 7 月 22-24 日）。

羅雅純：〈從邁克爾・斯洛特「移情」關懷論戴震「以情絜情」〉，第七屆東亞漢學暨第十六屆社會與文化國際學術研討會（台北：2016 年 4 月 21-22 日）。

3、報紙論文

陳　真：〈美德倫理學的現狀與趨勢〉，《光明日報》學術版（2011年 1 月 25 日）。

http://big5.china.com.cn/gate/big5/cul.china.com.cn/2011-01/25/content_3982495_3.htm